U0443183

本书获得如下项目支持：

● 2021年度福建省以马克思主义为指导的哲学社会科学学科基础理论研究基地重大项目：基于社会生态系统理论的闽东乡村生态振兴驱动机制与实现路径研究（项目编号：FJ2021MJDZ039）。

乡村振兴经济研究丛书

闽东乡村生态振兴驱动机制与实现路径

李杰中 著

厦门大学出版社 国家一级出版社
全国百佳图书出版单位

图书在版编目（CIP）数据

闽东乡村生态振兴驱动机制与实现路径 / 李杰中著.
厦门 : 厦门大学出版社, 2024.8. --（乡村振兴经济研究丛书）. -- ISBN 978-7-5615-9503-9

Ⅰ. F327.57；X321.2

中国国家版本馆 CIP 数据核字第 2024VA2500 号

责任编辑　潘　瑛
美术编辑　李嘉彬
技术编辑　朱　楷

出版发行　**厦门大学出版社**
社　　址　厦门市软件园二期望海路 39 号
邮政编码　361008
总　　机　0592-2181111　0592-2181406(传真)
营销中心　0592-2184458　0592-2181365
网　　址　http://www.xmupress.com
邮　　箱　xmup@xmupress.com
印　　刷　厦门市金凯龙包装科技有限公司

开本　720 mm×1 000 mm　1/16
印张　18
插页　2
字数　250 千字
版次　2024 年 8 月第 1 版
印次　2024 年 8 月第 1 次印刷
定价　68.00 元

本书如有印装质量问题请直接寄承印厂调换

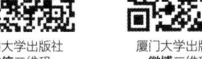

前 言

"生态兴则文明兴,生态衰则文明衰"。乡村生态振兴是闽东走好特色乡村振兴之路的题中之义,是闽东乡村全面振兴的重要支撑,是闽东乡村现代化的应有底色。闽东依山傍海,自然与人文资源独特,生态环境良好,如何结合区域资源禀赋特征,依托优势生态资源,走出一条闽东特色的乡村生态振兴之路,是新时代闽东乡村振兴的重要议题。本书将研究对象视为集生态元素、经济元素与社会文化元素耦合的复杂系统,聚焦乡村生态振兴,结合马克思主义生态观的基本思想、基本方法与原理,以习近平生态文明思想为统领,以"人与自然和谐共生"深化对人与自然关系的认知,以"绿水青山就是金山银山"提升价值理念,以"良好的生态环境是最普惠的民生福祉"强化民生观点,以"山水林田湖草是生命共同体"丰富系统的方法,坚持"人与自然是生命共同体"理念,以整合的视角、系统的观点,探究闽东乡村生态振兴驱动机制和实现路径,以期为推进闽东乡村生态振兴贡献力量。

本书按照"是什么—为什么—怎么办"的逻辑主线来形成基本框架,形成了关于"闽东乡村生态振兴是什么""为什么要推进闽东乡村生态振兴""闽东乡村为何能够生态振兴""闽东乡村生态振兴的动力从何而来""闽东乡村生态振兴又有何有益经验""该如何走好闽东乡村振兴之路"的总体布局。全书共分为六章：

第一章主要阐释了包括乡村、生态、乡村生态振兴、闽东乡村生态振兴在内的闽东乡村生态振兴概念体系，回答了"闽东乡村是什么"这一主要问题；并从闽东乡村生态振兴的时代表征、时代意蕴两个方面进一步揭示闽东乡村生态振兴是乡村发展的时代抉择。

第二章从理论逻辑、历史逻辑与实践逻辑三个方面阐述了闽东乡村生态振兴的逻辑基础，解释了"为什么要推进闽东乡村生态振兴"。

第三章在明确闽东乡村类型的基础上，重点分析了闽东乡村的生态资源条件、生态产业资源条件以及闽东乡村生态振兴的制度、政策条件与实践积累，回应了"闽东乡村为何能够生态振兴"的议题。

第四章在厘清并阐释闽东乡村社会生态系统的基础上，应用DPSIR模型分析了闽东乡村生态振兴的驱动因素及其作用机理，并构建起驱动机制模型，论述了"闽东乡村生态振兴的动力从何而来"。

第五章选取闽东各县市区乡村生态振兴的典型案例，在介绍案例村基本情况的基础上，梳理了其经验做法，归结了"闽东乡村生态振兴又有何有益经验"。

第六章在综合前文分析的基础上，探寻了从推进农业绿色发展、完善生态化体制机制、培育乡村生态文化、强化科技赋能、汇聚人才智慧力量等主要方面来实现闽东乡村生态振兴的路径，聚焦解答了"该如何走好闽东乡村振兴之路"这一重大议题。

李杰中

2024年5月

目 录

第一章 闽东乡村生态振兴：乡村发展的时代抉择 …………… 1
 第一节 闽东乡村生态振兴的概念体系 ………………………… 1
 第二节 闽东乡村生态振兴的时代表征 ………………………… 7
 第三节 闽东乡村生态振兴的时代意蕴 ………………………… 20

第二章 闽东乡村生态振兴的逻辑 …………………………………… 28
 第一节 闽东乡村生态振兴的理论逻辑 ………………………… 28
 第二节 闽东乡村生态振兴的历史逻辑 ………………………… 41
 第三节 闽东乡村生态振兴的实践逻辑 ………………………… 47

第三章 闽东乡村生态振兴何以能？ ………………………………… 54
 第一节 闽东乡村的类型 ………………………………………… 55
 第二节 闽东乡村的生态资源条件分析 ………………………… 67
 第三节 闽东乡村的生态产业资源条件分析 …………………… 77
 第四节 闽东乡村生态振兴的制度、政策条件与实践积累 …… 96

第四章　闽东乡村生态振兴的驱动机制·················107
- 第一节　闽东乡村社会生态系统概述·················107
- 第二节　DPSIR 模型及其应用·····················119
- 第三节　驱动机制模型的构建······················122

第五章　闽东乡村生态振兴典型案例及经验梳理···········170
- 第一节　周宁县后洋村："逐绿而行"的传承与开拓·········171
- 第二节　霞浦县东壁村：靠海吃海念海经················174
- 第三节　蕉城区猴盾村：畲风印刻生态魂················177
- 第四节　古田县洋上村：低碳生态村打造的探索与实践·······180
- 第五节　柘荣县半岭村：以生态优势铸就乡村振兴的"金饭碗"··185
- 第六节　福安市溪邳村：从"海上吉卜赛"到"国家级最美渔村"的华丽转身·······································189
- 第七节　福鼎市柏洋村：示范村领航振兴路，共筑发展共同体···193
- 第八节　屏南县龙潭村：引领"空心村"向"网红村"的蝶变····200

第六章　闽东乡村生态振兴的实现路径················206
- 第一节　推进农业绿色发展，夯实乡村生态振兴之基········206
- 第二节　完善生态化体制机制，打造生态振兴之盾·········219
- 第三节　培育乡村生态文化，铸就生态振兴之魂···········236
- 第四节　强化科技赋能，驱动生态振兴之轮··············245
- 第五节　汇聚人才智慧力量，稳固生态振兴之本···········259

参考文献·······································273

第一章　闽东乡村生态振兴：乡村发展的时代抉择

乡村是人类赖以生存与发展的重要场域，生态作为乡村聚落空间的重要组成部分，不仅塑造了乡村自然风貌，也深刻影响着乡村经济社会与文化。生态振兴是乡村振兴的关键环节，是建设中国式乡村现代化的重要实践，对乡村全面振兴和高质量发展具有重大意义。闽东乡村生态振兴是响应乡村绿色发展需求、提升乡村生产生活生态功能、顺应时代发展潮流的关键抉择，推进生态振兴有利于闽东乡村现代化的实现。

第一节　闽东乡村生态振兴的概念体系

一、乡村：聚集生产、生活与生态功能的综合体

何谓乡村？乡村是城市之外具有相对原生态的聚落空间系统，[1]乡村不仅有风光旖旎的诗和远方，也有古朴纯真的乡里乡亲，还有丰富多彩的乡村文明。"乡村"是一个地理空间概念，而不是狭窄的"三农"概念，[2]有着独特的自然景观和生态系统，有别于城市的风土人情，涵养着生居在此的人们。乡村也属于一种政治经济范畴，代表了以农业、畜牧业和传统手工业为主导的产业模式或经济形态，涵盖了一种特色的包含村民自治、户籍制度、

土地制度、社会保障制度等在内的乡村治理方式和制度安排。乡村还是一个社会文化概念,承载着农耕文明、传统习俗和民间信仰等非物质文化遗产,体现了人们对于自然、历史、传统和乡土的眷恋和认同,乡村文化具有深厚的历史底蕴和独特的魅力。

乡村具有历史意义、现代诉求和未来价值,乡村生态振兴的逻辑依归必须回溯对乡村功能的定位和重构。"一方水土养一方人","生产、生活、生态"空间是乡村地域系统功能分异的空间表现,[3]乡村是聚集生产、生活与生态功能的综合体。[4]

首先,乡村的生产功能是其作为物质资料生产和再生产原发地的集中体现。"民以食为天",粮食安全乃"国之大者",是最重要的经济安全,是统筹发展和安全的首要内容,[5]以粮食生产为代表的农业生产活动是生产功能的重要体现。依托乡村生产空间进行的农业、畜牧业等生产,不仅养育了当地人民,也为社会提供了源源不断的粮食、油料等农林牧渔业初级物质资源。"剩余价值的全部生产都建立在农业劳动生产率基础上。"[6]

其次,乡村的生活功能是指乡村作为人们的栖居的生活空间,发挥着保障居民衣食住行的作用,是人类家园重要组成部分的具体呈现。人类活动无不有着对美好生活的向往,乡村是人们满足生存、享受与发展的广阔生活天地,也是孕育乡风文明、寄托乡愁乡思的精神家园,依附于此的人们用"日出而作日落而息""柴米油盐"生动诠释着乡村的生活功能。乡村生产功能为乡村居民维持生计、提高生活水平奠定了物质和经济基础,而乡村生活功能的进一步提升为乡村生产功能的发挥提供了人力和技术保障,是乡村生产功能的重要补充。[7]

再次,乡村的生态功能蕴含着为人们提供生态利益或价值,发挥着稳定和保育生态系统的功效。在全球生态保护呼声日益高涨的背景下,乡村的生态功能受到了前所未有的重视,[8]生态功能是乡村地域系统有别于城市而具有的独特价值和魅力。[9]一方面,乡村生态系统的吐故纳新、容纳消解维持着生态环境的动态平衡,为人们提供了稳健宜人的场域;另一方面,村域生态系统以其弹性抵御外缘因素扰动,以生态韧性守护着人民生产生活的美好家园。

纵观人类乡村发展历程,乡村功能的缺位、错位与越位成为乡村兴衰的重要诱因。无论是农耕文明时期物质技术生产条件的制约造就的生产低效、生活清苦,还是工业文明时期对乡村过度攫取导致的资源枯竭、生活承压,抑或是信息文明时期的技术滥用造成的生产背离、生态环境破坏,无不表明了乡村功能紊乱和衰退导致的乡村发展之痛,也揭示了对乡村功能厘定的重要性。乡村空间转型随着乡村功能转型而变化,并且打破了传统乡村空间的封闭性,向开放性和公平性的乡村空间发展。[10] 推进乡村生态振兴,就是要准确定位乡村功能,就是要在生态文明进程中围绕"生产、生活与生态"重构乡村功能,塑造宜居宜业和美动态均衡的空间。

二、生态:人与自然和谐共生的生命共同体

何谓生态?"生态"一词的词源可以追溯到古希腊语,它源自"oikos",意为"住所"或"栖息地"。[11] 在古希腊,人们用"oikos"来描述人类的居住环境以及动植物的生活场所。因此,"生态"一词最初的含义与生物及其生活的环境紧密相关。随着时间的推移,"生态"一词逐渐演化,并在不同领域得到广泛应用。在生态学领域,德国科学家 E. Haeckel 在 1866 年提出了现代生态学的概念,其将生态学界定为研究生物有机体与其无机环境之间相互关系的科学。[12] 这一定义强调了生物与其环境之间的相互依赖和相互作用,为后来的生态学发展奠定了基础。

在中国文化中,"生态"一词同样承载着深厚的历史和文化内涵。古典文献中虽然没有直接使用"生态"一词,但蕴含了丰富的生态智慧。例如,道家思想强调"天人合一",认为人与自然应该和谐共处、相互依存。[13] 儒家思

想则注重"仁爱万物",提倡人类应该尊重自然、爱护生命。这些思想都在不同程度上体现了生态的理念。[14]在现代,随着环境保护意识的提高,"生态"一词在中国得到了更加广泛的应用。它不仅是生态学领域的专业术语,更成为人们日常生活中关注环境、保护生态的重要概念。从城市规划到农村发展,从工业生产到生活方式,生态理念都扮演着重要的角色。

在古典与现代之间,中国对生态的理解和实践呈现出一种连贯性和发展性。古典文化中的生态智慧为现代生态文明建设提供了思想基础,而现代对生态的实践和探索则是对古典生态智慧的继承和发展。这种传承与创新的结合,使得中国在生态保护和可持续发展方面取得了显著的成就。

从乡村全面发展和生态文明的内在要求和价值尺度看,生态至少应该包括:其一,生态是指生物在自然界中的存在状况(如生理特性和生活习性)及其与环境之间的相互关系,包括生物与生物之间、生物与环境之间的相互作用和影响。生态是一个系统性的概念,描述了在特定空间内生物与环境所构成的统一整体,即生态系统。其二,生态表征了一种和谐的状态,这种状态不仅存在于自然界中,也存在于人类社会中。此种语境下,生态强调了人与自然、人与人之间的和谐共生关系,以及人类对于自然的尊重和保护。和谐状态的实现需要人类遵循自然生态规律,节约和综合利用自然资源,形成生态化的生产方式和消费方式。

总之,中国古典文化中的生态智慧为现代生态理念提供了思想基础,而现代对生态的实践和探索则是对古典生态智慧的继承和发展。传承与创新的结合,使得中国在生态保护和可持续发展方面展现出独特的魅力和智慧,在推进乡村生态振兴的征程中我们理应从中汲取思想养分,汇集行动力量。

三、乡村生态振兴:中国式乡村现代化的关键抉择

党的二十大报告明确指出"中国式现代化是人与自然和谐共生的现代

化",建设中国式现代化,必须全面推进乡村振兴,[15]而乡村振兴的关键在于生态振兴,中国乡村现代化的内在特质要求擦亮"生态名片"。"人与自然是生命共同体"[16],"生态环境没有替代品,用之不觉,失之难存"[17],"没有美丽乡村,就没有美丽中国"[18],生态振兴是宜居宜业和美乡村建设的必由之路,是中国式乡村现代化的关键抉择。

生态振兴是推动乡村"五大振兴"的应有之义,是推进生态文明建设的重要内容。乡村生态振兴就是要理顺和强化乡村"生产、生活与生态"功能,就是促进人与自然、人与人之间的和谐共生,就是要打造宜居宜业和美的乡村生态空间。乡村生态振兴是一个复杂的系统工程,[19]乡村高质量发展与生态环境保护,经济社会文化和生态效益的权衡,乡村生态系统自适应循环的内生动力提升与外缘扰动规制,生态修复重点行动与协同治理等,统筹谋划好这些方面议题,始终是做好乡村生态振兴的重要考量。

四、闽东乡村生态振兴：走好闽东特色乡村振兴之路的重要支撑

闽东作为习近平生态文明思想的重要萌发地和实践地,理应秉持理论自信、历史担当和先行先试的践行智慧和勇气,理应在农村现代化建设征程中探索推进乡村生态振兴,以不辜负习近平总书记寄予"努力走出一条具有闽东特色的乡村振兴之路"的殷切期待和嘱托。闽东大地,乡村各具特色,闽东特色乡村振兴之路可谓"条条大路通罗马",而生态振兴是闽东乡村始终应该紧扣的理论与实践主题。

第一,闽东乡村生态振兴蕴含了对自然环境的尊重和保护。乡村生态振兴为促进全社会绿色可持续发展、实现共同富裕目标提供了良好环境。[20]闽东地区拥有丰富的自然资源和生态环境,如福鼎市前岐镇的四季柚、福安市岳秀村的脐橙,以及屏南县龙潭村、四坪村、罗沙洋村等地的柿子,这些都是大自然赋予的宝贵财富。乡村生态振兴就是要确保闽东乡村独特的自然

资源和生态环境得到可持续的利用和保护,避免过度开发和污染,保持乡村生态平衡和生物多样性,以不断扩大其生态效益。

第二,以绿色、低碳、循环的方式推动乡村经济发展是闽东乡村生态振兴的逻辑依归。新时代乡村生态振兴具有坚守马克思主义根本立场、汲取生态环境治理历史智慧、遵循乡村社会发展一般规律、顺应乡村绿色发展未来走向等内生逻辑。[21]闽东乡村经济绿色发展有赖于生态农业、有机农业等绿色农业的推广,有赖于生态旅游等绿色产业的齐头并进,有赖于绿色供应链构建与绿色技术创新的推动等。乡村产业的绿色发展不仅有助于提升乡村经济的综合实力,还可以增强乡村生态系统的韧性和可持续性,确保乡村经济能够抵御各种风险和挑战。因而,推动闽东乡村生态振兴就是助力乡村绿色发展。

第三,培育生态文化是闽东乡村生态振兴的文化尺度。乡村生态振兴可为乡村文化振兴注入生态价值观和生态文化,[22]乡村文化是乡村的血脉,[23]而乡村生态文化是新时代乡村文化的重要组成部分,是乡村生态振兴的灵魂,没有生态文化的滋养,乡村生态振兴也就没有了灵魂,难以做到可持续发展。[24]文化与生态应该互融互促,[25]在推进乡村生态振兴过程中,既要加强对乡村文化的挖掘和保护,传承和弘扬乡村文化的优秀传统,也要结合生态振兴各方面要素进行创造性转化和创新性发展,厚植生态文化土壤,以增强闽东乡村生态振兴的精神气质。

第四,宜居宜业和美乡村社会构建是闽东乡村生态振兴的现实诉求。美丽乡村建设需要与乡村生态功能和系统的构建相一致,提高美丽乡村资源与环境的匹配度,最大化地治理和利用现有环境。[26]闽东乡村生态振兴促变乡村社会生态系统,使其朝良性与可持续的方向演化。乡村生态振兴助推乡村宜居宜业,为广大农民过上更加美好的生活提供有力支撑。[27]在乡村生态建设中,无论是乡村人居环境的改善,还是乡村绿色生活风尚的形成,抑或是乡村治理体系和治理能力的生态化发展,诸如此类,都直接或间接促进了宜居宜业和美乡村的构建,可以说,闽东乡村生态振兴也是推动乡村社会全面进步的重要实践。

闽东乡村生态振兴的内涵丰富且深刻,它不仅关乎自然环境保护和经济发展方式转变,还关乎文化传承和社会建设等诸多方面。闽东乡村生态振兴的未来已来,在新的伟大征程中,唯有着力推进生态振兴,闽东特色乡村振兴之路方能行稳致远。

第二节 闽东乡村生态振兴的时代表征

一、"山海协同"的生态崛起

闽东位于中国东南沿海,是一个拥有丰富山海资源的地区,山海资源是特色,也是走好乡村生态振兴之路的依靠。立足于山海资源,利用好山海资源,始终是闽东乡村生态振兴应该做好的大文章。山海协同发展是闽东乡村生态振兴鲜明的时代特征,也是人与自然和谐共生、经济与生态协调发展在跨越山海间的生动演绎,以"山海协同"促进生态崛起是新时代闽东乡村生态振兴的主旋律。

(一)山海资源赋能是闽东乡村生态振兴的亮丽底色

山海资源赋能是闽东乡村生态振兴的亮丽底色。闽东乡村镶嵌于山海间,得天独厚而又极具特色的生态资源禀赋,能为生态振兴提供源源不断的能量。合理利用和保护山海资源,有助于实现闽东乡村经济发展与生态保护的良性循环。山海是闽东亮丽的地理名片,也是生态振兴的坚实基石。一方面,连绵的山峦如巨龙蜿蜒,蕴藏着丰富的林木资源,为乡村生态环境构筑起牢固的绿色屏障。茂密的林木除了净化空气、涵养水源,亦能提供丰富的木材和林产品,进而促进乡村经济可持续发展。诸如太姥山,其承载的土壤孕育出珍稀的林木,为生态保护和林业经济提供了有力支撑。山林是众多野生动植物的栖息地,维护着生物多样性和生态平衡。各具特色的山地资源为闽东乡村"立山而强"提供了坚实的生态支撑。另一方面,广袤的海洋如蓝色的宝藏,孕育着丰富的渔业资源。闽东沿海渔民世代以海为生,凭借着丰富的海洋资源和独特的捕捞技术,创造了繁荣的渔业经济。各种鱼类、贝类、藻类等海产品不仅满足了当地居民的饮食需求,还远销国内外市场。诸如三都澳海洋渔场,盛产大黄鱼、石斑鱼等珍贵海产品,为当地渔业经济注入了强劲动力。丰富的海洋资源为闽东乡村"向海而生"提供了宽广的生态依托。

(二)山海生态互惠是闽东乡村生态振兴的内在特征

山、海作为两个大型的生态载体,本身就浑然天成。闽东乡村山海生态互惠是在更为广阔的自然空间里演绎、共融、互促的华章,是新时代闽东乡村生态振兴重要的内在特征。山林作为大地的绿色屏障,拥抱着每一滴雨水,将其呵护成清澈的溪流,最终注入海洋的怀抱。溪流又如同生命的脉络,滋养着海洋中的万千生物,让其在浩瀚的海洋中繁衍生息。海洋以宽广的胸怀,接纳来自山林的馈赠,回馈山林以湿润的气候和肥沃的土壤。闽东乡村山海共融的生动场景稀松平常,山林与海洋在气候、水文、土壤等多个方面相互影响,相互依存,共同塑造出一个复杂而稳定的生态系统。山海共融造就了自然之壮美,为人们实践创造美提供了无限可能。

山海共融背后所蕴含的互惠关系,是闽东乡村生态振兴的源泉所在。山林为海洋提供丰富的物质和能量来源,让海洋得以保持生机与活力;海洋为山林带来充足的水分和养分补给,让山林得以茁壮成长、郁郁葱葱。这种互惠关系维护着生态平衡和生物多样性,为闽东乡村生态振兴提供源源不断的正能量。闽东乡村生态振兴本身就蕴含了要保护好山林和海洋这两种宝贵自然资源库的要求,理应深入挖掘山海间的共融与互惠关系,使其释放更大能量。促进山海共融,实现生态互惠,是须解好的必答题。

(三)山海协同绿色发展是闽东乡村生态振兴的生动场景

山海协同绿色发展是新时代闽东乡村生态振兴的生动场景。山海协同既是闽东乡村资源的深度整合,也是产业的深度融合,还是山海的生态共建。只有"山的那边"与"海的这边"双双走上绿色发展之道,闽东乡村振兴的大格局方能实现。

其一,山海协同为闽东乡村生态振兴注入新动力。山海协同发展就是要念好"山海经",闽东乡村应充分利用山海资源发展生态农业和生态旅游等产业,并通过科学合理的耕作方式,保护山地土壤和水源,提高农产品质量和产量;同时依托海洋资源,发展海产品养殖和捕捞业,丰富乡村经济业态。山海间的相互协同、齐头并进,易于催生更为强劲的乡村生态振兴动能。

其二,山海协同推动闽东乡村生态环境持续改善。闽东乡村生态建设事业的广泛推进,意味着生态理念的广泛传播与深入人心,绿色生产生活方式蔚然成风,乡村居民在此熏陶下必然注重生态环境保护,积极参与山林绿化与海洋保护等行动。植树造林、治理水土流失与退耕还林等生态化建设增强山地生态功能,海洋环境监测与治理、生态渔业等共同守护海洋生态系统的健康稳定,山海协同、多管齐下的生态保护行动势必造就山更绿、海更蓝、宜居宜业的乡村新生态。

闽东的实践证明并将继续证明,山海协同、绿色发展是闽东乡村生态振兴的主要出路,有助于实现经济发展与环境保护的和谐统一。总之,念好"山海经","靠山吃山,靠水吃水",山海协同的生态化耦合联动是新时代闽东乡村发展的生动实践,闽东正以"山海协同"吹响生态崛起的号角。

二、"弱鸟先飞"的生态跨越

"弱鸟先飞"的生态跨越不仅是对闽东人民坚韧不拔、自强不息品质的生动诠释,也是对闽东自身发展潜力的挖掘,更是这片土地在追求绿色发展道路上的伟大实践。曾几何时,闽东是我国十八个集中连片贫困区之一,[28]其经济社会发展基础设施和物质技术条件相当落后。习近平同志在《摆脱贫困》一书中将闽东比作一只"弱鸟",并为闽东大地留下了"弱鸟先飞,滴水穿石"的宝贵精神财富和克服一切困难的工作法宝。[29]"弱鸟先飞"的生态跨越既表达了闽东生态基础设施和物质技术条件的制约,也蕴含了闽东在乡村生态振兴中敢于先飞、善于先飞和乐于先飞的实践特质与思路,还蕴含了闽东在特色乡村振兴之路中弯道超车、后来居上的生态跨越。

(一)生态理念的跨越:从贫困思维到绿色发展的战略觉醒

曾经的闽东乡村受贫困思维所限,经济发展主要依赖于对自然资源的过度索取,对生态环境保护缺乏足够的认识。然而,随着生态危机日益加剧,闽东乡村居民逐渐认识到,唯有转变发展观念,坚持绿色发展,方能实现真正的可持续发展与"弯道超车"。

乡村发展方式转变既涉及经济观念的更新,也涉及生态理念的觉醒与蜕变。近年来,闽东乡村开始重新审视人与自然的关系,意识到保护生态环境、实现绿色发展的重要性。贫困思维逐渐被抛之脑后,绿色发展被视作推动乡村生态振兴的根本动力。在绿色发展理念的引领下,闽东乡村社会生态系统发生了深刻的变革。生态农业、生态旅游等绿色产业蓬勃发展,成为推动乡村经济发展的新引擎。闽东的山水不再是城乡二元的阻隔,绿水青山业已成为乡村最美的底色,生动地诠释了"绿水青山就是金山银山"的生态理念觉醒。

(二)生态实践的跨越:从粗放到精细的生态建设与治理

理念的转变需要实践的支撑。在绿色发展理念的指引下,闽东乡村开启了从粗放到精细的生态建设与治理实践。

闽东乡村的生态建设实践正在向纵深推进。从乡村人居环境整治到自然生态系统修复,从家庭林场发展到生态种植基地建设,从林下生金到海洋蓝色牧场,闽东大地生态建设实践的舞台越来越宽广,经济社会生态综合效益越来越凸显。无论是农业的绿色转型,还是生态旅游的融合发展,诸如此类的实践让青山成为"绿色银行"、绿色水变成"聚宝盆"的愿景成为现实,乡村生态振兴在建设中发展,在发展中建设,成为推进闽东乡村全面发展的主阵地。

闽东乡村生态治理趋向科学化和精细化。乡村生态环境的公共品属性与社会生态系统要素的复杂多元呼唤生态治理的科学化与精细化。在闽东乡村生态治理的场域中,"绿色文物"古树取得"身份证",数字守护"植物活化石"得以实现;"无人机"使全天候守护青山成为现实;生态监测技术的广泛应用,使生态环境监测之网越织越牢靠;绿色农业搭上"云快车",得以驶进"数智快车道";智能化技术助力家庭垃圾分类,"绿盈乡村"建设更显人情味与科技范。凡此种种,无一不昭示着闽东乡村生态治理的科学化和精细化已然来临,科学化、精细化生态治理之路势必会越走越宽广。

(三)生态效能的跨越:从环境改善到乡村绿色发展

经过不懈的努力,闽东乡村生态环境显著改善,绿色产业蓬勃发展,从环境改善到乡村绿色发展的生态效能跨越正逐渐显现。以屏南为例,该县依托优美的生态环境和丰富的文化资源,大力发展高山生态农业,活化利用古村古宅推进乡村生态旅游,乡村绿色产业蓬勃发展,绿色经济实力初显。又如宁德古田,一些乡村依托丰富的银耳资源,发展起了银耳特色产业,进而通过推广生态种植技术、打造银耳品牌等方式,将银耳产业打造成为当地的支柱产业,实现了生态与经济的双丰收。总之,闽东乡村生态振兴依然在路上,"弱鸟先飞"的宝贵历史经验、富足现实的生态效能跨越必将为未来实现更大的生态跨越提供坚强保障。

三、"三生融合"的生态重塑

"三生融合"意指乡村生产、生活、生态功能的融合与协调发展。[30]"三生融合"是闽东乡村振兴的内在要求,有利于实现乡村经济、社会和生态环境的可持续发展。"三生融合"的生态重塑是对传统乡村发展模式的深刻反思,[31]是对闽东乡村生态振兴中乡村功能的重新审视与厘定,蕴含着生产功能的生态化转型、生活功能的绿色化提升、生态功能的保护与修复。

(一)生产功能的生态化转型

生产功能的生态化转型是乡村功能升级的必然要求。生态化的生产方式是互利型价值取向产生的缘由之一,[32]传统的乡村生产模式往往以资源消耗为主,对环境造成的压力较大。随着人们对生态环境重要性的认识不断加深,对美好生活向往的绿色化提升,乡村生产功能的生态化转型势在必行。

乡村生产功能的生态化转型是实现乡村可持续发展的重要途径。绿色种植、生态林业与生态渔业等绿色产业的发展有利于降低农业生产对环境的负面影响,提高农产品的质量和增加附加值。乡村工业向绿色制造、循环经济方向转型,有助于减少污染排放,实现资源的循环利用。绿色农业技术和管理模式创新有助于提高农业生产的效率和质量,也有助于减少化肥、农药等有害物质的使用,还有助于保护土壤和水源的生态环境。

闽东乡村生产功能的生态化转型已经取得积极进展。一方面,一些乡村依托生态茶园、高山有机蔬菜种植基地等大力发展生态农业和绿色产业,推广有机种植和养殖技术,减少化肥和农药的使用量。另一方面,闽东传统的乡村工业,诸如茶叶加工、水产加工与中药材加工等,着力向绿色制造和循环经济转型,致力于采用环保材料和工艺,降低能耗和排放。走上清洁生产的乡村工业不仅促进了生态环境改善,也提高了绿色农产品的竞争力,为乡村可持续发展奠定了坚实的基础。

实现生产方式绿色化、循环化和高效化的清洁生产是闽东乡村生产功能转型的主要目标,生产功能的生态化转型不仅是生产要素的优化重组,也是乡村社会生态系统的深刻变革,还是新时代闽东乡村生态振兴重要的特质。

(二)生活功能的绿色化提升

乡村是重要的生活空间,宜居宜业和美乡村建设理应强化其生活价值。闽东乡村生活功能的绿色化提升是乡村生态振兴的本质特质。生活功能绿色化提升既关乎面子,也涉及里子,是生活质量外在提升与乡村生活方式内在变革的综合呈现。这不仅符合居民对美好生活的追求,也契合生态文明建设的时代要求。

生活功能的绿色化提升是闽东乡村社会全面发展进程中与自然环境和谐共生的新探索。

乡村生活功能的优化和转型可以为乡村振兴提供动力和活力,[33]著名社会学家费孝通先生曾在"乡土中国"概念的基础上强调了乡村社会与生态环境的紧密联系。[34]乡村社会与生态的荣辱与共表明乡村生活功能的绿色化提升是实现乡村生态平衡的关键一环。应塑造绿色生活方式,推广绿色建筑材料、节能电器,倡导低碳出行等,尽可能减少能源消耗和环境污染,保护乡村生态系统的完整性和稳定性;与此同时,乡村生活功能的绿色化通过市场机制作用形成绿色市场需求,进而引领乡村绿色经济发展。由此可见,乡村生活功能的绿色化提升不仅有助于乡村居民生活品质的提升,亦能促进乡村绿色转型。

闽东乡村生活功能绿色提升的实践已然开展。以"绿盈乡村"建设、"厕所革命"、乡村垃圾治理行动与村容村貌提升行动等为抓手,通过创建各级示范版本的"绿盈乡村"、绿化庭院、花园式村庄等,闽东乡村生活功能绿色提升取得显著成效,乡村人居环境迈上了新台阶。无论是农村改厕、改水、改路等绿色生活设施的建设,还是太阳能、风能等清洁能源推广,抑或是绿色、低碳、环保生活方式与绿色消费模式的塑造,诸如此类的体系化行动都促进了闽东乡村生活功能绿色化提升。

乡村生活功能绿色化提升是生态振兴向纵深推进的必然趋势,也是实现闽东乡村生态振兴的重要途径,有利于推动乡村社会的全面进步和可持续发展。

(三)生态功能的保护与修复

生态功能是"三生融合"中的核心要素,也是闽东乡村生态重塑的重点。闽东乡村通过加强生态保护与修复,不断提升生态系统的质量和稳定性,生态功能强化可推动乡村生态振兴乡村。[35]一方面,应加大对森林、水源地等自然资源的保护力度,防止生态破坏和环境污染。另一方面,应积极开展生态修复工程,对受损的生态环境进行修复和重建,逐步恢复生态系统的完整性和功能性。生态功能的保护与修复,能够为乡村生态系统的质量和稳定性提供坚实保障。

生态系统的完整性和功能性是维护生态平衡的关键。一是生态功能保护的强化。生态功能重塑要始终坚持生态优先、保护优先的原则,加大对森林、水源地等自然资源的保护力度。应用政策限制对自然资源的过度开发和利用,防止生态破坏和环境污染的发生;同时,用监管治理加强对破坏生态环境行为的规制,确保生态保护工作的有效实施。二是生态功能修复的提升。生态修复不仅是简单的环境整治,也是一个系统工程,需要综合考虑生态系统的各个要素和相互关系。闽东乡村生态功能修复的提升需要综合采用科学方法和手段，如退化林地、湿地恢复和改造等，以逐步恢复生态系统的完整性和功能性，促进生态系统的自我修复能力，从而提高生态系统的稳定性和抵抗力。

闽东乡村生态功能保护与修复实践取得了积极成效。原本退化的林地重新焕发生机，湿地生态系统得到恢复，水源地水质得到改善，凋零的古村落获得了重生，天更蓝、水更绿、空气更优的闽东乡村大地，环境承载力、绿色生产力、生活涵养力都得到了极大的提升，不仅进一步满足了乡村原住民的绿色生活需求，也引来了逐绿而居的乡村新村民，还推动了乡村经济绿色发展，这些都是对闽东乡村生态功能保护与修复的宝贵回馈。闽东乡村生态振兴之路越往前走越要坚守初心和使命。积极打造一个更加美丽、宜居、和谐的闽东乡村生态环境，为乡村居民提供更加优质的生活体验和福祉，用生态功能保护与修复支撑起这一切的托付，是实现乡村可持续发展的关键所在。

总之，在闽东乡村，"三生融合"不是简单的叠加，而是深度的融合与协同发展。生产功能的生态化转型为乡村经济注入了新的活力，生活功能的绿色化提升为乡村居民带来了更好的生活质量，生态功能的保护与修复则为乡村的可持续发展提供了坚实的生态基础。三者之间相互促进、相互依存，共同构成了闽东乡村生态重塑的完整图景。

四、"民心所向"的生态繁荣

"民心所向"的生态繁荣是新时代闽东乡村生态振兴独特的"人本特征"。"以人为本"来推进乡村生态建设，蕴含着"民心所向"的生态繁荣不仅是生态环境的繁荣，更是人心的繁荣，是人与自然、人与人和谐共生的大繁荣。乡村生态振兴"为了谁，依靠谁"是一个根本性的立场问题，"人民是历史的创造者,人民是真正的英雄,必须相信人民,依靠人民"[36],"以人民为中心"是闽东乡村生态振兴的出发点和落脚点,是一切的工作的价值追求和根本遵循。推进闽东乡村生态振兴,必须回应村民对美好家园的憧憬和美好生活的向往,必须坚持生态振兴是为了人民,生态振兴依靠人民,必须坚持生态振兴成果由人民所共享,[37]统筹利用好民意、民生、民智与民心等各方面要素,推动乡村生态振兴走向"民心所向"生态繁荣的新境界,这也是新时代闽东乡村生态振兴的内在要求。

(一)生态优先民意共识的凝聚

掌握民意,让生态优先扎根民意;依靠民意,让生态优先的民意广泛凝聚共识,进而推动生态繁荣,是闽东乡村生态振兴的时代本色。民意驱动力量不仅源自村民对美好生活的热切向往,也体现了人与自然和谐共生的深刻理念。[38]

其一,民意驱动是生态振兴的内在动力。从人的需求层面看,闽东乡村村民们对于生态环境改善有着强烈的期盼和渴望。他们渴望呼吸到清新空气,饮用到干净水源,享受到宜居环境,这些期盼和渴望共同汇聚成民意的驱动力量,推动闽东乡村生态振兴进程,推动村民积极参与到生态保护与修复的行列中。民意驱动下的乡村居民更具积极性和主动性,促使村民自发参与各种生态建设活动、共同守护家乡的绿水青山成为可能。强烈而又一致性的民意为生态振兴提供了坚实的群众基础,汇聚了磅礴的人民力量。

其二,生态优先成为凝聚社会共识的重要原则。闽东乡村生态振兴越是推进,生态优先、绿色发展理念越是深入人心。良好的生态环境是乡村可持续发展的基础,也是提升生活质量的关键,诸如此类的认知升华为凝聚生态优先的社会共识提供了可能。故而,社会共识催化生态行为,以牺牲环境为代价的旧乡村发展模式被摒弃,生态优先、绿色发展的新模式得以构建。生态优先的社会共识随着实践的深化,必将进一步扩散渗透融入村民们的日常生活中,体现在乡村发展的各个方面,为乡村生态繁荣贡献力量。

(二)生态成果普惠民生

生态成果普惠民生是闽东乡村生态振兴的鲜明特质。良好的生态环境就是最普惠的民生福祉,[39]乡村生态振兴需要全体人民参与建设。让人民共享生态振兴红利,让生态振兴的系列成果惠及众生,是闽东乡村生态振兴的应有之义,也是生态振兴事业持久动力的重要源泉。

首先,人民共享生态振兴红利鲜明地展现在生态产业的蓬勃兴盛之中。随着生态环境持续改善,闽东乡村生态旅游、生态农业等绿色产业如雨后春笋般蓬勃发展。生态产业的发展奠定了乡村绿色经济的基础,为乡村居民提供了就业机会和收入来源。村民们参与到乡村生态产业的进程中,实现了从传统农业向绿色产业的华丽转身,生活水平得以显著提升。

其次,生态成果惠民生显著地反映在村民生活质量的稳步提升上。生态环境的改善让乡村的空气更加清新、水源更加洁净,村民们的生活质量得到质的飞跃。良好的生态环境就是基础性的民生福祉,乡村居民得以在优美的自然环境中安居乐业,享受健康舒适的生活。除了上述自然属性的生态成果外,社会属性的生态成果,诸如乡村绿色化基础设施和公共服务的完善也必将为村民们实现更加便捷、高效的绿色生活提供保障。

再次,生态成果普惠民生深刻地体现在村民精神面貌的焕然一新上。闽东乡村生态振兴的深入推进势必带动乡民思想认识、道德修养等内在特征的升华,诸如对生态环境的保护意识的增强,对生态思想的认同,对生态建设的认可等,使乡村居民的精神面貌焕然一新。而精神面貌的焕新反过来又会进一步激发推进乡村生态振兴动力,从而真正实现乡村生态"从里子到面子"大繁荣。

总之,闽东乡村生态越振兴,生态价值和生态成果越凸显,村民的获得感越显著,生态振兴的内生动力越强大。生态振兴的美好画卷需要广大村民共同绘就,让更多生态效益惠及人民群众,是闽东乡村现代化的必然要求。

(三)民智汇聚推动生态创新

发挥亿万农民的主体作用和首创精神,要调动他们的积极性、主动性、创造性。[40]农民,作为乡村生态振兴的主体力量,[41]其积极性、主动性和创造性的发挥,是生态振兴事业取得成功的关键。闽东乡村生态振兴应该集聚人民群众智慧,推动生态振兴创新发展。

第一,民智汇聚是生态创新的重要源泉。闽东乡村居民长期生活在乡土空间的自然环境中,对当地生态系统的特点和规律有着深刻的理解和感知,其通过世代相传的经验和智慧,积累了丰富的生态保护知识和实践技能,诸如此类的民智资源为生态创新提供了源源不断的灵感和动力。在乡村振兴的过程中,当地政府应积极引导和鼓励居民参与生态建设和创新活动,通过举办培训班、开展科普活动等方式,提高居民的生态素养和创新意识;在乡村生态建设实践中,乡村居民的智慧资源和思考能力得到检验和强化,这在一定程度上提高了乡村居民的智慧资源再生能力,为生态创新积累了更多能量。

第二,生态创新是激发乡村生态振兴活力的关键。生态创新旨在弥补生态发展中的不足,通过转变技术和理念,优化生态环境,实现生态平衡的新状态。乡村生态振兴的历史最终要依靠人民来书写,尊重人民群众的首创精神,相信人民群众的创造力量是新时代闽东乡村生态振兴的重要议题。生态创新源于人民智慧,生态技术、生态模式等创新探索需要乡村居民付诸实践。生态创新也要从实践中来,到实际中去,基础的依靠力量还是乡村居民,亿万人民的主体作用与首创精神能够促进乡村生态事业的创新性发展。

第三,民智汇聚与生态创新的相互促进。民智汇聚与生态创新展现了乡村生态建设深层次的理论逻辑与实践智慧。一方面,民智的汇聚为生态创新提供了源源不断的智慧和创意。乡村民众在长期的生产生活实践中积累的丰富生态知识和经验,是生态创新的重要素材和灵感来源。智慧要素的交互融合和汇集时,会诱发产生出更具创新性和实用性的生态技术和模式。另一方面,生态创新的成果能够进一步激发民众的智慧和创造力。伴随生态技术、模式或理念在乡村的广泛应用和实践,以及乡村群众受生态建设成果的正向强化,其生态参与与创新的积极性和热情将逐步推送,使生态创新更易迸发,乡村生态振兴也更显后劲。这种民智汇聚与生态创新之间的良性互动形成了一个紧密的循环系统,推动闽东乡村生态振兴进程,有利于在深层次上提升乡村生态建设的理论水平和实践能力。

闽东乡村生态振兴在某种层面上是一个民智与生态创新相互促进、共同发展的过程。更大限度上汇聚人民智慧,更大力度上催生生态振兴创新发展活力,推动闽东乡村生态振兴走向更高层次、更广领域,是闽东乡村发展的内在要求和重要特质。

(四)民心凝聚塑造生态文明新风尚

"人心齐,泰山移",凝聚民心就是要让"绿水青山就是金山银山"的理念深入人心,就是要塑造生态文明成为新的社会风尚,就是要村民的思想和行动统一到闽东乡村生态振兴的伟大征程中来,让其尊重自然、顺应自然、保护自然,与自然和谐共生。民心凝聚的力量和生态文明风尚塑成,是闽东乡村生态繁荣的强大精神支撑和社会文化底蕴。

第一,民心凝聚是闽东乡村生态振兴的内在动力和精神支柱。民心凝聚表征了民众在生态问题上形成高度的共识和认同,将生态保护视为自身的责任和使命。生态共识和认同源自对生态环境恶化的深刻认识,源自对生态文明理念的理解和接纳。民众从自我做起,积极践行绿色生活方式,以至推动生态文明风尚的形成,是闽东乡村生态振兴具备"宁德气质"的重要方面。

第二,民心凝聚强化闽东乡村生态振兴的群众基础。闽东乡村社会的文明进步离不开广大民众的积极参与和共同推动。人民力量是乡村生态振兴的动力源泉,而人民力量源自民心。不断夯实乡村生态建设的群众基础,就是要守好乡村居民的民心,让更多民众参与到生态环保活动中来,参与到生态产业发展的实践中来,为乡村生态振兴贡献力量。形成乡村居民齐心协力谋生态之发展,谱写乡村生态振兴的人民战歌,唱响民心所向的主基调,是新时代闽东乡村生态振兴的重要特质。

第三,生态文明风尚塑造是对乡村未来文明形态的探索。生态文明风尚强调人与自然的和谐共生,倡导绿色、低碳、循环的生活方式,为闽东乡村社会的可持续发展提供了新思路和新方向。民心所向的生态大繁荣,要求将生态文明风尚作为乡村社会的方向标,以此推动改善乡村生态环境,提升村民生活质量,推动乡村文化的传承与创新,形成具有地方特色的生态文明文化,促成闽东乡村生态振兴气质的内外兼修。

民心凝聚与生态文明风尚塑造相辅相成,民心凝聚为生态文明风尚塑造提供坚实的社会基础和群众基础,生态文明风尚塑造又进一步强化民心凝聚的效果。二者间的良性循环塑造了闽东乡村生态振兴鲜明的时代特征。

第三节 闽东乡村生态振兴的时代意蕴

一、产业生态化与生态产业化推动闽东乡村经济绿色发展

生态产业化与产业生态化有助于实现经济目标和生态环境目标双赢[42],闽东乡村以其得天独厚的绿色生态资源,为乡村产业生态化提供了坚实的支撑。以绿色发展为核心理念,实现产业生态化,筑牢乡村发展的绿色

根基;将丰富的生态资源进行产业化运作,拓宽绿色经济发展之路,是闽东乡村生态振兴走向新时代的必然选择,有助于推动乡村经济新飞跃。

第一,农业生态化发展推动乡村经济绿色发展。闽东乡村拥有丰富的农业资源,发展生态农业基础较好,充分利用好区域农业资源,推动农业生产的绿色化、有机化发展,是筑牢绿色根基的必要行动。生态农业强调生态系统的平衡与和谐,注重农业生产的可持续发展,闽东乡村有机种植推广、生态养殖扩大,乡村特色优势农产品如茶叶、花卉、太子参、紫菜与大黄鱼等的生态化价值实现,产业生态化与生态产业化汇聚成强劲动力推动乡村经济绿色发展。

第二,旅游与生态融合发展释放生态产业化新潜能。让自然环境优势成为闽东乡村发展的优势,让生态资源造就更多生态红利,是闽东乡村生态振兴深刻的时代意蕴。"绿水青山就是金山银山",对闽东乡村丰富的生态资源进行产业化利用,推动生态产业化,旅游与生态融合发展就是重要方面。闽东乡村拥有优美的自然风光和丰富的生态资源,是发展生态旅游的理想之地。挖掘乡村自然景观、文化遗产和民俗风情,打造特色旅游景区和生态旅游线路,吸引更多游客前来观光游览,以此促进生态资源的价值实现。注重生态旅游与农业、文化等产业的融合发展,打造多样化的旅游产品,满足游客多元化绿色需求,利于开拓生态资源价值实现新渠道,进一步释放生态产业化新潜能,促进乡村经济新飞跃。

第三,乡村工业生态化升级增添乡村经济新活力。传统工业在闽东乡村经济中占有一定比重,但往往伴随着能源消耗高、污染排放大等问题。乡村工业生态化升级推动绿色技术和环保工艺引进,传统产业的绿色化改造有利于实现"涅槃重生",巩固乡村经济的多元化与稳定性。随着闽东乡村生态振兴的推进,乡村工业对清洁生产技术、循环经济模式等绿色生产方式采用的行动路线将越来越清晰,行动力量也将越来越坚定,乡村工业驶向绿色化、智能化是不可逆转的趋势。此外,乡村工业与当地资源优势、产业特色深度整合,势必造就乡村经济绿色发展的新增长点。

二、推进闽东乡村和谐新秩序构建

闽东乡村生态振兴不仅能够促进乡村经济发展,也在社会治理领域发挥着不可替代的作用。强化绿色生态基础,有利于构建新时代和谐稳定的社会新秩序。

首先,守护乡村生态安全。生态安全是乡村社会治理的首要任务,是促进乡村社会稳定与和谐最积极的因素之一,乡村生态振兴就是以乡村生态安全问题和乡村生态安全体系建设为出发点探索乡村生态文明发展路径。[43]闽东乡村地处自然环境优美的地区,拥有丰富的生态资源,但同时也面临着局域生态系统失衡、环境污染趋紧等压力。推进生态振兴,意味着加强生态环境保护与生态修复,有利于有效预防和应对自然灾害、生态破坏等问题,有利于保障农民的生命财产安全。生态安全无小事,破坏生态环境就是触碰乡村生态振兴红线。生态安全监测和预警机制等的建立健全,有利于及时发现和解决生态安全隐患,化被动为主动,扭转以往事后进行生态补救的尴尬局面,以构建起坚实的生态屏障,守护乡村生态安全。

其次,提升乡村居民生活质量。绿色生态是乡村居民幸福生活的重要保障,乡村生态振兴强化了此种保障。闽东乡村居民的幸福生活从何而来,高品质的生活该如何去实现,一个朴素而又基础性的逻辑就是自然环境与生态资源的回馈。清新的空气、纯净的水源和优美的自然风光,这些看上去唾手可得而又无价的要素就是乡民幸福生活的支撑,而这些自然要素由于人类活动难以自在存在,需要人们精心呵护和保养。闽东乡村生态振兴正是呼应这些诉求的伟大实践,践行绿色发展与生命共同体理念,用人居环境整治、生态系统修复与推进产业绿色发展等坚实行动守护着乡村的青山绿水,让美丽乡村的图景逐步实现,此乃提升乡村居民生活质量之良方。

再次,促进乡村社会和谐稳定。生态振兴为乡村社会和谐稳定提供环境基础,[44]乡村社会的稳定是乡村社会生态系统稳定的具体表征,借由生态振兴促进乡村社会和谐稳定是必然选择。人是乡村社会生态系统最能动的元素,社会稳定某种意义上就是人的稳定,而人嵌入社会生态系统的周遭情景是影响其稳定性的重要变量。让人自在舒服地融入其中,创设好人们活动的情景变量,制定行动规则和价值倾向,是确保乡村社会和谐稳定的关键。从这种意义上说,闽东乡村生态振兴实践就是能提升乡村社会的稳定性,绿色生态推动了和谐稳定乡村社会氛围的形成。良好的生态环境是社会稳定的坚实基础,让人能在乡村空间里自得自在,兼容性嵌入社会生态系统。更为重要的是,生态文化感化与生态实践呼唤提升了乡村村民的环保意识和责任感,有助于形成人人参与、共建共享的生态建设良好社会风气,有助于增强乡村社会凝聚力和向心力,并最终促进乡村社会的和谐与稳定。

三、提升闽东乡村人才吸引

人才作为乡村生态振兴的核心要素,其重要性不言而喻。乡村生态振兴进一步巩固了闽东乡村独特的绿色生态优势,成为吸引人才回流的新高地,为乡村发展注入了源源不断的动力。

其一,提高了人才生活环境的空间吸引。生态环境是人类生存和发展的基础,优质的生态环境能够吸引人才、留住人才。[45]闽东乡村以其优美的自然风光、清新的空气和宁静的氛围,成为追求绿色生活人才的向往之地。无论是山间的传统特色古村落,还是海滨生态渔村,无一不勾起人们对诗和远方的无尽遐想,集聚绿化、绿韵、绿态、绿魂的闽东乡村,不仅满足了人才对美好生活的向往,也提供了宜居宜业的广阔空间。闽东乡村正是凭借这一优势,使青山绿水成为吸引人才的承载体,大量优秀人才前来定居和创业,新思想、新观念和新技术也随之融进乡村,促进了乡村社会生态系统迭代。

其二，拓宽了人才施展空间的平台吸引。闽东乡村生态振兴培育壮大了乡村绿色产业，推进了乡村经济绿色发展，人才施展空间得到拓展。乡村生态建设破解了乡村社会"英雄无用武之地"的尴尬，生态振兴越是推进，越是需要大量人才，"到农村去""到农村生产生活一线去"业已成为生态专家、农机人员与环保人士等众多力量的阳光大道。闽东乡村跨山越海，乡村空间足够广大；闽东乡村生态资源丰富而又各具特色，人才施展空间足够宽广；闽东乡村生态农业、生态旅游等绿色产业方兴未艾，这些绿色产业不仅创造了大量的就业机会和创业机会，也为人才提供了实现自我价值的平台。这些共同勾勒了生态振兴强化闽东乡村人才吸引的宏大场景。

四、彰显闽东乡村生态化文化魅力

第一，生态化文化融入，丰富了闽东乡村文化内涵。生态化文化是人与自然的和谐共生，闽东乡村生态振兴在某种层面上其实是一种文化活动。闽东乡村绿色发展厚植生态文化土壤，生态文化孕育而生，而生态建设实践势必促进生态文化枝繁叶茂。生态化文化基因融入乡村生活的每一个角落，丰富了乡村文化的内涵。闽东乡村人民在与自然互动的过程中，在特色乡村生态振兴之路的探索中孕育形成了独特的生态化文化，闽东乡村生态化文化呈现在周宁鲤鱼溪"人鱼同乐"中，体现在传统农耕文化的"田园诗画"里，回响在畲歌畲舞的古风音韵中，隐藏在古树的数字身份证里……生态文化在闽东乡村遍地开花，在塑造了乡村文化新形态的同时，又赋予了闽东乡村文化独特的魅力。

第二，生态化文化元素孕育，滋养了闽东乡村文化创新源泉。绿色生态为闽东乡村文化提供了源源不断的创新元素，挖掘和利用生态化文化元素，推动了闽东乡村文化传承与创新。闽东乡村自然景观、传统建筑、民俗风情等都是生态化文化元素的重要组成部分。这些元素有独特的美学价值，也蕴含着丰富的文化内涵。更为重要的是,闽东乡村生态振兴实践的深化,助推着乡村生态文化的升华。乡村生态振兴的伟大实践与成果本身就蕴含丰富的生态元素,生态建设的纵深推进,将孕育更丰富的生态元素,闽东乡村文化创新就更有后劲。生态元素的创新性使用,孵化了具有地方特色的文化产品,从而推动乡村文化创新发展。

第三,生态化文化名片打造,提升了闽东乡村文化软实力。在全球化的大背景下,文化软实力已经成为衡量一个地区综合竞争力的重要指标。闽东乡村生态化文化名片的打造,提升了乡村文化软实力。一是通过深入挖掘和展示闽东乡村特色生态文化,推动独特乡村文化形象的塑造,进而增强了乡村文化的辨识度和影响力。二是借助现代传播手段,如网络、媒体等,乡村文化得以推向更广阔的平台,让更多人认识和了解闽东特色生态文化。总之,生态化文化融入、生态化文化元素孕育以及生态化文化名片打造,共同塑造了乡村生态振兴进程中闽东乡村文化传承与创新的重要时代价值。

五、指引闽东乡村绿色发展前行之路

闽东乡村生态振兴以绿色发展为战略方向,通过绿色发展理念、绿色产业、绿色技术和绿色治理等多方面的引领,推动乡村走上可持续发展之路。闽东乡村生态振兴的战略方向体现了新时代对乡村发展的新要求,也彰显了推动闽东乡村生态振兴独特的时代意蕴。思想决定行动,技术调校航向,绿色发展理念与绿色技术是指引闽东乡村绿色发展的关键。

(一)绿色发展理念引领

绿色发展理念作为闽东乡村生态振兴的先导,不仅是推动乡村生态化发展的精神内核,更是引领乡村走向绿色、可持续未来的行动指南。绿色发展是乡村振兴的重要途径,只有通过绿色发展,才能实现乡村经济的可持续增长和生态环境的持续改善。[46]绿色发展理念是对传统发展观的深刻反思和超越,[47]传统发展观往往以经济增长为主导,忽视了生态环境的保护,导致资源过度消耗、环境污染严重。而绿色发展理念强调经济发展与生态环境保护的协调统一,追求经济效益、社会效益和生态效益的共赢。绿色发展理念不仅符合生态文明建设的时代要求,也是实现乡村全面振兴的必由之路。

(二)绿色技术引领

第一,绿色技术是闽东乡村生态化发展的关键生产力。绿色技术以其独特的优势和强大的功能,成为推动发展的关键生产力。传统的农业生产方式往往依赖高能耗、高排放的技术手段,不仅效率低下,而且对生态环境造成了严重的破坏。而绿色技术则注重资源的节约和环境的保护,通过引入先进的农业技术、清洁能源技术等,实现了农业生产的高效、绿色和可持续。绿色技术广泛应用不仅提高了生产效率,也为乡村经济的可持续发展注入了新的动力。绿色技术是推动乡村生态振兴的关键力量,引进和应用绿色技术可以有效解决乡村发展过程中的资源、环境等问题,推动乡村实现绿色、低碳、循环的发展。

第二,绿色技术是驱动闽东乡村绿色发展的重要引擎。绿色技术创新和应用带动乡村产业转型升级,推动乡村经济结构的优化和调整。[48]诸如屏南一些村落尝试将绿色技术与乡村产业相结合,发展高山生态农业、生态旅游等绿色产业,引进先进的农业技术和管理模式,推动农业生产绿色化、标准化和品牌化,使得乡村产业转型升级取得积极进展。

第三,绿色技术是破解闽东乡村生态困境的有力武器。绿色技术的技术特质决定了其解决闽东乡村生态困境的有效性。绿色技术直击生态环境问题要害,其应用能推动清洁生产,促进资源减量化投入、无害化处理和循环利用,纾解生态环境破坏压力。例如,通过推广使用生物农药、有机肥料等绿色农资,可以减少化肥和农药的使用量,降低对土壤和水体的污染。清洁能源技术改变了传统化石能源供应格局,有助于降低碳排放和空气污染,进而保护乡村生态环境。总之,绿色技术在闽东乡村绿色发展中发挥着举足轻重的作用,绿色技术力量的介入彰显了乡村生态建设的生命力,深刻诠释了闽东乡村生态振兴的时代意蕴。

第二章　闽东乡村生态振兴的逻辑

进入新时代,为何要不遗余力地把闽东乡村生态振兴推向新境界？这背后有着深厚的理论逻辑、历史逻辑和实践逻辑。从马克思主义生态观中寻找理论依归,从习近平生态文明思想中获得理论支撑,从闽东乡村发展历程中探明历史渊源,从闽东乡村生态振兴的实践逻辑找寻行动线索,闽东乡村生态振兴逻辑体系的建构具有重要意义。

第一节　闽东乡村生态振兴的理论逻辑

一、马克思主义生态观：认识论和方法论

马克思主义生态观的诞生具有独特的时代背景和深刻的理论意涵。在西方工业革命快速发展的时代背景下,马克思与恩格斯目睹了工业文明给自然环境带来的严重破坏与污染,洞察到资本主义生产方式下逐利动机与生态保护之间的深刻矛盾。在深入剖析与理性审视资本主义社会的基础上,马克思从历史唯物主义立场和实践角度出发,深刻阐述并科学预见了人与自然的关系,明确指出在生态环境问题中,人与自然的关系是最为原始、最为根本的一环。

这些生态哲学、方法与理论创见为生态问题研究奠定了宝贵的基础。

马克思主义生态观是闽东乡村生态振兴的理论基石。马克思主义生态观的一些重要论述不仅为闽东乡村生态振兴提供了理论基础,而且还是重要的认识论和方法论。闽东乡村生态振兴的本质属性和内在要求也与马克思主义的生态观高度契合,为何要大力推进闽东乡村生态振兴可以从马克思主义生态观中寻找解答。

(一)人与自然的关系:实践改造自然

马克思关于人与自然关系的论述相当丰富和深刻。马克思认为人与自然之间存在着相互依存、相互作用的关系。这种关系既体现了人的自然属性,也反映了人的社会属性。"人直接地是自然存在物",是"有生命的自然存在物",同时也是"受动的、受制约的和受限制的存在物","任何人类历史的第一个前提无疑是有生命的个人的存在"[49],"自然界的人的本质只有对社会的人说来才是存在的"[50]。

第一,人是自然的一部分,人的生存和发展都依赖于自然。马克思指出,自然为人类提供了物质资料和生活环境,是人的无机身体。人类通过劳动实践改造自然,获取生存和发展的必需品。"没有自然界,没有感性的外部世界,工人什么也不能创造。它是工人的劳动得以实现、工人的劳动在其中活动、工人的劳动从中生产出和借以生产出自己的产品和材料"[50],在这个过程中,人类与自然界建立了紧密的联系,形成了相互依赖的关系。

第二,人对自然具有能动作用。马克思指出统一人与自然关系的纽带是通过劳动实践实现的,[51]马克思强调人类不仅能够认识自然,还能通过实践活动改造自然,使其更好地为人类服务。[52]但这种能动作用并不是无限制的,它受到自然规律的制约。人类必须尊重自然规律,按照自然规律进行实践活动,否则就会受到自然的惩罚。

第三,人与自然关系的社会属性。人类具有自然属性和社会属性,人的本质属性是社会属性,并以自然属性为前提,社会属性决定了人与自然的关系。[53]在资本主义制度下,人与自然的关系往往被扭曲和破坏。资本主义生产方式追求利润最大化,导致资源过度消耗和环境严重破坏。马克思批判了这种生产方式,并主张建立一种人与自然和谐共生的社会制度。[54]

第四,马克思关于人与自然关系的论述为乡村生态振兴提供了必要的理论逻辑。其一,马克思认为人与自然之间存在一种相互依存、相互作用的关系。人属于自然界,依赖于自然界。而闽东乡村生态振兴就是要充分认识到人与自然之间的这种紧密联系,注重保护自然环境和生态资源,实现人与自然和谐共生。闽东乡村作为自然生态系统的重要组成部分,其生态环境优劣直接关系到当地居民的生存质量和乡村的可持续发展。推动生态振兴,就是要以马克思生态观为指导,尊重自然规律,合理利用自然资源,保护生态环境,实现人与自然和谐共生。其二,马克思强调了人在自然面前的能动性和责任。人具有认识自然和改造自然的能动性,能动性又受制于自然。在闽东乡村生态振兴中,就是要发挥人的主观能动性,合理利用自然资源,发展绿色产业,同时也要承担起保护环境的责任,避免过度开发和污染。其三,马克思生态观揭示了资本主义生产方式对生态环境的破坏。资本主义制度体系下对利润最大化的追逐,难以避免地导致了生态危机。虽然我国的社会制度不同于资本主义,但在经济发展过程中也面临着类似的生态环境问题。闽东乡村在发展过程中同样需要警惕生态环境破坏的风险。生态振兴,就是要转变发展方式,摒弃以牺牲环境为代价的发展模式,推动乡村经济绿色发展、循环发展、低碳发展。其四,马克思关于人与自然关系的论述还揭示了自然对人的无机身体的属性。这意味着自然是人生存和发展的环境,人的物质和精神生活都与自然相联系。闽东乡村生态振兴必须注重提升乡村居民的生活质量,通过改善自然环境和生态条件,实现乡村居民全面发展和自由个性的展现。

马克思关于人与自然关系的论述强调了人与自然的相互依存、相互作用以及人类活动的能动性和受限制性。这些观点为理解人与自然的关系提供了深刻的理论指导,也为解决当前面临的环境问题提供了重要的启示。在推进闽东乡村生态振兴的过程中,应该深刻理解和把握马克思的这些观点,努力实现人与自然的和谐共生。

(二)人与人之间的关系:实践改造社会

马克思主义生态思想始终将生态问题置于人与自然、人与人关系的双重维度中来审视,不仅揭示了生态问题产生的深刻根源,还给出了根本性的行动路线。[55]马克思关于人与人之间关系的论述深刻且全面,无论是对人与人关系本质的认识,还是对资本主义人际关系的评判,抑或是对人与人关系的构想,都能为闽东乡村生态振兴过程中有效处理和构建新型乡村社会人与人之间的关系提供理论指导。

第一,人与人之间的关系实质上是社会关系,这种关系是在社会生活实践中形成的。马克思强调,人的本质是社会关系的总和,人的存在和发展都离不开社会。[56]因此,人与人之间的关系不仅仅是个体之间的简单联系,而且是受到社会结构、制度和文化等多种因素的影响和制约。

第二,资本主义社会中人与人之间关系的异化现象。资本主义制度下的人与人之间的关系被物质利益所主导,人的价值被商品化,人与人之间的关系变得冷漠和疏离;在资本主义社会中,不公正、不平等的人与人间的关系,以牺牲多数人的发展为代价来换取少数人的发展,使大多数人处于被剥削、被压迫的非人的异化的状态,[57]这种异化关系不仅阻碍了人的自由发展,也加剧了社会的不平等和分裂。[58]

第三,共产主义社会中人与人之间关系的理想状态。马克思明确指出,在共产主义社会中,由于物质的丰富性和人的活动的自由性,人与人之间的关系将摆脱物质的束缚,实现真正的和谐与协作。人们将共同劳动、共同创造,共享社会发展的成果,实现人的自由而全面的发展。[59]马克思还强调了人与人关系中的阶级性。他认为,在阶级社会中,人与人之间的关系往往表现为阶级关系,不同阶级之间的利益冲突和斗争是社会常态。因此,要实现人与人之间关系和谐,就必须消灭阶级差别,实现社会全面平等。

第四,马克思关于人与人之间关系的论述为理解和处理闽东乡村社会中人与人之间的关系提供了理论支撑。其一,马克思强调了人的社会性本质,指出人是在社会关系中生存和发展的。在闽东乡村生态振兴过程中,人与人之间的和谐关系对于推动整个乡村社会生态建设具有至关重要的作用。通过构建和谐的人际关系,可以增强乡村社区的凝聚力和向心力,形成共同推动生态振兴的强大合力。其二,马克思揭示了资本主义社会中人与人之间关系的异化现象,即人们为了追求物质利益而忽视了人与人之间的情感联系和精神交流。这一论述警示运用在闽东乡村生态振兴过程中,就是要警惕过度追求经济利益而忽视人与人之间关系的现象。只有建立和谐的人际关系,才能确保乡村生态振兴的可持续性和人们获得幸福感。其三,马克思关于人的自由全面发展的论述也强调了人与人之间的关系的重要性。闽东乡村生态振兴进程中人的自由全面发展不仅包括经济层面的发展,还包括精神文化层面的提升。通过构建和谐的人际关系,可以为乡村居民提供良好的精神文化环境,促进其全面发展,进而推动乡村社会整体进步。此外,乡村生态振兴需要广泛的社会参与和合作。一个和谐的人际关系网络有助于形成有效的合作机制,使不同利益群体能够共同参与到闽东乡村生态振兴事业中来,共同推动乡村的可持续发展。

(三)人与自身的关系:实践改造人

闽东乡村生态振兴归根结底是要满足乡村居民对美好生活的向往,乡村居民有生存、享受和发展等多层次的现实需要,也有着实现人的全面发展的终极需要,马克思主义关于人与自身关系的论述,理应成为闽东乡村生态振兴中处理好人的需要和发展的重要理论武器。

马克思关于人与自身关系的论述,主要关注人的内在和谐与全面发展。[60]马克思强调,人应当追求与自身的和谐关系,这种和谐不仅体现在外在的行为和与他人的交往中,更体现在人的内心世界和自我认知上。马克思认为,人与自身的和谐是其他一切和谐关系的落脚点。人与自身和谐的基本内涵是"通过人并且为人对人的本质的真正占有"。在这种状态下,人的本质得以不加掩饰地在他人面前表现出来,人实现了自我心理上的真正自由,不被外界条件所束缚。这种自我心理上的自由与和谐,是人在追求全面发展过程中的重要目标。为了实现人与自身的和谐,马克思强调了人的自我超越和自我发展,认为人应当通过不断提高自身的道德修养和素质,实现内在的超越,从而达到身心和谐。这种超越并不是追求外在的客观真实,而是追求人内在(自身)的修养,是坚持不懈与持之以恒的道德自律。此外,马克思也关注到人在追求与自身和谐的过程中,应当注重人的自由个性的实现。个人全面发展与人们共同创造的社会财富,构成了人类社会生产能力的核心。在此基础上,实现自由个性被视为人类发展的终极目标。这种自由个性的达成,不仅体现了人与自我关系的和谐,也是人类追求理想境界的显著标志。

马克思关于人与自身关系的论述依然能为闽东乡村生态振兴必要性作出理论逻辑解答:首先,马克思强调人与自身的和谐是其他一切和谐关系的落脚点。闽东乡村生态振兴不仅要关注乡村经济绿色发展,也要关注乡村居民的精神生活,帮助其实现内在和谐。通过提升乡村居民的道德修养与生态文明思想等,帮助其实现自我超越和自我发展,从而达到身心和谐,这是闽东乡村生态振兴的内在要求。其次,马克思关于人与自身关系的论述强调了人的自由个性的实现。闽东乡村生态振兴意味着需要尊重和保护乡村居民的个性,鼓励其积极参与乡村生态建设和管理,实现自我价值。只有每个人的个性得到充分发展,乡村社会才能充满活力,乡村生态振兴才能取得持久的效果。再次,人的全面发展不仅包括物质生活的丰富,还包括精神生活的充实和生态环境的改善。闽东乡村生态振兴不仅是为了保护生态环境,也是为了提升乡村居民的生活质量,实现乡村居民的全面发展。乡村生态振兴即是乡村居民生活环境改善,生活质量提高,乡村居民身心健康和全面发展的解放。

二、习近平生态文明思想:根本遵循和科学指南

习近平生态文明思想是对西方以资本为中心、物质主义膨胀、先污染后治理的现代化发展模式的深刻反思与超越,是在继承和创新马克思主义自然观、生态观的基础上,运用和深化了马克思主义关于人与自然、生产和生态辩证统一关系的认识。[61]其针对新时代人民群众对优美生态环境有了更高期盼和要求这一重大变化,以新的视野、新的认识、新的理念赋予生态文明建设理论新的时代内涵。习近平生态文明思想不仅体现了社会主义生态文明建设理论创新成果和实践创新成果,还开创了生态文明建设的新境界。[62]这一思想根植于中华优秀传统生态文化,传承并发扬了"天人合一""道法自然""取之有度"等生态智慧和文化传统,[63]并对其进行创造性转化和创新性发展,展现了中华文化和中国精神的时代精华。习近平生态文明思想是闽东乡村生态振兴的重要理论基础,是新时代推进闽东乡村生态振兴的根本遵循和科学指南。

(一)生态与文明的关系:"生态兴则文明兴"

"生态兴则文明兴,生态衰则文明衰"的重要论断是习近平同志在《生态兴则文明兴——推进生态建设打造"绿色浙江"》一文中首次提出来的,这一重大理论成果把对"生态与文明"的认识推升到了新高度。[64]"生态兴则文明兴"的生态历史观从生态与文明的辩证关系回答了何为生态文明,体现了历史唯物主义生态文明观的基本立场。[65]从"生态兴则文明兴"这一理论角度

出发,闽东进行乡村生态振兴的必要性就显得尤为重要。这一论断揭示了生态与文明之间紧密而不可分割的关系,强调了生态环境的繁荣昌盛对于乡村文明的进步与发展的重要推动作用。

首先,生态与文明是相互依存、相互促进的关系。生态环境是人类文明发展的物质基础,提供了人类生存所需的资源和条件,[66]而文明的进步与发展又反过来影响着生态环境,推动其向着更加和谐、宜居的方向发展。闽东地区拥有丰富的自然资源和独特的生态环境,这是其乡村文明得以延续和发展的重要基础。然而,随着现代化进程的加速推进,乡村生态环境面临诸如资源过度开发、环境污染等多方面挑战。这些问题不仅威胁到生态环境的可持续性,也制约了乡村文明的进一步发展。因此,推进闽东乡村生态振兴旨在保护和修复生态环境,优化乡村生态系统,为乡村文明持续繁荣提供坚实的生态基础。

其次,乡村生态振兴是闽东实现生态文明建设的重要途径。生态文明建设是中国特色社会主义事业总体布局的重要组成部分,强调人与自然的和谐共生,追求经济社会发展与生态环境保护双赢。闽东乡村地区作为生态文明建设的重要阵地,其生态振兴工作直接关系到整个区域的生态文明水平。乡村生态振兴可以促进乡村产业结构优化升级,推动绿色生态农业和生态旅游等新兴产业发展,促进乡村经济绿色转型。生态振兴全面而深入地开展还有助于改善乡村居民的生活条件,提高居民生活质量,增强其幸福感和获得感。

再次,乡村生态振兴有助于传承和弘扬闽东乡村文化。乡村文化是中华优秀传统文化的重要组成部分,承载着丰富的历史信息和深厚的文化底蕴。闽东乡村文化独具特色,具有重要的历史和文化价值。然而,在城镇化等的冲击下,乡村文化面临着凋敝的窘境甚至逐渐消失的风险。闽东乡村生态振兴能够促进乡村文化景观、生态景观的保护和修复,使乡村文化在吸收生态文化新鲜血液后得以传承和发扬。这不仅能增强乡村居民的文化自信心和归属感,也能为乡村文明创新发展提供新动力。

(二)人与自然的关系:"人与自然和谐共生"

"人与自然和谐共生"的生态自然观是习近平生态文明思想的一个基础性观念,是对马克思的人与自然一体化思想的进一步发展,[67]"人与自然和谐共生"这一理念强调了人类与自然环境的紧密关系,以及在发展过程中需要实现人与自然和谐相处的目标。对于闽东乡村而言,生态振兴不仅是推动乡村社会可持续发展的重要举措,也是实现人与自然和谐共生的必由之路。

首先,人与自然和谐共生是闽东乡村生态振兴的核心目标。在漫长的历史进程中,人类与自然的关系经历了从崇拜自然、顺应自然到改造自然、征服自然的转变。然而,这种以人类为中心的发展模式带来了严重的环境问题,使得人与自然的关系日益紧张。闽东乡村地区是乡民与自然和谐相处的宝贵场所。推进乡村生态振兴,就是要恢复和保护乡村生态环境,实现人与自然的和谐共生,让乡民与自然在乡村这片土地上共同繁衍生息。

其次,闽东乡村生态振兴是实现可持续发展的必然选择。可持续发展强调经济、社会和环境的协调发展,而人与自然和谐共生是可持续发展的基础。闽东乡村地区面临着局域生态系统失调、环境污染压力依然较大等问题,这些问题制约了乡村的可持续发展。闽东乡村生态振兴意味着推动乡村绿色发展,意味着提升乡村生态系统自适应能力,意味着催化绿色生活成为风尚。乡村振兴的内在运行逻辑和体系化实践,有助于推动整个乡村区域向着人与自然和谐共生的方向发展。

再次,乡村生态振兴对于保护闽东生物多样性、维护生态平衡具有重要意义。乡村地区是生物多样性的重要宝库,也是生态平衡的关键所在。然而,随着人类活动不断扩张,乡村地区生物多样性受到严重威胁,生态平衡遭到破坏。乡村生态建设强化了乡村地区生态系统的保护和恢复,也为野生动植物创造了适宜的生存环境,维护了生物多样性。同时,生态振兴还能推动土壤质量改善、水资源利用效率提高等,进一步促进生态平衡的实现。

(三)价值理念:"绿水青山就是金山银山"

"绿水青山就是金山银山"理论是习近平生态文明思想的重要组成部分,[68]阐明了经济与生态的辩证统一关系,[69]"绿水青山就是金山银山"蕴含的深刻思想与辩证方法等为闽东乡村生态振兴奠定了根本性理论基础。

第一,"绿水青山就是金山银山"的理念强调了生态环境与财富之间的紧密联系。良好的生态环境本身就是一种宝贵财富,它不仅提供了人类赖以生存的自然资源,还孕育了丰富的生物多样性和独特的生态系统。[70]闽东乡村生态环境保护和改善是实现可持续发展的重要基础。乡村生态振兴有利于恢复和提升乡村生态环境的质量,从而保障乡村居民的生存和发展。

第二,乡村生态振兴有助于推动经济发展方式转变。在过去的发展中,一些乡村地区由于发展观念滞后,或者出于对短期经济利益的追逐,抑或是旧有经济发展模式的惯性,重经济增长、轻环境保护的现象时有发生。然而,时代在变迁,绿色消费逐渐成为新潮流,绿色产品成为新宠儿,绿色环保行为受到越来越多赞誉,生态环境保护与经济发展之间的关系受到前所未有的关注,转变经济发展方式势在必行。闽东致力于探索一条特色乡村振兴之路,有责任和义务在经济发展的同时保护好生态环境。深入推进乡村生态振兴,着力促进乡村经济的绿色转型,推动乡村产业结构调整和升级,以实现经济发展和环境保护的双赢,是新时代践行习近平生态文明思想的重要要求。

第三,"绿水青山就是金山银山"的理念是对传统发展观的超越。传统发展观往往将经济增长与环境保护对立起来,认为二者之间存在不可调和的矛盾。然而,"绿水青山就是金山银山"的理念打破了这种固有的思维模式,将生态环境与经济发展置于同等重要的位置。[71]强调生态环境的保护和改善本身就是一种经济发展方式,能够带来长远的经济效益和社会效益。闽东乡村不仅能够保护和恢复绿水青山,还应不遗余力促进绿水青山向金山银山转化,实现经济与环境的双赢。

第四,"绿水青山就是金山银山"理念体现了生态经济学的核心观点。生态经济学强调生态环境与经济发展之间的相互作用和相互依存关系,认为二者是一个不可分割的整体。闽东乡村生态振兴理应秉持"绿水青山就是金山银山"的价值理念,以不断优化资源配置、推动绿色产业发展等方式,实现生态环境保护和经济发展良性循环。这不仅有助于提升闽东乡村地区的经济竞争力,还能够为当地居民创造更多福祉。

第五,"绿水青山就是金山银山"的理念蕴含着人类与自然和谐共生的哲学思考。人类与自然是一个命运共同体,二者相互依存、相互促进。闽东乡村生态振兴旨在恢复和保护乡村地区的生态环境,推进美丽乡村建设。这不仅有助于提升当地居民的生活质量,还能够促进整个社会的可持续发展。推进乡村生态振兴,就是开拓闽东乡村振兴特色之路的伟大实践,就是推动构建人与自然生命共同体的有益探索。

(四)民生的观点:"良好的生态环境是最普惠的民生福祉"

"良好的生态环境是最普惠的民生福祉"是生态民生论的核心论题,[72]"良好的生态环境是最普惠的民生福祉"不仅揭示了生态环境与民众福祉之间的内在联系,也提供了一个全新的视角来审视和推进闽东乡村生态振兴。闽东乡村生态振兴的出发点和落脚点都是为了人民,让良好的生态福祉惠及众生是推进乡村生态建设最朴素的逻辑。

第一,良好的生态环境作为最普惠的民生福祉,体现了生态正义与社会公平的深刻内涵。在闽东乡村地区,由于历史、地理和经济等多方面原因,一些地方生态环境状况相对较差,直接影响了当地民众的生活质量。乡村生态振兴事业的推进助力打破这种不公正的状态,让更多人享受到良好生态环境带来的福祉,最大限度实现生态资源的公平分配和社会正义。

第二,从生态系统服务角度看,良好的生态环境为民众提供了多种生态服务,如清新的空气、清洁的水源、宜人的气候等,这些都是民众生活中不可或缺的基本需求。闽东乡村地区的生态环境具有一定的优势,乡村生态振兴可以进一步保护和提升这些生态服务的功能,为民众提供更加全面、优质的生态福祉。

第三,良好的生态环境是乡村地区可持续发展的重要支撑。在当今社会,环境问题已经成为制约经济发展的重要因素之一。闽东乡村实现经济可持续发展离不开生态环境的保护和改善。推动乡村产业结构的绿色转型,培育绿色产业,发展循环经济,实现经济发展与生态环境保护的良性循环,是闽东乡村生态振兴的应有之义,乡村生态建设与乡村可持续发展能力构建浑然天成、高度契合。

第四,从人类与自然关系的哲学思考来看,良好的生态环境是人类与自然和谐共生的基础。人类作为自然界的一部分,其生存和发展都离不开自然环境的支撑。闽东乡村生态振兴不仅是保护自然环境的需要,也是实现人类与自然和谐共生的重要途径。乡村生态环境优化行动推动人类与自然的关系从对立走向和谐,促进乡村社会可持续发展。

(五)系统的方法:"山水林田湖草是生命共同体"

"山水林田湖草是生命共同体"是乡村生态振兴的实践指南,生命共同体是乡村生态振兴的实践依归。[73]"山水林田湖草是生命共同体"强调生态系统的整体性和相互依存性,将山水林田湖草等自然要素视为一个不可分割的生命共同体。新时代,习近平总书记提出推进乡村生态振兴,就是要系统修复乡村山水林田湖草沙复合生态系统,恢复乡村生态系统的动态平衡[74]。闽东乡村生态系统作为这一共同体的重要组成部分,其健康与否直接关系到整个区域的生态安全和可持续发展。

第一，乡村生态振兴是对生态系统整体性认识的实践应用。生态系统是由各种自然要素相互关联、相互依存构成的一个有机整体。在闽东乡村地区，山水林田湖草等自然要素共同维系着整个生态系统的稳定和健康发展。乡村生态振兴不仅仅是对某一要素的单独治理，而是对整个生态系统的综合治理和修复。这一要求将乡村生态系统视为一个整体，通过系统性的规划和措施，促进各要素之间的协同与良性发展。唯有如此，方能确保山水林田湖草等自然要素之间的平衡和协调，实现生态系统整体稳定和健康发展。

第二，乡村生态振兴有助于提升整个生命共同体的生态服务功能。生态系统是一个动态变化的系统，各要素之间通过物质循环和能量流动保持着相对稳定的平衡状态。然而，由于人类活动的干扰和破坏，这种平衡往往被打破，导致生态系统功能退化。山水林田湖草等自然要素在维持生态平衡、保护生物多样性、提供生态产品等方面发挥着重要作用。通过乡村生态振兴，可以恢复和提升这些要素的生态功能，增强生态系统的自我修复能力，为整个生命共同体提供更加优质的生态服务。这不仅有助于保障当地居民的生存和发展需求，还能为整个区域可持续发展提供有力支撑。此外，乡村生态振兴通过恢复植被、改善水质、保护生物多样性等措施，有助于重建生态系统的平衡状态，提升生态系统韧性，强化生命共同体的生态服务功能。

第三，乡村生态振兴体现了对生态系统复杂关联的深刻认识。生态系统中各要素之间存在着复杂的相互作用和关联关系，通过食物链、能量链等途径相互影响、相互制约。闽东乡村生态振兴需要深入理解和把握这些复杂关联，采取综合性措施，促进各要素之间的协调发展。例如，要有针对性地恢复湿地生态系统，着力提升湿地生态系统的改善水质、调节气候、保护生物多样性的综合功能，进而促进整个生态系统的健康和稳定。

第二节　闽东乡村生态振兴的历史逻辑

闽东乡村发展历史源远流长,从生态视域来看,闽东乡村生态演化历程主要可以分为原始生态平衡时期、生态破坏与退化时期、生态觉醒与保护时期、生态振兴与可持续发展时期等阶段,每个时期都呈现出不同的生态特征和发展挑战。

一、原始生态平衡时期：闽东乡村原始生态的和谐与变迁

原始生态平衡时期是生态视阈中闽东乡村发展历史的第一个阶段,广义地看,从原始社会至封建社会的闽东乡村发展历程都涵盖在原始生态平衡时期内。这一时期闽东地区的自然环境保持着较为原始的状态,生态系统处于自然演替的平衡之中。山水林田湖草等自然要素相互依存,共同维系着原生性的生态系统的稳定和繁荣。

在原始生态平衡时期,闽东乡村居民主要以传统的农耕和渔猎为生,对自然的扰动较小。这期间闽东乡村植被茂盛,水源充沛,生态资源丰富,一些珍稀的动植物也在这一时期得以繁衍生息,维持着生态系统的多样性。受制于物质技术条件,闽东乡民在较小的自然空间范围内进行着较为单一与单纯的生产、生活实践活动。主要表现有：一是遵从自然规律进行着古朴的农耕生产生活,造就了较为原始的生态和谐。乡民们顺应自然节律,春耕秋收,渔汛时出海捕鱼,与大自然保持着自在自然的和谐共生的关系。这种与自然和谐相处的生活方式既保证了居民的基本生活需求,又维护了生态环境的稳定。二是原始生态平衡时期孕育和造就了独具闽东特色的自然与人文景观,孕育了原生性的生态思想。例如,一些古代村落和庙宇的建设就

充分考虑到与周围环境的和谐共生,将建筑物巧妙地融入当地的自然景观之中,成为生态系统的一部分;一些古代乡贤和士人积极倡导保护生态环境,其言行和事迹为后人树立了榜样,乡民们的这些类型生态实践也涵养了朴素的生态人文元素。

然而,随着时间的推移与乡村社会物质条件的提升,闽东乡村地区人口逐渐增长,乡民生产生活活动空间不断拓展,农耕和渔猎活动也开始扩大。在物质需求增长和生态环境认知水平偏低等综合因素影响下,一些地区开始出现过度开垦、乱砍滥伐等行为,土地退化、水土流失等问题逐渐显现。资源环境承压问题虽然在原始生态平衡时期还没有对生态系统造成严重破坏,但也为后来的生态问题埋下了隐患。

从历史角度看,原始生态平衡时期是闽东乡村发展的起点和基础,在此期间,闽东乡村地区生态系统保持着较为原始的状态,总体上处于自然演替的平衡之中,具有较高稳定性和自我修复能力,居民与自然和谐共生。理解和研究这一时期的历史背景和发展规律,亦能为未来生态保护和可持续发展提供有益参考,也是追寻闽东乡村生态振兴历史逻辑的优秀解答。

二、生态破坏与退化时期:闽东乡村的生态困境

在闽东乡村发展历史长河中,第二个历史时期是生态破坏与退化时期,这是一个充满挑战的阶段。其间,随着乡村社会变迁和农村集体制度的改革的快速推进,乡村生产活动对自然环境的干预和破坏日益加剧,导致生态系统遭受严重挑战;城镇化快速扩展引致的人口外来以及进城务工返流导致的双向冲击,使闽东乡村面临生态困境。

20世纪80年代初期,家庭联产承包责任制的实施极大地激发了农民农业生产的积极性,但与此同时,一方面,土地拓荒、农业生产强度的提升、空间的扩大与农业的粗放发展叠加,在一定程度上对乡村生态系统的稳定性

构成威胁;另一方面,粮食的丰收使得农村劳动力出现了富余。然而,受限于城乡体制性的隔离,这些富余劳动力无法顺利流入城市,于是这些富余劳动力依托乡村的资源和产业基础,结合外来技术,尝试投身于乡镇企业的创办与发展。砖窑、预制板厂等乡镇企业工业得到发展,这些乡村工业产能以低成本、高效率的方式抢占低端产品消费市场,成为当时乡村经济发展的重要组成部分。然而,这初级的乡村工业化历程并非一帆风顺,随着时间的推移,乡镇企业所面临的挑战和问题逐渐凸显。首先,由于技术水平和管理能力的限制,乡镇企业在与城市的现代工业化企业竞争时逐渐处于劣势,其产品的市场竞争力不断下降。其次,更为严重的是,这些乡镇企业大多采用粗放型的发展模式,技术水平低,污染排放量大,对乡村生态环境造成了不利影响。

20世纪90年代中期,在城镇化浪潮的席卷下,闽东乡村经历了乡村空间肌理的深刻变革。随着农业经济效益的相对弱势与乡镇企业的逐渐式微,加上城乡之间的体制性隔阂逐渐消融,大量农村富余劳动力纷纷涌向城市,寻求更为广阔的就业空间和更高的收入。这些"农一代"的进城不仅加速了闽东地区的城镇化进程,也在无形中加剧了乡村生态的破坏与退化。在这一过程中,城市规模不断扩大,而乡村则面临着人口外流、产业衰退的双重压力。许多原本生机盎然的自然村落因缺乏劳动力而逐渐荒废,成为空心村、空壳村。这不仅导致乡村社会结构的凋敝,也对乡村生态环境造成了不可逆的损害。并且,随着进城务工人员的回流,进城务工人员带回的不仅仅是财富,还有城市化的生活方式和消费观念,使得乡村传统的生态价值观受到严重挑战。一些回乡人员为了追求更高的生活品质,不惜破坏乡村原有的生态环境,如乱砍滥伐、过度捕捞等。如此,进一步加剧了乡村生态的恶化程度。

生态破坏与退化时期,闽东乡村面临的生态困境产生了一系列影响,首先,生态系统平衡被打破。乡村生产生活的活动范围不断扩大、频率不断增加,乡村工业的粗放发展造成的自然生态系统内部功能紊乱,以及伴随城镇化出现的乡村人口外来衍生出来的自然生态凋敝,乡村局域自然生态失衡问题凸显,同时叠加城市工业污染等外源扰动,乡村空间生态环境压力持续加大。此外,闽东乡村面临生态破坏与退化的现实。农业活动过度扩张引致土地退化、水土流失等问题加剧,部分区域生物多样性受到挑战,一些珍稀物种面临生存危机;部分乡镇为了发展经济,盲目引进污染较重的工业项目,导致当地生态环境受损,闽东乡村局域生态系统自我修复能力减弱。同时,生态系统功能失调导致自然灾害的频率和强度也开始增加,如洪涝灾害、山体滑坡等,对乡村居民生命财产安全构成威胁。

三、生态觉醒与保护时期:闽东乡村的保护与修复之路

(一)生态意识的觉醒与城镇化浪潮下的乡村空间重塑

第一,生态意识的觉醒。随着环境问题日益凸显,生态学、环境科学等学科研究逐渐深入,以及理论的不断丰富与认知的提升,生态系统的复杂性和脆弱性成为社会大众普遍关注的焦点。更大范畴的自然生态生态系统的环境污染外溢与扩散,闽东乡村也难以独善其身,加之闽东传统的生产方式和生活习惯也对生态环境造成了较大扰动与破坏,致使闽东乡村局域自然生态系统的资源环境受损压力日益突出。面对生态环境困境,当地政府、学术界和民众开始觉醒,逐渐认识到保护生态环境的重要性和紧迫性。反思过去的发展模式,寻求新的可持续发展路径成为当时的重要议题。正是在这样的背景下,有识之士开始从理论或实践层面探讨如何实现乡村可持续发展。学术方面研究成果的积累为闽东生态保护行动做了较好的思想动员,促进了全社会面的生态意识觉醒。

第二,城镇化浪潮下的乡村空间重塑。进入21世纪后,面对城镇化的粗放发展及盲目追求GDP增速所带来的城乡差距扩大、社会矛盾加剧的严

峻形势,闽东乡村也迎来了发展的转折点。这一时期,政府深刻认识到乡村在城乡关系中的独特价值和不可或缺的作用,开始将乡村发展纳入统筹城乡发展的战略框架中。

闽东乡村积极响应国家"工业反哺农业,城市支持农村"的号召,将生态保护与经济发展相结合,踏上了生态觉醒与保护的新征程。在这一过程中,闽东乡村充分利用其独特的田园风光和农业景观,满足都市居民对田园生活的向往,逐渐兴起了"农家乐""近郊游"等新型旅游业态。这些旅游业态不仅为乡村带来了人气和活力,也逐渐改变了乡村发展的风貌。

(二)社会参与与生态保护的全面推进

随着生态保护理念的深入人心,越来越多闽东乡村居民开始积极参与到生态保护行动中来。乡民们通过参与植树造林等活动,为乡村地区生态保护贡献着力量。科技服务与推广中介组织参与其中,通过提供技术支持等方式,强化了技术对乡村环境生态解决的支撑,推动了环境保护与治理向高效化迈进。企业作为关键力量,在政策激励和持续的获利预期的影响下深化生产经营方式改革,尝试以生态项目投资来获得更大发展空间,企业的参与促使乡村环境保护发生剧烈变化,更大限度激活了社会力量的参与,多元化的参与模式在闽东乡村生态环境保护进程中得以形成。

(三)生态修复与成效展现

在生态觉醒与保护时期的推动下,闽东乡村地区的生态环境得到了明显改善。一些曾经受到破坏的生态系统得到了修复,植被覆盖率逐渐增加,生物多样性逐步恢复,乡村居民的生活环境也越来越宜居。生态觉醒与保护时期是闽东乡村发展历史上一个重要的阶段。通过政府、社会和个人的共同努力,闽东乡村地区生态环境得到了一定程度的保护和修复。然而,制约闽东乡村可持续发展的问题还未得到根本解决,生态环境压力依然存在,乡村生态系统韧性仍待提升。

四、生态振兴与可持续发展时期：闽东乡村的可持续发展新篇章

党的十八大以来，闽东乡村发展翻开了新篇章，新理念、新战略、新举措使闽东乡村绿色发展迈开了新步伐，走出了新路径。生态振兴的初步实践不仅给闽东山村添了彩，也积蓄了新能量，呼唤着更高水平、更高质量的乡村生态振兴。

（一）理论指引与生态振兴战略的提出

进入新时代，闽东乡村地区迎来了生态振兴与可持续发展的新时期。在这一时期，习近平生态文明思想等成为指导闽东乡村发展的重要理论武器。习近平生态文明思想强调生命共同体的责任意识，坚持人民立场、倡导绿色发展、强调统筹局部和整体、统筹发展与保护、统筹短期与长期等，既开启了闽东乡村绿色发展新阶段，也指引了实现闽东乡村高质量发展的新方向。

在这一背景下，闽东地区成立了乡村振兴相关职能部门，抓好用好一系列政策，调动一切积极因素，出台了生态振兴相关的政策措施，将生态保护与经济发展紧密结合，推动乡村地区绿色发展。

（二）农村产业结构转型与生态经济的崛起

生态振兴与可持续发展时期，闽东乡村地区积极调整产业结构，大力发展绿色产业。通过推广生态农业、生态旅游等绿色产业，一些闽东乡村地区实现了经济的快速增长和生态环境的持续改善，尝到了发展赶超的甜头，真正体会到了"绿水青山就是金山银山"的深刻内涵。例如，寿宁一些乡村地区成功转型为生态农业示范区，成功驶向了乡村全面发展的新赛道。新时代，闽东乡村发展按下了加速键，驶上了快车道，闽东各地乡村正全力推进乡村生态振兴在内的乡村振兴战略。诚然，生态振兴与可持续发展仍是一

个长期而艰巨的任务。探索一条闽东特色乡村振兴之路并非一日之功。闽东乡村地区应继续深化理论研究和实践探索,不断完善生态振兴政策措施,奋力谱写闽东乡村发展新篇章。

第三节　闽东乡村生态振兴的实践逻辑

一、提升闽东乡村生态系统韧性的实践需要

闽东乡村的自然资源和生态环境是乡村绿色发展的基石,也事关乡村生态系统韧性,资源约束依然趋紧,环境压力依然存在,生态环境破坏机会主义可能抬头,乡村生态"公地悲剧"可能上演,以致乡村生态系统可能因失衡而变得脆弱。唯有乡村生态振兴,方能有效破解上述难题。因此推进闽东乡村生态振兴是提升乡村生态系统韧性的实践需要。

一是闽东乡村资源约束依然趋紧。一方面,土地资源是乡村经济发展的重要基础,但随着城市化进程的加快和乡村产业的发展,闽东乡村土地资源约束并未缓解。传统农业生产方式往往以扩大耕地面积为代价,导致土地资源过度开发和利用,进而引发土壤退化、水土流失等问题。另一方面,水资源也是乡村发展的重要支撑,但闽东乡村的水资源存在空间与时节上的分布不均,部分地区某些时节面临水资源短缺问题。并且由于农业灌溉、工业生产和生活用水等方面需求不断增加,水资源供需矛盾日益加剧。这些资源约束问题不仅限制了闽东乡村经济发展潜力,也影响了乡村居民生活质量。因此,推进生态振兴,科学合理利用和节约资源,破解资源约束问题,成为闽东乡村地区可持续发展的现实需要。

二是闽东乡村环境压力依然存在。一方面,农业面源污染是乡村环境

问题的主要来源之一。过量化肥、农药的使用以及畜禽养殖废弃物的随意排放，导致土壤和水体受到严重污染。这不仅影响了农产品的质量和安全，也给乡村生态环境造成了不可逆的损害。另一方面，随着工业化和城镇化的推进，闽东乡村地区的工业污染和生活垃圾污染问题也日益严重。一些乡村地区缺乏完善的垃圾处理设施，生活垃圾不能得到有效处置，破坏了乡村生态环境和居民的生活环境。这些环境问题影响了乡村居民的健康和生活质量，制约了乡村经济的可持续发展。因此，加强环境保护和治理，改善乡村环境，加强生态建设成为闽东乡村亟待解决的重大课题。

三是生态环境破坏机会主义可能抬头。闽东乡村的生态环境具有显著的正外部性。监管不到位或利益驱动，都极易诱发生态环境破坏的机会主义行为。一些企业或个人可能出于短期经济利益考量，做出有损乡村生态环境的生产生活行为，对生态环境造成消极影响，不利于乡村生态系统的稳定，也伤害了生态系统中所有相关主体的利益。闽东乡村以保护生态环境为核心要义，以促进多元主体协同参与乡村建设为主要方式，注重生态环境保护的"防患于未然"，加大对生态环境的监管和保护力度，力图建立健全生态补偿和惩罚机制，提高破坏生态环境的成本；还注重以生态文化等教化乡村居民，提高其生态意识和环保意识，使之自觉抵制生态环境破坏行为，共同维护乡村生态环境的健康。闽东乡村生态振兴致力于系统性规避生态环境破坏机会主义，成为乡村生态环境守护的伟大实践。

四是乡村生态易于陷入"公地悲剧"。"公地悲剧"是一个经典的生态经济学概念，意指在公共资源使用上，个体为了追求自身利益最大化而过度使用公共资源，最终导致资源枯竭和生态破坏。闽东乡村生态系统中的公共生态资源如水源、林地等面临着类似的风险。生态振兴战略的实施，明确产权、加强管理和引入市场机制等手段，可有效防止"公地悲剧"的发生，促进生态产品价值实现。例如，通过实施林权制度改革，明确林地产权归属和使用权益，激发村民保护林地的积极性；或通过引入水资源管理机制，实现水资源的合理分配和高效利用。这些乡村系统化的举措有利于乡村生态资源的可持续利用,有利于乡村经济的健康发展。

二、促进闽东乡村绿色发展的实践需要

闽东乡村生态振兴表征了一种推动乡村社会生态系统演化的深刻实践,与乡村绿色发展存在深层次的逻辑互构,促进闽东乡村绿色发展,需要推进乡村生态振兴伟大实践。

其一,生态振兴推动闽东乡村绿色发展。绿色发展是以效率、和谐、持续为目标的经济增长和社会发展方式,强调经济增长与生态环境之间的和谐共生。闽东乡村地区的生态环境优势如何才能转化发展优势,是一个摆在众多乡村面前的一道必答题。粗放发展甚至不惜破坏生态环境的传统之路已然走不通,乡村生态振兴的内在逻辑和本质要求就蕴含了转变发展方式,推动乡村经济的绿色化、循环化,实现资源的高效利用和环境的有效保护等一系列思想或行动路线,高度契合了闽东乡村绿色发展的实践逻辑。

其二,生态振兴提升闽东乡村地区的发展质量。随着社会对生态环境质量关注度的不断提高,绿色发展已经成为乡村地区提升竞争力的关键因素。闽东大多数乡村经济底子较薄,若唯 GDP 是图,乡村地区不但会步人后尘,更无法实现弯道超车。新情境下,立足闽东乡村山海资源禀赋,力求跳脱传统乡村地区发展方式,跳出传统 GDP 对经济思维的限制,以差异化思维走新质发展之路,是新时代闽东乡村必须审慎作出的抉择。目前闽东域内乡村已不再过分考核 GDP 指标,而是更加注重绿色 GDP 发展,这些都是有益的尝试。闽东乡村地区要实现后来居上,需要系统化的推进路径。乡村全面振兴蓝图已经展开,生态振兴势必成为推动闽东高质量发展的关键行动。

三、开拓闽东乡村发展新空间的实践需要

坚持乡村生态振兴,坚持绿色发展,闽东乡村发展的路子将越走越宽广,可持续发展的空间将越来越大。一方面,闽东乡村传统发展依赖于粗放发展模式,常常伴随着过度向生态系统攫取资源、破坏生态环境,发展之路举步维艰。另一方面,闽东乡村发展也受到所谓工业化发展的物质基础条件制约。闽东乡村多山地,生产生活相对受限,既没有像平原地区农业适合大规模机械化的地理条件,也难有物质资源快速流转的便捷。如果盲目跟风其他区域的乡村发展路径,很可能会是"画虎不成反类犬"。闽东乡村生态振兴是开拓乡村发展新空间的利器。

第一,拓展生产空间。在坚持乡村生态振兴、绿色发展的导向下,闽东乡村的生产空间将得到显著拓展。这主要体现在:一是生态资源保护和合理利用为农业生产提供了更加广阔的天地。乡村中的森林、湿地、农田等生态资源是乡村发展的基础,通过科学规划和管理,可以实现生态农业、林业、畜牧业等多种产业的融合发展,拓宽乡村产业生产作业平台。二是绿色发展理念引入有助于催生新兴产业的发展。闽东乡村依托独特的自然环境和文化资源,发展生态旅游、休闲观光等产业,促动乡村经济多元化发展,开辟了乡村生产空间新阵地。

第二,延展生活空间。乡村生态振兴促进闽东乡村生活空间延展,这种延展不仅体现在物理空间的扩大,也体现在精神生活空间的丰富和深化。一方面,乡村生态环境改善扩大了村民生活的物理空间。随着生态保护和修复工作的深入推进,乡村自然环境将变得更加优美宜居,清澈的溪流、茂密的树林、翠绿的田野将成为村民日常生活中的常见景致。这些自然元素的融入,不仅美化了乡村景观,也能为村民提供更多休闲和娱乐空间。在绿树成荫的乡间小道上散步,在清澈的溪水中嬉戏,在田野间感受大自然的馈

赠,凡此种种都是乡村物理空间延展与品质提升的生动诠释。另一方面,乡村生态文化的传承和创新拓展居民的精神生活空间。乡村文化是乡村的灵魂,是村民共同的精神家园。生态振兴能够促进乡村文化更好地传承和发扬。挖掘和整理乡村历史文化资源,能够帮助乡民更深入了解文化根源,增强文化自信;创新性培育生态文化,并融入现代元素,打造具有时代特色的乡村文化新产品,能够满足村民日益增长的精神文化需求。诸如此类,共同推进了闽东乡村生活空间从物理到精神的双层延展。

第三,提升生态空间。提升生态空间是乡村生态振兴的重要一环,对于维护生态平衡、促进可持续发展具有深远意义。保护生物资源多样性和促进生态系统良性循环等行动,能够促进闽东乡村生态空间显著提升。其一,生物资源多样性提升生态空间弹性。生物多样性是生态系统稳定和健康的基础,[75]乡村生态空间能否兼容并蓄、吐故纳新地良性发展,有赖于生态资源多样性的保持。生物资源多样性有助于维持生态系统的平衡,增强生态空间的自我修复能力。无论是闽东山间乡村,还是滨海村落,其生态系统内都包含了众多种类的生物资源,诸如黄身材鸦、猕猴与穿山甲等一些珍稀生物物种也在此出没或繁衍生息。闽东乡村生态要振兴,珍稀生物资源就如同瑰宝,应得到加倍保护,如建立自然保护区和加强生态执法等,以有效保护生物资源的多样性,为维持生态系统的多样性贡献力量,也为生态系统提供更多的能量流动和物质循环途径,从而提升生态空间的弹性。当生态系统面临外界干扰或压力时,这些多样的生物种群能够相互协作,共同抵御风险,以保持生态系统的稳定。其二,生态系统良性循环提升生态空间的包容性。生态系统的良性循环意味着能量和物质在生态系统内部得到有效利用和循环,[76]减少对外部资源的依赖和废物的排放。闽东乡村生态振兴实践及其成效就如同生态系统的神奇催化剂,绿色产业推进绿色生产,进而守护绿色空间,促进生态系统良性循环;资源的循环利用、废弃物减量化处理等畅通了生态系统内循环;生态修复和治理恢复了生态系统功能,提高了生态系统的包容性。这使得生态空间能够更好地适应环境变化,容纳更多的生物种群和人类活动,为乡村可持续发展提供有效支撑。

四、打造美丽闽东乡村的实践需要

闽东乡村生态振兴能够直接促进乡村环境的改善,提升乡村的整体风貌,为乡村居民创造更加美好的生活环境。打造美丽乡村,有必要推进闽东乡村生态振兴实践。

第一,人居环境改善是打造美丽闽东乡村的总抓手。闽东乡村人居环境是乡村美丽与否的直观体现,它关乎着居民的生活质量和幸福感。生态振兴战略的实施着力推进乡村人居环境改善,为闽东美丽乡村建设提供了有力的抓手。乡村人居环境整治是一项系统而复杂的工程,其关键在于从多个方面入手,全面提升农村环境质量,助力美丽乡村建设:其一,整治村容村貌是基础,包括改造提升农村道路、桥梁、房舍、河道等基础设施,加强绿化美化工作,清理杂草杂物和积存垃圾,解决生活垃圾乱堆乱放问题,打造整洁有序的农村环境。其二,垃圾治理是重中之重,通过建立完善的垃圾收运处理体系,推行垃圾分类制度,加强垃圾处理,保持环境整洁。其三,厕所革命和农村水源地保护是重要方面,通过改造厕所、完善水源地环境监测体系,提升农村卫生条件和饮水安全。其四,生活污水治理和农业生产废弃物处理是整治的重点,需要统筹解决乡村污水直排问题,清理水域漂浮物,规范畜禽养殖行为,减少废弃物对环境的污染。乡村人居环境整治的统筹推进,是打造富有闽东特色美丽乡村的重要实践。

第二,生态振兴不仅能提高闽东乡村的外在颜值,也能提升内在美。生态振兴既关注乡村的自然景观和硬件设施,又重视乡村的文化内涵和精神风貌,生态振兴不仅能提高闽东乡村外在颜值,也能提升内在美,生动地诠释了其实践的深刻性和必要性。一是生态振兴助力闽东乡村外在颜值的提高。乡村环境的优劣直接关系到乡村的整体形象和吸引力。环境治理与美化工程等使乡村的自然风光更加优美,田园景色更加宜人;乡村规划加强、村庄布局优化、建筑风格生态化提升,使得乡村硬件设施和公共服务更加完善,为居民和游客提供了更好的生活体验和旅游环境。二是生态振兴助力闽东乡村内在美的提升。提高乡村居民生态环境认知、培育发展生态文化、增强生态文明素养等组合拳,共同推动了乡村内在美的提升。形式多样地开展修缮历史建筑、保护文物古迹、开展民俗活动等一系列行动或活动,让乡村内在美既内化于心又外化于形。

总之,生态振兴是提升闽东乡村综合"素质"的重要实践,是打造美丽闽东乡村的关键行动,生态振兴致力于让闽东乡村焕发出更加绚丽的光彩,成为宜居、宜业、宜游的美丽家园。

第三章 闽东乡村生态振兴何以能？

闽东之地,山川秀美,海滨辽阔。乡村类型多元,犹如一幅多彩的生态画卷。山地型村落倚山而居,汲取天地之精华;滨海型村落临海而建,聆听波涛之乐章;平地型村落优渥富饶,孕育着丰收的希望;城郊融合型村落,现代与传统相交织,展现着时代的风采;畲族聚集村落,民族风情独具魅力,彰显着文化的深厚。在这片充满生机的土地上,气候适宜、土地肥沃、水资源丰富,为生态资源的培育与发展奠定了坚实基础。闽东乡村不仅拥有得天独厚的自然条件,也在生态产业资源方面展现出独特优势。生态农业蓬勃发展,绿色种植、生态养殖成为新风尚;生态旅游方兴未艾,乡村风情、自然风光吸引着四方游客。这些生态产业资源的深度开发与利用,不仅为乡村经济注入了新的活力,也为生态振兴提供了有力支撑。

闽东乡村生态振兴何以能？这背后既有自然条件的恩赐,也有生态产业资源的助力,更有各级政府与人民大众的不懈努力与智慧创新。本章将对闽东乡村生态振兴何以能的奥秘展开探寻。

第一节 闽东乡村的类型

一、山地型村落

(一)基本情况

闽东山地型村镶嵌于连绵的群山之间,并融入了独特的自然生态系统,孕育出别具一格的山地文化和生活方式,展现出一种较为古朴的乡村风情。

山地型村落地理空间特殊,地势险要,山路崎岖,导致与外界的交往难度较大。由于乡村社会生态系统与外部环境的交互有限,系统内部各种要素多处于内部慢循环状态,尤其是山地型村落中人之一核心要素与外界的往来水平偏低,导致整个系统保持了一种较为原始的自然风貌、生态平衡与人文特征。因而,即便是如今,在闽东的一些较为偏远的山地村落中,古老的村庄中已然保留了较完整的古民居,这些古宅常依山而建,多采用土木结构,整体风貌别具特色,与周边自然环境较好地相融,体现了别样山地古民居风格,也闪烁着人与自然和谐共生的智慧之光。这些原来看起来与现代化格格不入的乡村"古迹",现如今成了当地乡村振兴的瑰宝,经过改造升级的古宅焕发了新的生机,给乡村发展增添了新的活力。除了这些古朴建筑之外,不少山地村落中的乡民保持了较为传统的生活方式与文化习俗,注重亲情与邻里关系,具有特殊的地域民俗文化活动得以延续,如逛庙会、游神等,塑造了独特的闽东山地乡村文化,丰富了乡民的精神世界,涵养了无数乡民。这些传统文化元素或媒介在新时代乡村生态振兴的大情景中仍然有"古为今用"的较大价值,是当地乡村生态建设的宝贵财富。

农业生产是山地村落社会生态系统中的主要生产实践活动,农业收成是乡村居民主要的收入来源。依托山地资源,山地村落的农事活动造就了具有闽东特色的山地农业体系,靠山吃山是对其生动的写照。种植是山地农业重要的组成部分,水稻、玉米、薯类等是传统种植业的主要农作物。土地条件和地理概貌等因素综合影响下,山地型生态系统中的可用农耕土地达到了极致化利用,高山梯田等就是土地充分利用的产物,这些农耕土地资源在不同的历史时期发挥了不尽相同的土地生产能效。山地村落多林地,森林覆盖率较高,林业理所当然成为山地型村落的农业经济效益的主要贡献者,也是新时代山地村落发展的基础和竞争优势。传统上的林业经济多源于对林木的直接获取、加工制造有林产品输出,以及茶树、山地草药、果树等经济植物带来的经济收益;现代视域中的林地等森林资源是具有多维度多层面功能的宝库,是成就闽东乡村村落绿色发展,甚至是后来居上的重要依靠。

诚然,在乡村生态振兴的进程中,闽东山地型村落也面临不少挑战,诸如地理位置相对偏远、人口流出、现代化生活设施条件配套依然存在短板等,造成山地村落整体上对现代产业资源要素、人才资源等的吸附力处于弱势,不利于乡村生态建设的推进,也是在未来征程中需要进一步破解的难题。

(二)典型代表:屏南漈头村

漈头村是典型的山地型村落,具有深厚的历史底蕴和丰富的文化特色。漈头村位于福建省屏南县棠口镇东北部,坐落于秀丽的笔架山麓东面,盆地之龙漈溪畔。漈头村与周边村庄紧密相连,共同构成了一个充满生机与活力的乡村群落。

漈头村的历史可追溯到唐朝僖宗皇帝乾符三年(公元876年),千年的岁月积淀赋予了其独特的历史韵味。漈头村曾是屏南自清代建县以来的"四大书乡"之一,享有"屏南好漈头"的美誉。在明清两代,漈头村更是人才辈出,科举人士众多,其中包括参与编修明《永乐大典》的黄童、深受林则徐关注的"叔侄两进士"张方矩和张正元等杰出人物。

在漈头村,古建筑是历史与文化的重要载体。村落中现存古建筑众多,其中古民宅尤为引人注目。这些建筑多以清朝时期为主,最早的甚至可以追溯到明朝中叶明崇祯年间。这些古建筑工艺精湛、造型别致,镂刻并用、栩栩如生,充分展现了漈头村文化的独特魅力。此外,村落中的雷潘行宫、百祥桥、金造桥、慈间寺、石牌坊群、张氏宗祠等历史建筑也承载着漈头村深厚的历史文化信息。

漈头村不仅是武术的摇篮,也是戏剧的故乡。这里的武术文化历史深厚,早在两百多年前,泉州少林寺的铁头和尚便莅临村北的慈音寺,传授武艺,为漈头村奠定了武术之乡的地位。而戏剧艺术更是漈头村的一张璀璨名片,屏南地区的七种地方戏中,有四种竟源自这片土地,凸显了漈头村在戏剧领域的卓越贡献与深厚底蕴。

为了守护和传承这些弥足珍贵的历史文化遗产,漈头村不遗余力地推进修复和保护工作。不仅委托了专业机构,精心编制了《漈头村传统村落发展与保护规划》,更积极筹集资金,对众多古建筑进行了细致的修复,并逐步完善了相关配套设施。同时,漈头村也敏锐地抓住了乡村旅游的机遇,将古村落的迷人风光与深厚的文化底蕴展现给四方游客,实现了文化保护与经济发展的和谐共生。

漈头村还保留着爱护鲤鱼的古老习俗,这一传统不仅彰显了人与自然和谐共生的理念,也为村落增添了一份别样的文化韵味。在这里,游客们还能参观到屏南耕读文化博物馆,馆内珍藏的丰富历史文物和古籍书画,漫步其中,如同打开了一扇通往漈头村及屏南地区历史文化的窗口。

优美的自然风光、深厚的历史文化和多样民俗风等乡村社会生态系统要素,造就了漈头独具特色的山地村落风貌,这些优质的社会生态资源也是漈头村走好乡村振兴之路的主要能量来源。

二、滨海型村落

（一）基本情况

滨海型村落是闽东乡村的主要类型之一。闽东濒临东海，海岸线较长、海域面积辽阔，闽东先民与水为伴，以水为靠，依托滨海村落，世代在此繁衍生息，造就了具有浓郁闽东特色村落形态，孕育了丰富灿烂的海洋文化。新时代，闽东滨海村落敢立潮头、奋勇争先，乡村经济社会发展取得了可喜的成绩，继续积极探索实践滨海乡村特色生态振兴之路。

滨海村落拥有丰富的海洋资源。海洋是个天然的宝库，浩瀚的海洋不仅有壮美海洋风光，还有丰富多样的海洋资源。闽东沿海可谓是海洋生物资源的黄金海域，气候、水文等海洋生态系统条件较好，是众多海洋生物理想的繁衍生息地。鱼类、贝类、虾类等海洋动物类型多样且富足，海藻、紫菜、海带等海洋植物资源也相当丰富，并拥有其他海域所稀有的海参、龟足、剑蛏等海上珍品，这些海洋生物资源不仅为乡村居民提供了充足的生活食材，也为乡村经济发展输送了源源不断的养分。除了海洋生物资源以外，还有海洋矿产资源、海洋能源资源等，比如海洋潮汐发电亦可以提供能源支持等，可见丰富的海洋资源是闽东滨海乡村的最重要的物质财富，为新时代滨海乡村生态振兴提供了良好的基础要素支撑。

海洋文化是闽东滨海村落的内在精神特质的集中体现。由于人们日常的生产生活都要与海打交道，这种频繁而又广泛的互动就孕育了个性鲜明的海洋文化。而这些海洋文化既是乡村居民渔业生产活动实践的总结和深化，也表达了人们对海洋、对大自然的敬畏。出于一种实践的寄托与心灵的抚慰，形式多样的海洋文化形态得以形成。诸多滨海村民信仰海神，通过"阿婆走水""竹屿妈祖三"神节会等祭海仪式或活动来表达对海神的敬仰，祈求渔业丰收;传统的渔歌、渔舞等特色海洋文化活动生动诠释了闽东滨海乡村独特的海洋文化精神内核。这些丰富多彩的海洋文化不仅充盈了乡民的精神世界,也为生态旅游、生态文化的发展提供了良好的素材。

渔业与旅游业是大多闽东滨海乡村的支柱产业。出海捕捞是滨海村落村民较为传统的一些农业活动,也是他们主要的经济收入来源。以前,不少村民就是船民,他们常年以海为伴,以船为家。随着条件的好转和政府的支持,船民们纷纷上岸,与其他村民一样,开启了海洋渔业养殖。近些年来,闽东滨海乡村生态渔业蓬勃发展,乡民们基于良好的海洋自然环境,借助现代化的科学技术,依托生态化的海水养殖基地,走出了一条富有闽东特色的生态渔业发展之道,成为生态振兴实践的独特样本。除了渔业之外,旅游业也是闽东滨海乡村的重要产业。闽东滨海村落海洋生态旅游资源极其丰富,清澈的海水、轻柔的海浪、紫菜种植图景、出海捕捞体验等多形态元素或活动,都是生态旅游发展的重要源起。在生态旅游发展的过程中,海岸景观民宿、海洋休闲参与等风生水起,共同推动着闽东滨海乡村经济的高质量发展。

海洋大型自然生态系统涵养下的滨海村落不仅有良好的海洋自然生态空间,也有广阔的生产空间,还有较为宜人的生活空间,闽东滨海村落生态振兴的前景令人期待。

(二)典型代表:宁德港口村

三都镇港口村坐落于福建宁德三都岛南部,依海而居,因港得名。这里古朴的渔家风情与现代文明交相辉映,共同绘制出一幅美丽的渔村画卷。

走进港口村,一排排古朴的民居映入眼帘,屋顶上渔网随风轻摆,墙角捕鱼工具摆放有序,处处弥漫着浓厚的渔家风情。每逢花开时节,漫步在村道上,两旁杜鹃花、碧桃、红花檵木和紫藤竞相绽放,与蓝天、碧海、渔船交相辉映,共同绘就了一幅绚丽多彩的渔村画卷。近年来,港口村在坚守传统渔家文化的同时,还大力开展村庄整治与基础设施建设工作。村里斥资建设污水处理设施,对生活污水进行科学处理,使村庄环境焕然一新。同时还构建了完善的垃圾处理系统,实现了垃圾的环保处理和资源化利用,极大地提高了村民的生活质量,也提升了村庄的整体风貌。

在环境整治之外,港口村亦十分注重文化建设和旅游业的开发。村里诚邀全国各地的艺术家前来绘制壁画,将渔家生活的点滴细节以艺术的形式展现于墙壁之上,使游客在领略美景的同时,也能深刻感受到渔家文化的独特韵味。此外,港口村还深入挖掘特色旅游资源,推出了海鲜美食、渔家乐等一系列旅游产品,吸引了大量游客前来游玩体验,感受浓厚的渔家风情。

港口村作为藻类规范养殖改革试点,取得了显著的成效。村里遵循海域使用权分配原则,通过竞标、退养户优先承包等方式合理分配藻类养殖用海,实现了有偿用海。这一改革不仅提高了海域利用效率,也增加了村民的收入来源。同时,结合"清海"治理行动,港口村的海域生态景观得到了明显改善,养殖环境更加健康,鱼类的成活率和品质也得到了提升。

在村庄整治、文化建设和旅游开发的推动下,港口村的经济得到了快速发展。村里的餐饮经济逐渐兴起,为村民提供了新的增收途径。同时,村庄的知名度和美誉度也不断提升,吸引了更多的游客前来观光旅游,进一步促进了村庄的经济发展。

港口村的实践展示了渔村发展的新模式,通过合理规划、整治村容村貌、加强基础设施建设、推进文化建设和旅游开发等措施,港口村实现了从传统渔村到现代美丽渔村的华丽转身。

三、平地型村落

(一)基本情况

闽东地区地形多样,山地丘陵占主导,但其中也不乏地势平坦、土壤肥沃的村落点缀其间。这些平地型村落凭借其得天独厚的地理优势、丰富的农业资源和活跃的经济活动,已然成为闽东乡村发展的一股重要力量。

土地利用条件较好是闽东平地型村落的显著优势。平地乡村大多是分布于河流冲积形成的平整区域,不仅土质生产力较高,也能形成大面积土地利用,利于规模化种植和小型机械化农耕生产。基于平地乡村土地资源禀赋,近年来,闽东平地型乡村加快农业基础设施建设步伐,推进现代农业产业园建设,大力发展特色绿色种植;并且积极探索新情境下现代农业维度发展,促进农业与生态旅游深度融合,农业与乡村加工业高度整合的多业态发展模式,取得了可喜的成绩。

乡村工业与商贸流动较为发达是闽东平地型村落的重要特征。平地型村落乡村工业的兴盛得益于土地可供产业链发展使用的约束相对宽松,也得益于平地村落便利的交通等基础支撑条件。乡村工业嵌入乡村社会生态系统中,极大地提升了乡村区域的发展活力,尤其是基于特色农产品的加工链条,提高了农业产能的价值输出,促进了乡村的经济发展。商贸流动表征了区域经济的活跃程度,平地型乡村往往更易演化成为闽东乡村区域的商贸流通中心,吸引周边地区的物质汇集,一个人员流动、物质流通、商贸发达的乡村社会生态系统便有了更为强劲的发展动力。

诚然,平地型乡村在发展的过程也面临一些特殊的压力,诸如土地条件较好,易成为工业用地的挤占对象;还有因为人口居住相对集中,乡村局域生态环境承压较大,生态系统相对脆弱。而乡村生态振兴是带领走出这一系列困境的有效途径,平地型乡村绿色发展场景非常宽广。

(二)典型代表:蕉城区霍童古镇

蕉城区霍童古镇,作为平原地区的璀璨明珠,凭借其得天独厚的地理优势和积淀深厚的文化底蕴,已然成为乡村发展的典范。坐落于霍童溪畔,这片土地平坦而富饶,交通脉络四通八达,为古镇的手工业与商业发展奠定了坚实基础。

霍童古镇的手工业历史悠久,技艺传承不绝。当地手工艺人凭借巧夺天工的手艺,利用本土原材料,创作出陶瓷、刺绣、木雕等别具一格的手工艺品。蕴含独特乡土文化的手工艺品是霍童乡村工业发展的重要载体,也是展示古镇文化特色的重要窗口。霍童善于利用乡村特色珍宝,以此为催化剂,促进了乡村商业经济的集体繁荣。一方面,手工业作为一种乡村传统产业形态,其发展本身就是建构了乡村产业体系的多元性。另一方面,手工艺产出的工艺品流通进入市场产生经济收益,尤其是在古镇就地销售,推动了乡村商贸的繁荣。

文化底蕴深厚是霍童古镇的鲜明特征。霍童古镇历史悠久,文化积淀深厚,历久弥新的古镇传统文化成为推动生态振兴的重要力量。在众多乡村传统文化中,霍童线狮作为一种文化形式的呈现尤为特别,霍童线狮早已声名在外,成为古镇对外宣传展示的一张亮丽名片。霍童线狮表演不仅是一种娴熟精妙操控的民间艺术展示,也是蕴涵丰富朴素智慧的行为文化,诸如此类的珍贵的文化存在传承与创新,不仅有助于凝聚古镇人心,强化乡村归属感,也有利于塑造乡村全面振兴的精神内核的珍贵元素,还有助于推动乡村生态旅游等产业的发展。

四、城郊融合型村落

(一)基本情况

城郊融合型村落,作为乡村与城市间的桥梁,既承载着深厚的乡村文化,又融合着现代城市的文明。这些村落往往坐落于城市的边缘或郊区地带,既与城市中心保持适度的距离,又深受城市经济、文化、教育等多方面的辐射与影响。

在空间布局上,城郊融合型村落巧妙地结合了乡村的宁静与城市的便捷。周边交通网络发达,使得村民们既可以尽情享受乡村的宁静与自然风光,又能迅速融入城市的繁华与高效生活。

在经济构成方面,城郊融合型村落展现了多元化的特点。经济构成多元化是城郊融合型村落有别于其他类型重要特质,随着城市扩展的影响,城市发展的挤压不仅体现在对乡村空间的物理界限影响上,也表现在乡村生态系统内部要素调整和变迁上。传统农业种植和养殖等经济形态在城郊融合型村落中趋于弱化,城市要素融入与城市市场需求驱动下的乡村产业要素发生聚变,进而演化为"农业+""旅游+"等复合型、多功能产业形态,乡村服务业也异军突起,促进了乡村经济的多元化变迁。

文化层面的调整和升级是城郊融合型村落发展的一个缩影。一方面,城郊融合型村落大都保留了一些基质层的乡村传统文化,比如戏曲表演、庙会与游神等依然扎根在乡村大地;另一方面,现代化思想的冲击与技术力量的广泛而深入地介入,在城郊融合型乡村表现尤为明显。从积极的方面看,传统乡村文化在与现代思潮的碰撞交互中擦出焕新的火花,推动传统文化的转化与创新。现代信息技术与智慧科技也为乡村传统文化插上了腾飞的翅膀,不仅丰富了文化的城郊融合型村落式,而且促进了文化在更宽广时空范围内的传播,提升了乡村文化影响力,进而推动乡村经济社会发展。

城郊融合型村落面临的挑战是显而易见的,城市化发展地于此类型乡村来说是把双刃剑,面对城市化压力,如何从外在物理空间、内在精神世界两个主要方面抵挡住冲击,在保持乡村社会生态系统稳定、良性循环的基础上,因势利导、扬长避短地推进乡村全面振兴具有重要现实意义。如何在乡村生态振兴中明确发展方向、破解发展难题、实现绿色发展,是这类村落必须面对并努力解答的重要课题。

(二)典型代表:金蛇头村

金蛇头村位于福建省宁德市蕉城区城南镇,因位于金蛇山旁边而得名。

以前，金蛇头村是一个以传统渔业为主的滨海渔村，但随着城市化的推进，金蛇头已经逐渐融入城市的发展轨道，成为城市与乡村之间的重要连接点，村内随处可见传统渔业与现代商业的交融，乡村文化与城市文明的交汇生动演绎。

在经济方面，金蛇头村积极调整产业结构，大力发展乡村旅游、特色农业等产业。随着金蛇头村成为市民争相打卡的"网红村"，其旅游业的发展尤为显著。如今金蛇头村主街区聚集了较多商户，人流量相当可观。村民们在街边小酒馆惬意慢饮，看霓虹夜景，听潮涨潮落；也可以在海鲜楼品尝新鲜地道的海鲜美食，感受渔村的独特魅力。金蛇头村的发展离不开其优越的地理位置和基础设施。其毗邻中心城区距离南岸公园仅一步之遥，紧邻三都澳海基线，发展潜力较大。

金蛇头村等城郊融合型村落坚持城郊融合发展，加强与城市的联动发展，推动产业升级和结构调整，有着天然的优势。此类村落将具备打造成为特色鲜明城郊融合型生态振兴村落典范的独特条件。

五、畲族聚集村落

（一）基本情况

闽东地区居住了多个少数民族，创造了绚烂多彩的民族文化。其中畲族是闽东地区最主要的少数民族之一，他们在这片土地上繁衍生息，形成了许多独具特色的畲族聚集村落。

畲族聚落的选址多位于山区或丘陵地带，其布局巧妙地依山傍水，彰显出畲族人民对自然的尊重与和谐共生。建筑多采用土木结构，风格独特，色彩绚丽，洋溢着鲜明的民族风情。这些村落的经济活动以农业为主导，水稻、茶叶、果树等作物的种植占据了重要地位，同时畜牧业和林业也得以蓬勃发展。得益于多姿多彩的民族文化和丰富的自然资源,畲族村落发展乡村旅游业有着天然的、无与伦比的优势,乡村旅游的蓬勃发展成为畲族聚集村落的一道亮丽的风景线。

畲族文化是畲族聚集村落最深刻的印记。畲族人民在长期的生产生活实践中孕育发展形成了特色畲族文化,畲族文化是闽东乡村文化的重要组成部分,是畲族人民推进乡村生态振兴的重要价值引领。畲族的婚嫁仪式、绚丽多彩的服饰文化以及动人的歌舞艺术在乡村发展进程中不但没有湮灭,反而随着乡村振兴的推进变得更加熠熠生辉;畲族语言依然是大多数畲族村民的交流用语,维系着特殊的乡村空间联系纽带与乡土情感。

畲族银饰更是其文化的璀璨瑰宝。在畲族文化中,银饰的地位举足轻重,它不仅是美丽的装饰品,更是身份、地位和财富的象征。银饰的设计精巧独特,图案多样,既融入了民间信仰与神话传说,又展现了畲族人民对自然物象的艺术加工,充分彰显了其智慧与艺术才华。

根植深厚的少数民族特色文化土壤,相关产业快速发展,畲族银饰加工便是最具代表性的产业之一。畲族银匠们世代传承着精湛的银饰加工技艺,从银料的熔炼、塑形到精细的雕刻、打磨,每一步都凝聚着他们的心血和智慧。这些银饰不仅在国内市场受到热捧,还远销海外,成为展示畲族文化的重要窗口。

闽东畲族一些仪式、山歌与禁忌中传递了畲族人民对自然的崇尚和敬畏[77],蕴含了古朴的生态伦理思想,其传承与创新性发展,实乃畲族聚集村落推进闽东乡村生态振兴的宝贵优势。

总体来说,诸如畲族等闽东少数民族聚集村落是文化与产业的交汇点,是少数民族同胞世代传承文化的热土。这些村落的文化特色、文化资源与产业资源相互融合、相互促进,共同构成了闽东地区独特的文化景观和产业格局,也为乡村生态振兴注入了特有的文脉。

(二)典型代表:霞浦半月里村

霞浦半月里村深藏于福建省宁德市霞浦县溪南镇的怀抱之中,是畲族文化的一块活化石。这里的建筑古朴典雅,民族文化丰富多彩,自然风光如诗如画,使其成为闽东乃至全省范围内少数民族村落中的璀璨明珠。

畲族文化底蕴深厚是半月里村的显著特征。一是畲族传统文化保持较好。从畲族服饰到畲族语言,从畲族银饰到畲族药材,无不透露着畲族文化的光芒与魅力。传统畲族文化融入了乡村居民的思想观念、行为实践之中,融入生产生活的方方面面,涵养了一代代畲族儿女。二是畲族文化内涵丰富,表现形式多种多样。畲族文化经过时间的洗礼、实践的锤炼,就如同一瓶老酒,历久弥香。以畲歌会友、畲歌传情是畲族文化具象化的生动呈现;畲族婚嫁习俗夺人眼球、别有韵味,特色民族婚礼服饰、畲族银饰等特色畲族元素融入其中,是畲族文化隆重出场的极致演绎。

畲族建筑艺术也是半月里的一大亮点。畲族人民的衣食住行等诸多方面都蕴含着古朴的智慧,闪烁着特色民族光辉,其中建筑艺术独具风采,龙溪宫、雷氏祠堂等古建筑历经风雨沧桑,见证了村落的兴衰历程,也体现了独特的建筑艺术。畲族村居空间选址上注重与山水相融,讲究错落有致,彰显了人与自然和谐共生的理念;建筑多以土木结构为主,体现了就地取材、生态环保的朴素智慧与匠心。

随着时代发展,半月里经济社会发展取得了极大的进步。尤其是进入新时代以来,半月里进入乡村全面振兴阶段,乡村社会生态系统加速演化,走出了一条具有闽东畲族风情的特色乡村振兴之路。优美的自然的自然风光、浓郁的畲族文化氛围是半月里实现高质量发展的关键动力源泉。半月里生态旅游方兴未艾、传统文化保护与创城齐头并进,活化了的区域乡村社会生态系统迭代演进之路必将更加平坦。

第二节　闽东乡村的生态资源条件分析

闽东是一个充满生机与活力的区域,乡村自然资源丰厚,为当地种植业、林业、渔业等产业发展奠定了坚实的基础。本节将对闽东乡村的生态资源条件进行详细分析,以期更深入地了解这一地区的生态资源禀赋及其对乡村绿色发展的影响。

一、气候条件

闽东乡村的气候条件独具魅力,为当地农业、畜牧业等产业赋予了得天独厚的自然优势。这里位于亚热带季风气候区,四季更迭分明,光照和雨水均十分充足。这种气候特点确保了农作物生长周期长,能够充分吸收养分,从而提高了产量和品质。同时,充沛的雨水为农业生产提供了稳定的水源,有效降低了旱涝灾害的风险。

闽东乡村的气候类型多样,既包含山地气候又融合盆谷地气候的特点。春夏之际,雨热同季,为各种生物的生长创造了有利条件;而秋冬季节,光照与温度相得益彰,为农业生产提供了恰到好处的环境。此外,这里光能资源丰富,热量与雨水均适宜,为这片土地增添了独特的生态魅力。

闽东乡村还具有海洋性气候特点。闽东区域整体毗邻东海,受海洋气流等综合因素影响,闽东乡村气候整体相对宜人。空气湿度相对较大,尤其是在从东南方海面吹来的季风,把源源不断的水汽到闽东大地,通过雨水的形式滋养着乡村大地,为农业生产、乡村生活、乡村自然生态系统能量物质循环提供了较好的气候条件。虽然闽东乡村在一些时候会受台风等极端天气影响,但总体相对平稳。闽东乡村以宜业宜居的气候表征,为区域经济社会可持续发展创造了良好的外部环境。

二、土地条件

闽东乡村地形多样,土地资源较为丰富,为农业绿色发展和乡村生活空间绿色提升奠定了坚实的基础。

闽东乡村地貌特征主要表现为山地、丘陵和平原的交错分布。山地和丘陵地区占据了较大比例,这些地区地势起伏,重峦叠嶂,为林业和特色农业的发展提供了有利条件。而相对碎片化的平地区域,闽东土质普遍较好,农业基础设施较为完善,是发展现代农业产业园的理想之地。这种异质化的土地资源为乡村土地利用创造了更多可能。

闽东乡村土壤类型多样。闽东各地乡村在地形地貌与低质构造方面存在差异,从低海拔的沿海村落到高海拔的山地村落,土质成分不尽相同。研究显示,海拔600～900米山地多为黄红壤,300～700米丘陵山地则为红壤,300米以下为红壤向砖红壤过渡类型的土壤,沿海一带还有滨海风沙土和盐土土壤[78],这些多样化的土壤资源为更高程度发挥土地资源的价值提供了多元化选择。

闽东乡村的耕地资源少而精。宁德"九山半水半分田",闽东自然资源特点鲜明,闽东乡村耕地尤其是水田面积较少,闽东土地总面积达到1.34万平方公里,其中耕地面积总计10.62万公顷,这些耕地主要分布在宁德的山区县及沿海的山区乡镇。其中较少一部分耕地地势较平坦,连片性好,便于机械化耕作和水利设施建设。山地与丘陵地区的耕地则多呈梯田状分布,坡度较大,斜坡和陡坡地区的耕地耕作机械化程度较低,农田水利化建设相对滞后。在这些区域,农业生产利用不够充分,粮食产能有待提高,且抗灾减灾能力较弱,仍需加大力度进行改善和加强。即便如此,在乡村生态振兴中,看似条件较差的耕地也能有所作为,通过合理的土地利用和农业技术推广,尤其是结合当地资源禀赋进行特色农产品种植,也能实现较高的农业生产效益。

除了耕地资源外，闽东乡村还拥有大量的林地资源。这些林地主要分布在山地和丘陵地区，闽东乡村森林覆盖率较高，林木种类繁多。闽东作为"三库＋碳库"绿色生态理念的摇篮和实践先锋，其林业用地面积达到了91.99万公顷，森林覆盖率高达69.98%，这一显著的生态成绩使得宁德市连续多年荣登"中国绿都"榜单。丰富的林地资源和高覆盖率的森林为闽东构筑了绿色的生态屏障。森林作为自然界的瑰宝，其重要性不言而喻，森林就是水库、钱库、粮库和碳库。作为"水库"，森林涵养水源，调节地表径流，减缓洪水冲击，确保了水资源的可持续利用。作为"钱库"，森林提供了丰富的木材、果实等林产品，为经济发展注入源源不断的动力。作为"粮库"，森林保持水土，保护农田，为农业生产提供稳定的生态环境，确保粮食安全。而作为"碳库"，森林吸收并储存大量二氧化碳，减缓全球变暖的步伐，为应对气候变化作出了巨大贡献。大自然赠予了闽东大地丰厚的森林资源，这些森林资源不仅对维护闽东乡村的生态平衡具有重要意义，也是闽东乡村靠山吃山的重要依托，还是闽东乡村生态振兴的充足底气。

闽东乡村的土地条特色鲜明，为农业、林业、畜牧业等产业的发展提供了有力的支撑，为闽东乡村生态振兴提供了广阔的舞台。

三、水资源条件

水资源是乡村生态系统中不可或缺的一部分，不仅是乡村生产生活的基础，也关系到农业灌溉和工业生产。水之于生态系统犹如血液，在闽东乡村的生态振兴中起着至关重要的作用。

（一）水资源概况

闽东乡村水资源较为丰富。闽东地区地处东南沿海，山地、河流、溪流纵横交错，形成了独特的水系格局。区域溪流密布，流域面积50平方公里以上的河流多达87条，其中交溪、霍童溪、闽江和鳌江等大水系贯穿全境，覆盖了近90%的土地面积。宁德地势自西北向东南倾斜，海拔落差显著，这使得河道一般较为狭窄陡峭，水流湍急，多数河流自成体系，独流入海。此外，闽东乡村的年均地表水资源量高达147亿立方米左右，多年平均降水量居全省第4位，人均水资源量更是名列前茅。水是生命的摇篮，水也是乡村可持续发展的命脉，闽东乡村充沛的水资源为区域农业生产、乡村居民生活、乡村生态空间的修复和保护提供了坚实的保障，是闽东乡村生态振兴重要的基础性支撑。

（二）水资源特征

季节性分布式、区域性差异、水质好是闽东乡村水资源的显著的特征。一是闽东水资源供给呈季节性波动。受亚热带季风气候影响，闽东乡村的降雨量分布不均，春夏多、秋冬少，导致雨季水资源极其丰富，而在雨少时节，水资源供给相对受限。然而，乡村地区诸如水库等水利设施的支撑，在一定程度上缓和了这种季节变化的影响。二是闽东乡村水资源分布存在区域差异性。山区村落多依靠溪流、水库等水源聚集地满足农业生产等活动，生活用水多采自山泉水和地下水，山区的水资源也为特色养殖业和旅游业提供了有力支撑；滨海村落除了河水等淡水来源满足生活所需和部分农业活动之外，还有大量的海水资源可供利用，海水养殖等依托海水资源进行的渔业生产在临海乡村区域是较为普遍的现象。三是水质好是闽东乡村水资源的又一鲜明特点。闽东乡村山川秀丽，森林覆盖率高，涵养了丰富高品质的水资源，尤其是山区的水非常清澈，溪流中的水体透明度高，并且富含矿物质和微量元素，这些优质的水资源不仅为当地居民提供了充足的饮用水源，也为乡村渔业、养殖业与生态旅游等提供了良好的发展环境。

四、海洋资源条件

海洋资源是闽东乡村生态资源的重要组成部分,是闽东乡村尤其是滨海村落赖以生存和发展的关键依靠。闽东海洋资源得天独厚,新时代闽东乡村生态振兴应该挖掘并利用好海洋资源,做好向海而生的大文章。

(一)海洋资源概况

闽东拥有漫长的海岸线和辽阔的海域,据统计,闽东沿海大陆海岸线长达 1046 公里,占据了福建省海岸线总长度的 1/3,海域面积达 4.45 万平方公里,且沿海地域空间内有众多海湾、海岛和浅海滩涂,使得这片辽阔的海域如同一个巨大的宝藏,蕴藏着无尽的海洋生物资源、矿产资源和旅游资源,为闽东地区的发展提供了得天独厚的物质条件。

其一,海洋生物资源丰富。闽东海域是众多海洋生物的聚集地,无论是海洋植物,还是海洋动物,不仅种类多,而且单品种数量也多。霞浦紫菜、海带等优势海洋生物资源闻名遐迩,为当地经济社会发展提供了不竭动力;三都澳大黄鱼享誉国内外,塑造了闽东地域特色标签;闽东海域还有海参等珍贵海洋稀有品,成就了闽东海洋生物资源的独特魅力。

其二,海洋旅游资源独具特色。闽东沿海海洋旅游资源条件较好,海岛、海滩等海洋自然风光具有天然的优势,这些特色的海洋旅游资源孵化并催生了滨海生态旅游,为乡村多元化发展开辟了新路径。除自然海洋风景外,人工复合或借由海洋产业活动造就的海洋人文景观资源,如霞浦滩涂紫菜种植生产劳作的场景等,成为众多摄影爱好者的向往之地,也是滨海乡村推动旅游高质量发展的重要着力点。

其三,海洋资源不仅是大自然的馈赠,也是当地人民勤劳与智慧的结晶。海洋作为地理空间的客观存在,其本身蕴涵诸多能量和物质资源,但无论是海洋生物资源,还是海洋旅游资源,如果没有人们采集、加工或创造性转化,这些海洋要素就只是一种自在自然。人民的智慧与实践使得这些客观存在真正转换为促进乡村社会发展的资源,并且在生产活动中衍生出更具市场价值与吸引力的特色海洋中介资源或产品,放大了海洋资源的价值。以三都澳为例,三都澳是天然良港,海域地理条件、水文条件与气候条件十分优良,众多海洋生物在此繁衍生息,享有"天然鱼仓"的美誉,这是大自然的恩赐;但闽东乡民不仅仅停留在这一层面上,更是借助政府政策支持、资金投入、技术支撑与人民的辛勤劳动,造就了"蓝色牧场"的壮丽景象。可见海洋资源不只是大自然的馈赠。三都澳海洋资源经由人民智慧和实践的作用变得更为深厚,而这只是闽东海洋资源利用的一个缩影,在长期的实践中,闽东硕果累累,早已声名在外,不仅以"中国最美海岛"和"中国最美滩涂"的美景吸引着世人的目光,"中国大黄鱼之乡""中国紫菜之乡""中国海带之乡""中国鲈鱼之乡""中国南方海参之乡"等诸多殊荣都是闽东海洋资源家底深厚的真实写照。

(二)海洋资源特征

闽东乡村的海洋资源具有多样性和可持续性两大显著特征。多样性体现在海洋生物种类的丰富性上,从浅海到深海,不同水域生活着各类海洋生物,形成了一个完整的生态系统。这些生物不仅为渔业提供了丰富的资源,还为生态系统的平衡和稳定发挥了重要作用。可持续性则体现在海洋资源的可再生性上,只要人类能够合理开发和利用这些资源,它们就能够持续不断地为人类提供物质利益。这一特性为闽东乡村生态振兴提供了长期稳定的资源保障。

(三)海洋资源的开发与保护

如何开发和保护好海洋资源是摆在闽东沿海乡村的一个重要议题,开发与保护是矛盾关系,权衡好开发与保护的关系,是可持续高效利用海洋资源的关键。闽东乡村在海洋资源开发和保护方面积累了丰富的经验,形成了诸多有益的做法,最为核心的就是做好关于政策、规划、技术、管理与保护的方面的大文章,主要包括:一是加强海洋渔业管理、制定合理的捕捞计划和渔业政策等,为海洋生物的可持续发展保驾护航;二是强化技术支持,通过现代渔业技术和装备的推广,提升海洋渔业的生产力和资源利用率。例如,通过引入智能渔业设备和技术,加强对渔业资源的精准监测和管理,规制过度捕捞、非法捕捞等行为的发生。三是提升海洋环境保护水平。海洋保护区建设、开展海洋环境综合治理、海洋环境法律法规宣传等组合拳的运用,守护了海洋生态系统的完整性和稳定性,推动了海洋资源的循环利用和废弃物的减量化处理,降低了海洋污染的风险。

(四)海洋资源在生态振兴中的作用

海洋资源是闽东乡村靠海吃海的资本,是新时代念好"海经"的主要依托,对于推动乡村生态振兴具有重要意义。

第一,海洋生态渔业驱动乡村经济绿色发展。海洋资源是渔业发展的基本资源,如前所述,丰富的海洋资源为渔业的生态化转型提供了重要保障,融入生态理念、蕴含现代科技的海洋生态渔业势必为闽东乡村开拓更为广阔的前景。

第二,海洋生态旅游为乡村可持续发展增添活力。借助海岛风光和海滨景观等独特的海洋旅游资源发展海洋生态旅游,是闽东乡村振兴的重要阵地,打好促进生态旅游仗,赢得乡村生态振兴新未来,最有用的解方蕴藏在深厚的海洋资源中,用好海洋资源就是推动闽东乡村可持续发展的主要抓手。

第三,海洋能源为乡村生态振兴提升生命力。海洋是全球最重要的自然生态场域,海洋生态系统内部要素与物质能量的流动蕴含了近乎无限的能量,海洋潮汐能、风能是海洋能量的具体表现,利用海洋潮汐能、风能等进行发电,助力提升清洁能源供应,是海洋能源为乡村生态振兴提升生命力的重要价值表现。

五、生物资源

（一）闽东乡村生物资源状况概述

闽东乡村自然生态的多样性、多元化造就了闽东乡村地区生物资源的丰富性,山地生物资源、海洋生物资源共同塑造了闽东乡村的生物资源风貌。

其一,山地生物资源丰富。闽东乡村山地多,森林茂密,是野生生物的天堂。野生动物种类繁多,包括鸟类、兽类、爬行类等,其中不乏穿山甲等珍稀物种;野生植物资源多源自山林间,木材、药材、食用植物等不计其数,为局域生态系统稳定提供了重要支撑。在这些山地生物资源中,涌现出茶叶、食用菌、太子参、花卉、水果等一批特色优势农产品。以水果为例,闽东乡村葡萄、四季柚、油柰、板栗、芙蓉李、水蜜桃以及晚熟荔枝、龙眼等水果种类繁多,品质上乘,为闽东的生物资源宝库增添了浓墨重彩的一笔,也为闽东乡村可持续发展奠定了坚实的基础。

其二,海洋生物资源种类繁多。闽东海洋生物资源尤为丰富,据统计,闽东海域内共有600余种水产资源,其中鱼类种类数量出众,多达500余种;虾类、蟹类品种丰富,共计有60余种,并且大都品质上乘;贝类与藻类亦各有70余种和10余种,尤其是官井洋大黄鱼、东吾洋对虾、二都蚶、沙塘剑蛏以及沙江牡蛎等珍贵品种,早已名扬四海,成为闽东海洋资源的优秀代表。这些种类繁多、数量巨大的海洋生物资源共同构成了一个巨大的生物多样性宝库,为乡村发展提供了源源不断的能量。

（二）闽东乡村生物资源的优势

闽东乡村生物资源具有显著优势,主要表现在:其一,生物资源物种丰富,提升了乡村生态系统韧性。闽东乡村生态系统内,无论是山地生物资源,还是海洋生物资源,物种都相当丰富。更为重要的是,丰富多样的生物资源通过食物链和能量流动等生态过程,维持着生态系统的稳定和健康,造就了更高韧性的乡村自然生态系统,闽东乡村生态系统的适应力、恢复力水平较高,能更好应对外部环境冲击等挑战。其二,生物资源价值高。诸多闽东乡村生物资源具有较高的经济价值、生态价值,如中草药、特色水果、高山云雾茶、高山有机蔬菜等,这些高价值的生物物种既是乡村自然生态循环的重要参与者,也是经济效益产生的直接贡献者,这些高价值的生物资源是闽东乡村的生物瑰宝。

(三)闽东乡村生物资源对生态振兴的支撑

闽东乡村生物资源条件为当地生态振兴提供了重要支撑。

其一,促进生态农业发展。基于上述对闽东乡村生物资源情况的认知不难发现,闽东乡村发展生态农业具有天然优势。生态农业最怕的就是"巧妇难为无米之炊"的尴尬,有了这些丰富而又雄厚的生物资源支撑,闽东生态农业发展就拥有了比较优势的产业资源禀赋,发展的前景也极其光明,比如中药材种植、特色水果栽培、高山有机绿茶种植等,都是走好闽东特色生态农业发展之路的重要选择。

其二,驱动生态旅游发展。生物资源的开发利用远远不止农业领域,生物资源要素在乡村旅游产业体系内的应用是驱动生态旅游的现实图景。闽东乡村多样化的生物资源具有观赏价值与生态价值,通过开发森林公园、自然保护区、海岛旅游等旅游项目,大力推进生态旅游发展,实现对生物资源的多维度开发和复合型利用,以释放其多元价值,这对闽东乡村生态振兴具有重要实践意义。

六、生态文化资源

(一)闽东乡村生态文化资源状况

闽东乡村钟灵毓秀,人杰地灵,闽东乡民在区域乡土空间里创造了独具地域特色的乡村传统文化,是闽东人民智慧的结晶,是乡民长期生产生活实践的经验总结,是乡村的独特魅力之所在。闽东传统乡村文化中蕴涵了丰富的生态元素,其在乡村生态建设的新实践中淬炼成新的乡村生态文化,是对乡村传统文化的传承和创新,丰富了乡村生态振兴内涵。

闽东乡村生态文化包含物质、行为与精神层面等文化维度,这些方面的生态文化共同刻画了闽东乡村生态文化的整体概貌。一是生态物质文化方面,无论是闽东乡村的农田、水利设施等传统农业遗迹,还是新时代乡村生态建设的硕果诸如绿盈乡村等,都呈现着某种生态物质文化。二是生态行为文化方面,闽东乡村社会衣食住行等方面的生活化行为里富含生态行为倾向、行为模式等,如选择绿色出行、绿色食品,选用绿色建筑材料、绿色照明等生活场景的行为,正是生态行为文化的重要来源。而乡村空间的生产实践与生态化建设行为等理所当然是乡村生态行为文化汇集的又一关键行为样本库。对这些行为文化的提炼是构建立体多元生态文化的重要方面。三是生态精神文化方面,闽东乡村生态精神文化资料来源广泛,内容相当丰富。生态精神文化可从民间故事、传说、歌谣等文学艺术中提炼,也可从民生文化、农耕文化等传统文化中直接提炼。更为重要的是,闽东乡村生态精神文化有着实现的、现代的、伟大的生态思想宝贵来源,那就是习近平生态文明思想的重要理论成果。闽东是习近平生态文明思想的重要萌发地、实践地,闽东地区更应该深刻地学习、领悟习近平生态文明思想,并将其作为新时代推动乡村生态振兴的战略指针与思想引领。

(二)闽东乡村生态文化资源优势

闽东乡村生态文化资源优势明显,主要表现为:一是文化底蕴深厚,现实价值突出。悠久而富有特色的闽东乡村文化奠定了生态文化的深厚底蕴,生态文化犹如一棵长势喜人的小树,深深扎根传统乡村文化土壤,从中汲取源源不断的元素和能量,生态文化之树成长为参天大树也是未来可期。闽东乡村生态文化不只是对过去的光辉岁月的回首,更有对当下与未来发展的建构,生态文化涵养乡民、助力农业品牌发展、驱动乡村生态振兴、繁荣乡村文化托,生态文化无不凸显着重要的现实价值,体现着经世致用的文化哲学。二是生态文化发展后劲十足。文化的孕育和成长需要经历漫长的过程,闽东乡村生态文化的发展遵循乡村文化发展的一般规律,需要经过时间的沉淀、实践的淬炼与思想的升华等一系列转换变化。闽东乡村生态文化发展后劲十足,主要得益于乡村空间优质的自然生态环境和独特的人文社会环境,闽东社会生态系统中人与自然、自然与人文、人与人间广泛而深层次的交互作用,为磨炼出优秀的乡村生态文化提供充足的内生动力。

第三节 闽东乡村的生态产业资源条件分析

一、生态农业:资源丰富,绿色发展

生态农业打造是乡村生态振兴的关键性和基础性工作[79],闽东地区以其得天独厚的自然环境、丰富的农业资源和深厚的农耕文化,为生态农业的发展提供了坚实的基础。近年来,闽东乡村在生态农业领域取得了显著成就,不仅促进了农业的绿色发展,也为乡村生态振兴注入了强大动力。

(一)生态种植业:条件优厚,多向度发展

1. 闽东乡村生态种植业发展状况

近年来,随着农业投入的增加,产业要素的优化配置、产业资源的合理高效利用,闽东乡村种植业稳步发展,生态种植业乘势而上,取得了可喜的成绩。

闽东乡村种植业结构持续深入调整,依据近10年农作物播种面积和构成来看,如表3-1所示,从2013年到2022年,农作物总体播种面积整体区域平稳,除2016年、2017年与2018年外,播种面积都保持在250万亩以上;粮食作物与非粮作物从播种占比来看,存在粮食播种面积比重衰减的态势,说明这些年闽东乡村地区农作物结构发生了一系列深刻调整,这也深刻表明了乡村地区农业种植更加趋于多元化,很大的功劳要归于各乡村地区立足自身特色资源农业资源禀赋,着力发展优势种植业,力求差异化发展。

表3-1 主要年份农作物播种面积及构成

年份	农作物播种面积/亩			占总播种面积比重/%	
	总面积	粮食作物	非粮作物	粮食作物	非粮作物
2013	2720550	1553456	1167094	57.1	42.9
2014	2616649	1481706	1134943	56.6	43.4
2015	2501324	1400362	1100962	56.0	44.0
2016	2359667	1314851	1044816	55.7	44.3
2017	2390100	1329289	1060811	55.6	44.4
2018	2459217	1336304	1122913	54.3	45.7
2019	2524217	1339975	1184242	53.1	46.9
2020	2557647	1345529	1212118	52.6	47.4
2021	2586494	1348869	1237625	52.2	47.8
2022	2609024	1349872	1259152	51.7	48.3

农业种植产业结构引发一系列连锁反应,突出地表现在农产品产能的变化上。2023年主要农产品相关数据显示,如表3-2所示,2023年粮食产量

48.11万吨,与上年持平,说明闽东乡村很好地稳住了粮食生产的基本盘,可喜的是,药材、茶叶、水果、蔬菜等主要农产品都较上年有较大幅度增长,这些变化是产业结构调整的末端表现,主要农产品产量及其增长速度变化的总体趋势表明,闽东乡村集约节约土地利用水平不断攀升,土地产出经济效益持续向好。

表 3-2　2023 年主要特色农产品产量及其增长速度

产品名称	产量/万吨	比上年增长/%
粮食	48.11	持平
油料	0.69	5
甘蔗	4.33	-1.9
药材	6.64	4.2
茶叶	13.43	5.9
水果	61.29	3.9
蔬菜	112.23	3.5
食用菌(干鲜混合)	22.27	2

从更为宽广的视角来看,闽东特色生态种植积累了相当的实力,创造了更大的经济和生态效益,产生了更广的社会影响力。茶叶、水果、食用菌是闽东特色拳头农产品,是生态种植的主攻方向,近年来种植效果明显,如表3-3 所示。从 2022 年闽东主要特色农产品产量及其在全省占比情况看,猴头菇作为食用菌的重要构成,其在全省占比最高,达到 93.0%,白木耳紧随其后,占比达 89.1%,这突出反映了古田等地食用菌种植具有极其明显的优势;葡萄作为一种常见而深受人民喜欢的水果,在闽东乡村生态种植中也具有特殊地位,尤其是福安葡萄广为人知,数据显示,2022 年全闽东葡萄产量达 118169 吨,占全省比重为 48.4%,种植成绩非常亮眼;作为人们耳熟能详的茶生产也有不俗的表现,2022 年产量为 126797 吨,占比达到 24.3%。闽东乡村主要特色农产的崛起为乡村经济注入了更多绿色能量,为乡村全面

发展开创了更大的空间。

表 3-3　2022 年主要特色农产品产量及占全省比重

品　　种	全市产量/吨	全省产量/吨	占全省比重/%
茶　　叶	126797	520775	24.3
水　　果	589942	8173131	7.2
♯葡萄	118169	244339	48.4
橙	102280	344045	29.7
柰	28416	91468	31.1
桃子	64431	177837	36.2
李	66288	392588	16.9
食用菌	218372	1531285	14.3
♯香菇	23299	154764	15.1
白木耳	45066	50553	89.1
茶薪菇	29183	36612	79.7
猴头菇	5002	5381	93.0
杏鲍菇	9276	57403	16.2

除此之外，闽东乡村还积极探索生态种植业与休闲旅游的结合，通过发展观光农业、体验农业等新型业态，吸引游客前来体验乡村生态之美。一些村庄利用当地的生态种植业资源开展了农家乐、果园采摘、农事体验等活动，让游客在亲近自然的同时，也感受到了生态农业的魅力。以蕉城六都草莓种植为例，该区域地临近宁德城区，拥有较好的地理优势和草莓种植条件。近年来，六都积极发展草莓种植等生态农业，改进种植技术，建立起了多个有草莓种植园。收获的草莓不仅可以就近在城乡售卖或进入流通市场；还发展了观光农业和体验农业，吸引了城市游客前来体验采摘，从而实现了草莓种植业多维多向度发展，取得了较好的效益。

2. 闽东乡村生态种植业的发展基础和优势

闽东乡村生态种植业的发展具有坚实的基础和显著的优势，这些优势主要得益于其独特的自然资源、生态环境以及农民丰富的农业实践经验。

首先,多样化的农业生态环境提供了多元化的特色农产品种植条件。闽东乡村多山地,特殊地形地貌为农业生产提供了多样的土地类型和气候条件,使得闽东地区能够种植多种农作物,据统计,闽东地区农作物种类达数百种,包括食用菌、茶叶、水果等多种具有地方特色的农产品,其中福安的葡萄、古田水蜜桃、柘荣太子参与福鼎白茶等特色农产品声名远扬;且闽东地区森林覆盖率较高,森林资源丰富,为农业生态系统的保护和修复提供了有力的支持,优质的气候、土壤和水质条件造就了高品质的种植成果,诸如闽东地区的茶叶因气候适宜、土壤肥沃而享有盛名,其品质在全国乃至全球都享有盛誉。优势农产品品牌与地域标签深层次联结,产生了更大的扩散和外溢效应,促进了附件区域规模化、集中化、高效化发展。

其次,生态种植基础设施设备等物质技术条件持续向好。近年来,闽东地区加大了对农业基础设施的建设投入,如标准化农田建设、水利工程修复与完善、绿色农业技术与生态有机肥的广泛应用、高标准生态茶园、高山生态蔬菜基地、生态水果园建设等,无论是闽东山地乡村还是沿海村落,农业基础设施的热浪席卷闽东大地,生态种植业基础设施日趋完善,技术手段日渐成熟,物质条件越发丰富,闽东乡村发展特色绿色种植业的基础越来越牢固。

再次,绿色消费市场潜力巨大且持续释放。随着工业化、城镇化的迅猛发展,农业农村发展的内在动力和外部条件正经历着深刻变革。社会经济水平的提升进一步强化了工业对农业、城市对乡村的带动作用,为闽东农业农村消费市场的逐步开放提供了有力支撑。同时,城乡消费结构的升级使得人民群众对绿色农产品的需求更加迫切,闽东乡村生态种植业的独特价值和多元功能势必得到进一步发掘和拓展。这些优势不仅为闽东种植业的发展提供了广阔的空间,也为推动农业绿色化、促进农民增收致富奠定了坚实基础。

(二)生态林业:资源保护与可持续利用并重

闽东乡村地区拥有丰富的林业资源,为生态林业的发展提供了坚实的基础。生态林业作为闽东乡村生态振兴的重要一环,不仅关注资源的保护,更强调资源的可持续利用,对闽东乡村的生态振兴起到了关键的支撑作用。

1. 闽东乡村生态林业发展状况

闽东乡村地区的生态林业发展近年来呈现出蓬勃的生机与活力,取得了令人瞩目的成效。据统计,闽东区域林业用地面积达91.99万公顷,占国土面积的68.46%,蓄积量5968.69万立方米,位居全省沿海设区市之首。凭借丰富的林业资源,闽东荣获"国家森林城市"称号,充分展示了乡村生态林业的优越发展态势。与此同时,当宁德各级政府高度重视生态林业的发展,积极推广生态林业的理念和技术,通过一系列措施有效保护了林业资源,推动了林业产业的转型升级。

在资源保护方面,闽东乡村地区实施了一系列重大工程,如退耕还林、天然林保护等。这些工程不仅有效地保护了林业资源的生态平衡,也促进了林业资源的可持续利用。近年来,闽东乡村开展了包括植树造林、封山育林、森林抚育等系统性行动。据统计,仅2023年,宁德全域就完成植树造林14.6万亩,诸如此类的积极行动保障了天然林资源的生长和繁衍,维护了林业资源的多样性。

在林下经济方面,闽东乡村地区充分利用林下空间,发展起了多样化的林下经济。农民们在林下种植中草药、食用菌等特色产品,不仅提高了土地利用率,也增加了经济收入。柘荣楮坪乡仙岭村凭借其得天独厚的海拔优势和丰富的林业资源,正积极探索林下经济的新发展路径。该村在不破坏生态环境的前提下,巧妙利用林地资源,大力发展黄精、天麻等中药材种植。通过组建农民专业合作社,整合流转村内空闲林地,仙岭村已成功种植了百亩天麻,不仅提高了村民的生态环境保护意识,更带动了村里的经济发展,为村民提供了就业机会。

在林业产业方面,闽东乡村地区积极推动了林业产业的转型升级。通过引进先进的林业技术和管理经验,发展起了具有地方特色的林业产业。例如,蕉城上竹洋村依托丰富的毛竹资源,走出了一条以"竹"为核心的产业振兴之路。在村两委和乡干部的引领下,上竹洋村成功流转承包了全村的毛竹林,并与竹制品加工产业园和林下经济产业园进行深度合作。如今,竹制品加工厂运转高效,生产线全面投入使用,毛竹资源得到了充分利用,各类竹制品供不应求。为拓宽致富路,促进竹产品从资源到资产的转变,上竹洋村还积极探索林下循环经济模式,致力于发展中草药种植、反季节蔬菜种植等特色农业,取得了一系列可喜的成效。

在林业资源的综合开发利用方面,为了实现林业资源的价值最大化,提升林地综合利用水平,闽东乡村着力培育发展森林旅游、林下养殖等新型业态,初步实现了林业资源的多元化利用。在推进综合开发利用的实践中,闽东乡村依托丰富的森林资源和优质生态条件,致力于开拓森林旅游空间,开发形成了诸如森林康养、森林人家、林地漫步、丛林野战等众多林业资源多极化应用的产品、服务或平台,为乡村绿色发展探索了新路径。

2. 闽东生态林业发展的优势与价值

闽东乡村发展生态林业具有林木生长环境、林业资源种类、林业发展人才与政策支持等方面的优势。闽东林业发展有利于促进经济价值、生态价值、社会效益的提升,生态林业发展承载的综合价值极为显著。

第一,闽东乡村发展生态林业优势非常多,主要表现在以下几方面:一是林木生长的生态空间良好。闽东山地多,自然状态下的森林保有量本身就很高,林木生长的生态空间条件较好,无论是土壤条件、水资源与气候条件,还是能量的摄入与循环,抑或是林木周边的自然环境的稳定性等方面,都十分利于林木繁殖生长。二是林业资源种类多。山地林木种类多、数量多,可供生态林业发展的基质层条件优良,并且这些中的林业中不乏珍贵树种和经济林木,具有高经济价值与生态价值,比如广泛分布于蕉城、柘荣等地的竹林资源,其生长速度快、用途广,当地乡村围绕竹林培育、竹产品加工制作等,形成了一条绿色竹业发展的产业链,推动了乡村社会经济社会发展;再比如寿宁、屏南等山区县松林、杉林等林木资源丰富,为原木加工、家具制造等下游产业发展提供了丰富优质的原材料。三是生态林业发展的政策与人才支撑力度加大。无论是林产品价值实现机制构建、林地与森林资源保护政策,还是智能科技应用守护森林资源,抑或是林业专家与技术人才引进和培育,各级政府支持生态林业的政策体系越来越完善;闽东乡村还大力引进或培育林业专家与技术人才,生态林业可持续发展的人才要素也越来越健全。

第二,闽东生态林业发展具有独特价值。习近平同志在宁德工作期间就提出"森林是水库、钱库、粮库"的"三库"理论[80],"山是载体,财富在林",闽东乡村生态林业发展在"水库"、"钱库"、"粮库"和"碳库"四个维度上展现出独特的价值。一是在"水库"建设方面,闽东通过发展生态林业,不仅丰富了绿色家底,也构筑起了一座座坚实的"绿色水库"。植树造林面积的大幅提升和森林蓄积量的显著增长不仅有效地防止了水土流失,更涵养了水源、净化了水质。二是在"钱库"的构筑上,闽东生态林业产业深入挖掘森林资源的经济价值,充分展现了其独特的经济潜力。闽东乡村凭借其优势资源禀赋,精心培育和发展了一系列特色林业产业。诸如竹产业作为其中的佼佼者,凭借创新技术和市场导向,不仅在国内市场占有一席之地,更是走出国门,受到国际市场的青睐;再如花卉苗木产业异军突起,通过打造产业园区、培育优良品种等方式,实现了产业的规模化、品牌化发展,为农民提供了稳定的增收渠道。此外,林下经济的发展更是推动了林业一、二、三产的深度融合,为林业经济的持续增长注入了新的动力。三是在"粮库"的建设中,闽东生态林业注重森林食品的开发与利用,充分挖掘森林资源的食品价值。油茶作为闽东乡村的传统优势产业,通过加强栽培管理和技术创新,不断提升产品质量和产量,满足了市场对于健康、绿色食品的需求。闽东乡村还积极探索其他木本粮油产业的发展,丰富了森林食品的种类和供给,为当地农业结构的优化升级和乡村振兴提供了新的路径。这种"靠山吃山"的发展模式不仅提高了土地资源的利用效率,也为农民带来了实实在在的收益。四是在"碳库"的打造上,森林碳汇是森林生态系统减少大气中二氧化碳浓度的过程,森林是陆地最大的储碳库和最经济的吸碳器,[81]闽东生态林业积极响应了国家碳减排战略,致力于提升森林的碳汇能力。通过科学造林、抚育管理、森林防火等措施,不断增加森林蓄积量,提高林分质量;积极探索碳汇交易等新型林业经济模式,将生态优势转化为经济优势,实现了绿色发展与经济增长的良性循环,为应对全球气候变化挑战贡献了"宁德力量"。

(三)生态渔业:海洋与淡水资源的可持续利用

闽东地区位于我国东南沿海,拥有丰富的海洋与淡水渔业资源,为生态渔业的发展提供了优良的条件。在乡村生态振兴的大背景下,闽东乡村充分利用这些资源发展生态渔业,不仅促进了渔业资源的可持续利用,也为乡村经济的繁荣和生态环境的改善作出了重要贡献。

1. 闽东乡村生态渔业的发展状况

面对国家粮食安全的重大课题,闽东积极响应习近平总书记的号召,坚持树立大食物观,不仅从陆地汲取丰收,更将目光投向了蔚蓝的海洋。通过创新养殖模式,推动养殖区域从湾内近海逐步转移至湾外深远海,大力发展生态渔业,实现了渔业资源的合理利用、保护与发展。

闽东乡村生态渔业的发展犹如一幅生机勃勃的画卷,正徐徐展开。在这片充满活力的土地上,海洋与淡水渔业资源得到了充分利用,推动了乡村经济的持续发展。在闽东沿海乡村,依托广袤的海洋进行渔业生产是乡民赖以生存发展的主要途径。据统计,约有60万勤劳的渔民深耕于海上养殖、捕捞与销售领域。渔民们利用丰富的海洋生物资源,大力发展海洋捕捞和海水养殖。其驾驶着渔船，在碧波荡漾的海面上捕捞各种海鲜，为市场提供了源源不断的新鲜海产品。海水养殖业蓬勃发展，牡蛎、海带、紫菜等海产品产业成为当地的特色产业。这些各具特色的渔业产业链不仅丰富了市场供应，也为渔民们带来了可观的经济收益。

闽东乡村的内陆地区也拥有丰富的淡水渔业资源。河流纵横交错，湖泊星罗棋布，为淡水渔业的发展提供了得天独厚的条件。在宁德古田、周宁等地，农民们利用这些丰富的淡水资源开展养鱼、养虾等淡水养殖活动，在养殖过程中注重生态环境的保护，采用生态养殖技术，减少养殖污染，实现了渔业与生态环境的和谐共生；并且利用当地的自然环境和气候条件，培育出了具有地方特色的淡水产品，如古田鲤鱼、周宁鳗鱼等，受到市场青睐；淡水休闲渔业发展也是风生水起，寿宁等山区县融合自然环境要素、淡水渔业资源等，推动垂钓、观光等多样态的生态休闲渔业发展，探索了淡水渔业融合发展之道。

闽东生态渔业经过多年的发展，获得了长足进步。如表 3-4 所示，2022年闽东全域水产品总产量达 107.2 万吨，渔业产值突破 343.2 亿元，其中大黄鱼表现非常突出，总产量 19.47 万吨，占全国比重高达 80% 以上，实现产值 88.75 亿元，全产业链产值超百亿元。从海参这种珍贵的水产发展来看，霞浦 2022 年海参产量高达 5.5 万吨，产值近 72 亿元，占全国海参总产量的 27%。霞浦"中国南方海参之乡"的美誉可谓实至名归。从全省范围来看，闽东主要特色水产品在全省占有重要地位，2022 年闽东全域水产品总产量达 1072280 吨，占全省比重为 12.4%；尤其是大黄鱼产量高达 189336 吨，占全省比重达到惊人的 87.8%，大黄鱼产业发展的优势地位显露无遗；紫菜、海带等闽东乡村传统主导产业也有不俗表现，产量全省占比超过 1/5。以上数据表明，闽东乡村生态渔业发展的基础、发展质量都呈现出积极向好的局面。

表 3-4　2022 年主要特色水产品产量及占全省比重

品　　种	全市产量/吨	全省产量/吨	占全省比重/%
水产品	1072280	8623473	12.4
♯大黄鱼	189336	215614	87.8
海　带	179142	861335	20.8
紫　菜	16897	63845	26.5
鲍　鱼	22835	181887	12.6
海　参	35424	45636	77.6

闽东还着力提升海洋水产的全产业链条水平，致力于从种苗培育、养殖管理到产品加工、品牌打造和市场拓展等环节，推动海洋水产资源的价值实现。对全产业链全方位的升级与改进不仅促进了渔业经济的持续健康发展，也有效提升了渔业产品的品质和竞争力。如今，宁德的海上养殖业已展现出良性升级、科学管控与向好发展的良好态势，成为闽东生态渔业发展的典范。

2. 生态渔业发展的优势

闽东乡村生态渔业发展优势明显，主要体现在生态渔业发展的基础坚实而深厚，政策、科技与人才支持力度趋强，生态渔业多维度发展空间广大，海上养殖管理能力和服务水平持续提升等方面。

第一，生态渔业发展的基础坚实而深厚。闽东乡村主要得益于其得天独厚的海洋与淡水渔业资源。沿海地区如福鼎、霞浦等地，海域广阔，生物资源丰富多样，成为海洋渔业的摇篮。一方面，出海捕捞条件优越。每年渔汛时节，渔民们驾船出海，捕捞到的海鲜种类繁多，品质上乘，如大黄鱼、带鱼、鲈鱼等，深受市场欢迎。这些丰富的海洋资源为海洋渔业提供了源源不断的物质基础。另一方面，海洋生态化养殖基础设施日渐完善。在推进海上养殖绿色高质量发展的道路上，宁德市不断优化调整湾内养殖布局，大力发展循环水养殖和深远海养殖。目前，已建成众多深水抗风浪网箱，多家工厂化循环水养殖项目投入运营或在建,同时积极开展海上渔排"风光储充用"技术试点,结合电动船舶替代,推动了清洁能源在"海上田园"中的应用。海上蓝色牧场开创了生态渔业发展的主阵地,为未来发展奠定了扎实的基础,蹚出了一条实现生态渔业高质量发展的新路子。

第二,生态渔业发展的配套要素支持力度趋强。人才、政策与技术等是闽东生态渔业发展的主要配套要素,今年闽东各区域持续发力,一是加快渔业人才体系建设。注重从省内外引进高级技术人才指导渔业生产、进行渔业品质培育等,尤其是一些高校和科研院所合作,强化人才支持;二是持续加大渔业技术装备升级。重点围绕生态养殖技术、养殖污水处理与循环利用技术、信息技术与智慧科技等技术嵌入和推广,提升了生态渔业发展的科技含金量;三是政策性支持力度不断增强。支持闽东乡村生态渔业发展的财政、金融与税收等方面的政策不断完善,有效形成了推动产业发展的政策合力,以霞浦为例,当地政府通过政策引导资金投入,在政策扶持下,投资建设了多个现代化渔港与渔业园区,推动了区域渔业产业规模化、集约化发展。

第三,闽东生态渔业多维度发展空间广大。生态渔业与旅游观光、餐饮休闲等深度融合,产业多维度发展的空间越来越大。依托海上养殖综合整治所形成的迷人湖光山色和优良生态环境,宁德市积极打造一系列以渔旅融合为特色的"水乡渔村"休闲渔业示范基地。例如:蕉城秋竹、福安下白石、福鼎安仁及霞浦七星等地正逐步成为渔业特色鲜明、旅游设施完善、业态丰富多样的海上旅游新标杆;福安市宁海村更是凭借海上星空房、海上餐厅等创新项目,踏上了渔旅融合发展的新征程,一跃成为宁德旅游的热门打卡地。

第四,海上养殖管理能力和服务水平持续提升。闽东多管齐下致力于提升海上养殖管理能力和服务水平。例如:通过建设"智慧海洋"监管和服务平台,实现对海上养殖活动的智能化、精细化管理;推广建设"海上社区",

为渔民提供更加便捷、高效的服务;海上绿色养殖服务平台(渔医院)的建立为渔业生产提供了有力的技术支撑,并且还在三都澳成功打造了全国首个移动5G海域网络样板区,为渔业信息化、智能化发展提供了保障。

闽东乡村生态渔业的发展基础和优势十分明显。丰富的渔业资源、独特的自然条件和生态环境优势以及科技创新和人才培养的支持,共同为生态渔业的发展提供了有力的保障。随着生态渔业技术的不断进步和市场需求的不断扩大,生态渔业多维度发展持续推进,闽东乡村的生态渔业必将迎来更加广阔的发展前景,闽东乡村生态振兴将更有动力。

综上所述,生态农业是闽东乡村生态振兴的重要基础,生态农业的发展符合生态学原理和可持续发展理论。它强调农业生产与生态环境的和谐共生,注重资源的节约和循环利用,力求经济效益、社会效益和生态效益的统一。其深入发展不仅推动了乡村经济的绿色转型,更为乡村生态环境的保护与修复提供了坚实的支撑。生态农业的发展既给乡村生态振兴提供了厚实的经济基础,也为生态振兴提供了一个个具体的切入点或工作抓手,从而为乡村生态振兴提供源源不断的能量支持。

二、生态旅游:自然与人文的完美结合

在闽东,可以领略巍峨高山的雄伟,感受大海壮阔的豪情;可以聆听山海和鸣的乐章,观赏云卷云舒的画卷。闽东乡村,美食与美景并存,古朴与现代共存,人间烟火与诗意远方交融。闽东乡村拥有独特的自然风光和深厚的人文底蕴,具备发展生态旅游的良好基础。发展生态旅游是有效推进乡村生态振兴可持续路径,[82]乡村生态旅游发展不仅促进了当地经济的绿色发展,也推动了乡村文化的传承与创新。

(一)闽东乡村生态旅游发展状况

近年来,闽东乡村生态旅游以其独特的魅力吸引着越来越多的游客,呈

现出蓬勃发展的态势。生态资源具有宝贵价值,充分挖掘和利用好闽东地区丰富的自然和人文资源,精心打造出一系列具有浓郁地方特色的生态旅游项目,依托精品生态旅游项目为游客提供难忘的旅游体验,为当地农民带来了更多的就业机会和收入来源,这是闽东乡村生态旅游发展的缩影。数据显示,2023年,全市乡村旅游接待旅游人数2238.58万人次,同比增长49.9%,其中接待乡村一日游游客1699.35万人次,同比增长41.9%,接待乡村过夜游客539.23万人次,同比增长82.2%,全市实现乡村旅游收入105.47亿元,同比增长33.2%。这些成就的取得也充分表明闽东乡村旅游的基础越来越牢固,生态旅游的整体环境越来越有利,推动乡村生态旅游高质量发展的春天已然来临。

闽东地区积极推动乡村生态旅游的发展,以金牌旅游村建设为抓手,焕发出乡村旅游的新活力。金蛇头美丽新渔村、洋头那山那海、九都云气诗滩等一批新晋网红打卡点如雨后春笋般涌现,成为游客们争相前往的热门目的地。这些旅游村的建设不仅提升了村庄的颜值和内涵,更让乡村游"出圈"又"出彩",为当地经济发展注入了新的动力。据统计,2022年宁德全市34个首批金牌旅游村村集体收入总量2750余万元,村均集体收入81万元,平均增幅36.29%;村民人均可支配收入平均2.52万元,高于全市农村居民可支配收入平均标准,平均增幅10.04%。上述信息深刻表明,闽东金牌旅游村、绿盈乡村等建设推动了乡村旅游的发展,乡村旅游的发展切实带来了乡村整体水平的提升。总的来看,闽东乡村旅游两条路径越走越宽广。一方面是依托自然风光价值的生态旅游,诸如屏南白水洋、福鼎太姥山等地的自然山水游,这些即是闽东乡村自然资源禀赋奠基的产业化发展;另一方面是闽东乡村依托其独特人文资源推动的生态旅游,闽东乡村特色的人文资源是生态旅游应该重点发掘和利用的面向,推动人文出彩的生态游是乡村旅游发展的重要实践场,闽东乡村特色的人文资源丰富,以柘荣剪纸为例,应该着力探索将这项传统地方技艺与乡村生态旅游的融合之路,既要让剪纸技艺和文化光彩呈现于世人,也要游客在对人文资源的感知中获得精神层面的满足,以此推动更富内涵、更有意蕴的乡村生态旅游的发展。

渔旅融合发展成为闽东乡村生态旅游的新势力。基于前文分析可知,渔业融合发展方兴未艾,生态旅游的跨界多向度发展也是势不可挡,生态旅游与生态渔业双剑合璧更是情理之中、意料之中的事情。闽东乡村的海洋渔业资源皆是生态游可接力的宝藏,融合海洋资源、发展生态旅游有助于焕发闽东乡村新活力。生态旅游快速发展造就了乡村民宿发展的机遇期,乡村民宿的兴起让曾经离岛的渔民和年轻人看到了返乡创业的机会,他们纷纷回到家乡,利用自己的手艺和创意开起了渔家乐和特色民宿,为游客提供别样的乡村体验,从微观层面有效推进了乡村全面振兴。

闽东乡村生态旅游与特色产业融合发展呈现出多层面扩散、多点位散发的特征。乡村生态旅游与特色产业融合多层面扩散的核心表现就是生态向乡村社会生态系统领域的文化、社会等领域的持续渗透与转化。例如:屏南的"生态旅游+古村落+文创"跨境融合中,古民居摇身一变成为书吧、茶室、民宿等,驱动了乡村生态游;霞浦"生态旅游+摄影+民宿"的聚合,放大了乡村生态旅游的溢出效应。多点散发突出表现为闽东乡村生态旅游与特色产业融合的点位分布广泛,无论是闽东沿海村落,还是山中山村,融合发展之花可谓是"百花齐放,百家争鸣"。这种多层面扩散、多点位散发的闽东乡村生态旅游表现出越来越强大的发展能力。

(二)闽东乡村生态旅游的发展优势

闽东乡村渗透旅游的发展优势主要体现在自然资源与人文资源两方面。

第一,壮美秀丽的自然风光是闽东乡村生态旅游的天然吸引力。闽东乡村不乏巍峨的高山景象,不乏一望无际海洋风光;自然环境优越的闽东乡村大地拥有奇峰怪石、云海日出、风情小岛等别具特色的自然之美,这些大自然赋予闽东人民的宝贵财富是发展乡村生态旅游的天然磁场,发挥着强大的产业要素吸附力。

第二,古朴灵动的人文景观是闽东乡村生态旅游发展的亮丽名片。闽东乡村的人文景观是生态旅游的重要标识,人文景观存在于古民居、古祠堂、古桥等古建筑中,存在于福鼎白茶的制作技艺里,存在于柘荣的剪纸艺术里,存在于畲歌畲舞的欢声笑语里,存在于农耕体验的乐趣里;人文荟萃的闽东乡村用独特的人文气质渲染了人文景观,用特色的传统文化渲染了人文景观,用人文技艺磨砺了人文景观。闽东乡村人文要素的合力造就了高品质的人文景观,成为闽东乡村生态旅游发展的亮丽名片、金字招牌。

统合前述分析不难发现,生态旅游与乡村生态振兴有着天然的联结,生态旅游发展符合可持续发展理念,能够促进生态振兴耦合发展。生态旅游强调在保护生态环境和传承文化的基础上实现经济效益提升,实现经济效益、社会效益和生态效益的统一。生态旅游发展需要高品质的生态旅游资源,生态振兴为乡村生态旅游产业提供物质保障,[83]乡村生态振兴实践直接支撑了高品质生态资源的培育发展与创新创造;反过来,乡村生态振兴需要现实的实现机制和途径,生态旅游发展成为推进生态振兴的有力抓手和主攻方向,可见生态旅游发展与乡村生态振兴就是天然的好伙伴,需要协同推进。

生态旅游对闽东乡村生态振兴有着重要的推动作用。随着生态旅游市场的不断扩大和游客需求的不断升级,闽东乡村立足其独特的生态旅游资源,将推动生态旅游的可持续发展,为乡村生态振兴注入更多活力。

三、绿色加工产业:延长产业链,提升附加值

闽东乡村地区积极发展绿色加工产业,利用当地农产品进行深加工,延长了产业链,提升了农产品的附加值,通过引进先进的加工技术和设备,开

发出了多种具有地方特色的食品、饮品等产品。绿色加工产业的发展不仅提高了农产品的市场竞争力,也为农民带来了更多的经济收益,为闽东乡村生态振兴夯实了基础。

(一)闽东乡村绿色加工产业发展状况

闽东乡村绿色加工产业近年来展现出令人瞩目的发展态势,不仅推动了当地生态农业的升级转型,也显著提升了农产品的综合价值。依托闽东地区特色的生态农业资源,绿色加工产业在茶叶、食用菌、海产品以及其他特色农产品等领域均取得了显著成果。

在茶叶绿色加工方面,闽东地区以其独特的山水环境和气候条件孕育出了诸如福鼎白茶等享誉中外的优质茶叶品种。近年来,当地茶叶加工企业积极引进先进的加工设备和技术,实现了茶叶的精细化和标准化加工。通过科学的加工流程,茶叶品质和附加值得到了大幅提升,使得闽东茶叶产品不仅在国内市场占有一席之地,还远销海外,深受消费者喜爱。以福鼎白茶加工为例,不仅传承了古法制作工艺,还积极引进现代科技手段,实现了传统与现代的完美结合,使得福鼎白茶在保留传统风味的同时,品质也得到了大幅提升。

在食用菌绿色加工方面,闽东乡村同样取得了令人瞩目的成果。通过科学的种植技术和环保的加工方式,当地的食用菌产业实现了产量和品质的双提升。同时,为了满足市场的多样化需求,食用菌加工企业还注重产品的多元化开发,推出了各种口味的食用菌产品,如香菇酱、金针菇罐头等,深受消费者喜爱。闽东乡村绿色加工产业中古田食用菌加工以其独特的产业集聚和精深加工模式脱颖而出。为了深化二产发展,古田县精心打造了百亿食用菌产业园,以"3+N"的发展模式推动产业链的延伸与完善。东区、西区、北区三大加工集中区以及多个加工集聚点共同构建了一个集初加工、精深加工、创新研发于一体的三链融合发展平台。古田县通过提高产业集聚度、完善加工基地建设等措施,有效推动了食用菌加工产业的提速发展和提质增效。

在海产品绿色加工方面,闽东地区海产品和其他特色农产品的绿色加工取得了显著进展。依托丰富的海洋资源,诸如大黄鱼、紫菜、海带和海参等,当地海产品加工企业探索形成了初级加工和深加工等模式,开发出了多种海鲜产品,如海带结、鱼片等多样态海洋绿色产品。例如,霞浦东山村为实现紫菜养殖产业链价值,推动建立专业合作社和加工厂,通过引进现代技术设备,对紫菜进行深加工,开发了多样态高品质、高价值紫菜产品,推动了乡村工业的绿色发展,进而也促进了乡村整体发展。

除上述绿色产品加工外,闽东乡村的水果、蔬菜、中药材等也是绿色加工的重要发展方向。中药材等初级农产品附加价值相对较低,通过绿色加工后其综合价值得到显著提升,可见闽东乡村绿色加工与这些特色资源的结合发展是双赢、甚至多赢之道。以福安葡萄加工为例,福安积极扶持以葡萄为原料的食品企业,鼓励其不断研发创新,推出葡萄精酿、葡萄果饮、葡萄果酱、葡萄酵素以及葡萄饼干等一系列新型食品,极大地提升了葡萄产业的附加值;就葡萄果饮来说,为了进一步提升产品质量和加工效率,福安推动建立了标准化的果汁加工企业,引进国际先进的果汁加工生产设备,形成了优质的果汁原料生产能力,在此基础上,还拓展性地构建了加工观光工厂,将葡萄加工过程呈现给游客,实现了产业与旅游的有机结合。福安葡萄加工产业的成功不仅促进了当地经济社会发展,也为闽东乡村绿色加工产业树立了典范。

闽东乡村绿色加工产业在茶叶、食用菌、海产品以及其他特色农产品等领域均取得了显著成果,展现出良好发展势头。闽东乡村绿色加工产业的健康发展不仅健全了特色乡村农产品的产业链,也构建起生态产品的价值链,助力畅通了生态资源价值实现途径。

(二)绿色加工产业发展优势

闽东乡村绿色加工产业之所以能够取得长足的发展,离不开其坚实的基础和明显的优势。

第一,闽东地区独特的自然条件为绿色加工产业提供了丰富的原料资源。这里山水相依,气候适宜,为茶叶、食用菌、海产品等特色农产品的生长提供了得天独厚的环境。以茶叶为例,闽东地区的福鼎白茶等品种,因其独特的山水环境和气候条件,品质卓越,深受消费者喜爱。这些优质的自然资源为绿色加工产业提供了坚实的物质基础。

第二,闽东乡村农民和加工企业具备较高的环保意识和绿色加工技能。"绿水青山就是金山银山"的理念深入人心,促进了生产加工行为的绿色化,乡村加工工业在生产过程中注重环保和资源的循环利用,主动引入应用清洁能源和节能技术,减少了对环境的污染和破坏。这种绿色加工理念和技术水平的提升使得闽东乡村绿色加工产业在市场竞争中占据了有利地位。诸如周宁虎岗村引进具有实力的茶叶加工企业,实现了茶叶加工的自动化和智能化,提高了生产效率和产品质量。

综上所述,绿色加工产业是闽东乡村产业体系中的一支特殊力量,不仅能通过提升农业产业价值链而促进农业高质量发展,也能壮大乡村绿色经济实力。促进闽东乡村绿色加工产业发展需要完善产业支持性要素配套,协同综合推进。

(三)绿色加工产业对闽东乡村生态振兴的支撑作用

绿色加工产业在闽东乡村生态振兴中发挥着至关重要的支撑作用,从多个层面推动了乡村生态的可持续发展。

首先,从生态经济的角度来看,绿色加工产业是闽东乡村生态振兴的重要引擎。通过精细化和标准化的加工,绿色加工产业提升了农产品的附加值,使其更具市场竞争力,助力生态与经济效益双实现、双提升。绿色加工产业发展还吸引了更多的投资和技术支持,活化局域乡村社会生态系统相关产业要素,并产生融合与扩散效益,进一步推动乡村生态经济的转型升级。

其次,从生态保护的角度来看,绿色加工产业是闽东乡村生态振兴的重要保障。在绿色加工过程中,企业注重环保和资源的循环利用,采用清洁能源和节能技术,减少了对环境的污染和破坏。这种绿色发展理念和技术应用不仅保护了乡村的生态环境,也提升了农产品的品质和安全性,为生态资源价值实现保驾护航,为乡村生态的可持续发展提供了有力支撑。

再次,从生态文化的角度来看,绿色加工产业是闽东乡村生态振兴的重要载体。通过挖掘和传承当地的农业文化和传统工艺,绿色加工产业打造出了具有地方特色的农产品品牌和文化符号,比如畲族银饰与畲药等极具文化蕴意产品的加工制作与生态化运作,不仅能提升乡村传统文化的知名度和美誉度,也推动了乡村文化的传承和发展;再如茶叶加工融合茶文化元素,打造出了具有地方特色的茶叶品牌和文化符号,推动了乡村文化的传承和发展。诸如此类绿色加工产业从深层次提升了乡村绿色发展动能。

第四节 闽东乡村生态振兴的制度、政策条件与实践积累

一、国家层面的理念指引与战略支持

实施乡村振兴战略是党的十九大作出的重大决策部署,是决胜全面建成小康社会、全面建设社会主义现代化国家的重大历史任务,是新时代"三农"工作的总抓手。党的二十大擘画了以中国式现代化全面推进中华民族伟大复兴宏伟蓝图,将全面推进乡村振兴作为加快构建新发展格局、着力推动高质量发展的重大任务进行总体部署。

党的二十大报告明确指出全面建设社会主义现代化国家,最艰巨最繁重的任务仍然在农村,要坚持农业农村优先发展,扎实推动包括生态振兴在内的乡村全面振兴。[84]强调促进人与自然和谐共生是中国式现代化的本质要求,中国式现代化是人与自然和谐共生的现代化。人与自然是生命共同体,无止境地向自然索取甚至破坏自然必然会遭到大自然的报复,要像保护眼睛一样保护自然和生态环境,以实现中华民族永续发展。党的二十大报告强调尊重自然、顺应自然、保护自然,这也是全面建设社会主义现代化国家的内在要求。必须牢固树立和践行"绿水青山就是金山银山"的理念,站在人与自然和谐共生的高度谋划发展,并从加快发展方式绿色转型,深入推进环境污染防治,提升生态系统多样性、稳定性、持续性等方面推动绿色发展,为促进人与自然和谐共生提供战略指引。

《中华人民共和国国民经济和社会发展第十四个五年规划和2035年远景目标纲要》指出坚持农业农村优先发展,全面推进乡村振兴。同时对农村人居环境改善、推动绿色发展、促进人与自然和谐共生等方面做了国家层面的规划引领。[85]

国家林业和草原局乡村振兴与定点帮扶工作领导小组办公室印发《林草推进乡村振兴十条意见》,致力于充分发挥林草推进乡村振兴的优势和作用,对培育健康稳定的乡村林草生态系统、推进宜居宜业和美乡村建设、构建多元化林草特色产业体系等提出了明确意见。闽东乡村林草较为丰富,乡村生态振兴需要善治善用林草,这为闽东乡村生态振兴提供了有益指导。

为科学开展乡村绿化美化,促进农村人居环境整治提升,国家林草局、农业农村部、自然资源部、国家乡村振兴局2022年10月25日联合印发了《"十四五"乡村绿化美化行动方案》(以下简称《方案》),《方案》以"保护、增绿、提质、增效"为主线,持续推进乡村绿化美化,改善提升农村人居环境,建设生态宜居美丽乡村,为建设人与自然和谐共生的现代化作出贡献。[86]《"十四五"乡村绿化美化行动方案》为闽东乡村生态振兴提供了有力的政策支持和指导,闽东乡村可以依托该方案,结合本地实际情况,制订具体的乡村绿化美化计划,以提升乡村生态环境质量,促进生态宜居美丽乡村的建设。

2021年8月23日农业农村部 国家发展改革委、科技部、自然资源部、生态环境部、国家林草局关于印发了《"十四五"全国农业绿色发展规划》,指出绿色是农业的底色,良好生态环境是最普惠的民生福祉、农村最大优势和宝贵财富,加快推进农业绿色发展意义重大。[87]同时指出,推进农业资源利用集约化、投入品减量化、废弃物资源化、产业模式生态化,构建人与自然和谐共生的农业发展新格局,为全面推进乡村振兴、加快农业农村现代化提供坚实支撑。

2018年1月2日印发了《中共中央、国务院关于实施乡村振兴战略的意见》(以下简称《意见》),《意见》明确了新时代实施乡村振兴战略的重大意义和总体要求,并提出了具体的重点任务和保障措施。[88]这是实施乡村振兴战略的重要指导性文件之一。《意见》指出:到2035年农村生态环境根本好转,美丽宜居乡村基本实现;到2050年,乡村全面振兴,农业强、农村美、农民富全面实现;强调坚持人与自然和谐共生。牢固树立和践行"绿水青山就是金山银山"的理念,落实节约优先、保护优先、自然恢复为主的方针,统筹山水林田湖草系统治理,严守生态保护红线,以绿色发展引领乡村振兴,推进乡村绿色发展,打造人与自然和谐共生发展新格局。

中共中央办公厅、国务院办公厅2022年11月28日印发了《乡村振兴责任制实施办法》(以下简称《办法》),旨在全面落实乡村振兴责任制,通过明确各级党委和政府、农村工作部门以及其他有关部门在推进乡村振兴中的具体职责,以及相应的考核监督措施,该《办法》为推动乡村振兴战略深入实施提供了制度保障。[89]《办法》提出,加强农村生态文明建设,牢固树立和践行绿水青山就是金山银山的理念,加强乡村生态保护和环境治理修复,坚持山水林田湖草沙一体化保护和系统治理,持续抓好农业面源污染防治,加强土壤污染源头防控以及受污染耕地安全利用,健全耕地休耕轮作制度,防治外来物种侵害,促进农业农村绿色发展。组织实施乡村建设行动,结合农民群众实际需要,统筹乡村基础设施和公共服务布局,完善乡村水、电、路、气、通信、广播电视、物流等基础设施,提升农房建设质量,加强传统村落保护利用,加强村级综合服务设施建设,持续改善农村人居环境,提高农村教育、医疗、养老、文化、社会保障等服务水平,加快义务教育优质均衡发展和城乡一体化,加强县域商业体系建设,逐步使农村基本具备现代生活条件,建设宜居宜业和美乡村。

此外,《中华人民共和国乡村振兴促进法》的出台为各地实施乡村振兴战略提供了明确的指导,也为各地实施乡村振兴战略提供了有力的法律保障和政策支持。《中华人民共和国乡村振兴促进法》从产业发展、生态保护、人才支撑等方面给出主攻方向和施策重点,[90]力求为全面实施乡村振兴战略提供必要法律依据。

闽东乡村生态振兴何以能?从国家层面来看,主要有以下两方面内容:一是理念指引。新时代,乡村全面振兴被提到前所未有的高度,党的二十大报告等对乡村振兴作出了重大战略部署,尤为重要的是,习近平生态文明思想是指导闽东乡村生态振兴的战略思想引领。二是战略规划与方针。国家通过制定一系列战略规划和方针政策,为闽东乡村生态振兴提供了有力的战略支持。这些规划和方针政策为乡村生态振兴指明了方向,使闽东乡村振兴还能从国家提供的资金、技术、人才等方面的政策性支持中获得发展能量,如国家的专项资金、税收优惠等,闽东乡村可借此推动生态振兴高质量发展。

二、福建省层面的规划统筹与政策支持

福建省的规划统筹与政策支持对于推动闽东乡村生态振兴是不可或缺的。省级层面相关规划统筹与政策支持为闽东乡村生态振兴提供了更为具

体的指导意见,为乡村生态振兴的顺利实施提供了有力保障。

第一,注重发挥规划的引领作用。实施乡村振兴战略是党的十九大确定的重大战略任务,是新时代"三农"工作的总抓手。实施乡村振兴战略,生态宜居是关键。乡村生态振兴怎么干？生态美、百姓富如何实现？福建省生态环境厅牵头省实施乡村振兴战略乡村生态振兴专项小组在全国率先出台《福建省乡村生态振兴专项规划(2018—2022年)》,为乡村生态振兴谋篇布局,明确提出打造"绿盈乡村"。《规划》凸显了"山水林田湖草是一个生命共同体"理念,围绕"山更好、水更清、林更优、田更洁、天更蓝、海更净、业更兴、村更美"目标,通过打造"绿盈乡村"品牌,实现"五留四绿三优化"。

面向未来,《福建省国民经济和社会发展第十四个五年规划和二〇三五年远景目标纲要》指出要加快农业农村现代化,全面推进乡村振兴;[91]要持续实施生态省战略,创建美丽中国福建典范,对于深化国家生态文明试验区建设、促进绿色低碳循环发展和提升高颜值生态环境等方面做出了明确的规划和现实指引。

《福建省"十四五"推进农业农村现代化实施方案》以农村人居环境整体提升、生态环境明显改善、农村生产生活方式绿色低碳转型取得积极进展为主要目标,对乡村生态振兴提供了目标指引。[92]并明确指出,要建设人与自然和谐共生美丽乡村,致力于从促进化肥农药减量增效、推进农业废弃物资源化利用、加强污染耕地治理等方面推进绿色兴农,致力于从强化农业资源保护、推进农业农村减排固碳、推进重点区域生态环境保护等方面保护修复农村生态系统,这些也为闽东如何更好推进乡村生态振兴提供了工作思路。

第二,福建省出台了一系列支持乡村振兴的政策措施。福建省《关于学习运用"千村示范、万村整治"工程经验有力有效推进乡村全面振兴的实施意见》指出实施"千村示范引领、万村共富共美"工程,集中力量抓好办成一批群众可感可及的实事,打好乡村全面振兴漂亮仗,为谱写中国式现代化福建篇章夯基固本。对如何大力发展绿色生态农业、推进美丽宜居乡村建设等议题给出了明确意见。中共福建省委 福建省人民政府印发的《关于实施乡村振兴战略的实施意见》指导各地通过开展农村人居环境整治行动、实施重要生态系统保护和修复工程、打造乡村生态旅游产业链等持续推进清新富饶美丽乡村建设,闽东各地乡村在此指引下取得了巨大进步。

为推进"绿盈乡村"建设,作为配套工作意见,福建省乡村生态振兴专项小组印发《福建省"绿盈乡村"建设工作指南(试行)》,指导地方以"绿盈乡村"建设为抓手,推进乡村生态振兴工作。"绿盈乡村"建设凸显"山水林田湖草是一个生命共同体"理念,围绕"山更好、水更清、林更优、田更洁、天更蓝、海更净、业更兴、村更美"等八个方面的目标,推动村庄在"绿化、绿韵、绿态、绿魂"等方面实现从初级版、中级版到高级版的梯次提升。通过不断建立健全工作机制,引导多元投入,鼓励、引导和调动社会各方力量参与"绿盈乡村"建设。充分依托省生态云平台,建立"一村一档",实现乡村生态振兴工作信息的互联互通、共用共享。同时,将乡村生态振兴工作纳入生态环境保护督察范围。执行政策的落地为闽东乡村生态振兴提供了强力保障,也提升了闽东乡村生态振兴实效。

福建省委实施乡村振兴战略领导小组发布的《关于加快实施乡村振兴战略十条措施的通知》是一个全面而系统的政策文件,旨在加快推动福建省乡村振兴的进程。《通知》提出坚持"五个留住",比如,坚持留住"白",坚决守住"三区四线"(即:禁建区、限建区、适建区,绿、蓝、紫、黄线),多保留功能性"空地"、公共空间和生态空间;坚持留住"绿",充分保护山体、林木、河流、湿地等可持续发展的核心资源,不搞"削山工程""砍树工程""填湖工程""截流工程",保留和扩大自然生态空间。实施"一革命四行动",建设美丽宜居村庄,这些措施的出台和实施,为后续推进乡村生态振兴奠定了良好的基础。

福建省农业农村厅行政规范性文件《福建省农业农村厅关于推广"五节一循环"模式促进农业绿色发展若干措施的通知》(以下简称《通知》)致力于

推广行之有效的"五节一循环"等农业绿色发展模式,促进农业发展绿色转型;旨在进一步推动福建省农业的绿色、可持续发展,实现农业增效、农民增收和乡村生态振兴。《通知》提出的"五节一循环"模式包括节地、节水、节肥、节药、节能以及高效生态循环,是福建省农业绿色发展的重要举措,将有助于实现农业与生态环境的和谐共生,亦为闽东乡村生态振兴提供了操作指南。

此外,福建省近些年每年都会发布关于全面推进乡村振兴重点工作的实施意见,比如《关于做好 2023 年全面推进乡村振兴重点工作的实施意见》,旨在指导和推动福建省乡村振兴工作的深入实施,确保乡村振兴战略的落地见效。该文件的发布和实施体现了福建省委、省政府对乡村振兴工作的高度重视和坚定决心,也为闽东乡村生态振兴提供了有力的政策保障和行动指南。

第三,注重法律和组织保障。《福建省乡村振兴促进条例》就是加强法律和组织保障的重要体现,《条例》的出台旨在促进福建省乡村振兴,实现产业兴旺、生态宜居、乡风文明、治理有效、生活富裕的总要求,[93]为福建省乡村振兴工作提供了全面的法律保障和政策指导,也为闽东乡村生态振兴提供了法律基础。

2023 年 7 月,福建省委办公厅、省政府办公厅印发《福建省乡村振兴责任制实施细则》[94],实施细则划定了各自的"责任田",统一了考核评价的"度量衡"。该细则的颁布,为"闽东乡村生态振兴怎么干?""各个部门要做什么?""各级党委和政府有哪些责任?""社会各界如何参与?"等一系列问题提供了解决思路。

2020 年 8 月 25 日中共福建省委印发的《关于贯彻〈中国共产党农村工作条例〉的实施办法》,是为了坚持和加强党对农村工作的全面领导,提高新时代党全面领导农村工作的能力和水平而制定的。它明确提出了党的农村工作必须遵循的原则,包括坚持党对农村工作的全面领导、坚持以人民为中心、坚持巩固和完善农村基本经营制度、坚持走中国特色社会主义乡村振兴道路等。这些原则为新时代更好推进闽东乡村生态振兴提供了根本遵循、行动指南和组织保障。

三、宁德市层面的政策落地与实践积累

（一）规划指引与政策护航

宁德深入实施生态立市战略，全面推进乡村振兴，制定了一系列规划或政策文件，为闽东乡村生态提供了良好的规划指引与政策护航。

《宁德市国民经济和社会发展第十四个五年规划和二〇三五年远景目标纲要》提出要打造乡村振兴示范样板，始终牢记习近平总书记在宁德工作期间提出的"靠山吃山唱山歌、靠海吃海念海经"，走出具有闽东特色的乡村振兴之路。着力打造生态宜居绿盈乡村，牢固树立"绿水青山就是金山银山"的理念，推动农村产业绿色发展，持续改善农村人居环境，严格落实乡村生态保护与修复，建设生态宜居绿盈乡村，让良好生态成为乡村振兴的支撑点。力争到2025年全市"绿盈乡村"占比达到85%以上。着力打造生态文明样板城市，力图通过强化监管"严值"、提升环境"颜值"、实现生态"增值"，打造绿水青山、碧海蓝天的"美丽宁德"，并对优化山海生态屏障体系、提升生态环境空间容量、发展绿色低碳循环经济、深化国家生态文明试验区建设等作出了规划安排。

2021年9月16日宁德市人民政府办公室关于印发《宁德市"十四五"生态环境保护规划》的通知，明确提出宁德市力争继续保持生态环境质量全省领先，生态安全系统持续提升，基本形成绿色发展格局，突出生态文明建设的宁德特色，探索生态环境治理和生态产业升级优化路径，打造践行习近平生态文明思想的示范区。锚固生态基底、厚植生态优势、发展生态经济，凸显宁德市山海田的自然生态，探索绿色发展为导向的高质量发展新路径，

2035年全面建成美丽宁德。

2021年12月13日宁德市政府办公室印发实施《宁德市农村生活污水提升治理五年行动实施方案(2021—2025年)》,以改善农村水环境为目标,着力提高农村生活污水治理率,构建农村生活污水治理长效机制,为今后一段时间补齐闽东乡村生活污水治理短板、持续改善农村人居环境、全面推进乡村生态振兴提供了行动指南和着力点。

乡村生态振兴与上述要求或目标同向契合,这些规划或政策的出台为进一步推进闽东区域乡村生态振兴保驾护航。

(二)实践积累

目前,宁德接续围绕打造"宁德样板",致力于提升乡村振兴特色化水平。通过不懈努力,闽东乡村生态振兴取得了一系列积极成果,相关探索和实践为推进更高水平的闽东乡村生态振兴提供了实践经验积累。

2019年8月4日,习近平总书记给宁德寿宁县下党乡乡亲们回信,赋予宁德"努力走出一条具有闽东特色的乡村振兴之路"的重大使命。宁德全市上下始终牢记总书记殷切嘱托,用好闽东30多年来滴水穿石、摆脱贫困的宝贵经验,全力打造全国乡村振兴的样板区,切实当好中国特色社会主义乡村振兴之路的先行者、探路者、开拓者。宁德积极响应国家战略号召,用好用足国家和省各个层面的政策支持和措施利好,深度融入福建生态省、生态文明试验区建设,牢固树立"绿水青山就是金山银山"的理念,积极践行"森林是水库、钱库、粮库、碳库"的理念,主动作为,靠前作为,努力探索一条闽东特色的乡村振兴之路。

闽东乡村生态振兴实践具有鲜明的特色,这些实践的探索推进,不仅为闽东乡村生态振兴提供了推进方向和施策重点,也积累了宝贵的经验和夯实了生态基础。一是宁德牢记并践行"努力走出一条具有闽东特色的乡村振兴之路"的回信精神,坚持党建引领、产业先行、以城带乡、文化赋能、生态宜居,加快打造全国乡村振兴样板区,实践成效显著。截至2024年,全市累计培育形成农业特色产业百亿强县5个、十亿强镇24个、亿元强村50个,寿宁入选国家乡村振兴示范县,屏南入选全国传统村落集中连片保护利用示范县,福鼎嵛山岛入选全国"和美海岛"。二是牢记并践行"森林是水库、钱库、粮库"的科学论断,坚持源头防治、系统治理,低碳发展、绿色转型,努力建设更高水平的美丽宁德。"三库+碳库"与习近平生态文明思想理论研讨会成功举办。寿宁获评"世界长寿乡",周宁获评"中国天然氧吧",东侨入选全国首批减污降碳协同创新试点。福安获评最美中国文化旅游名县,霞浦入选中国最美乡村旅游目的地;华东菌群生命疗养基地等项目投入运营,柘荣列入"福九味"中药材国家优势特色产业集群建设县。三是积极践行大食物观。深化"我在宁德有亩田"活动,粮食总产量达48.1万吨。屏南全国首创建成"大食物馆",坚持念好新时代"山海经",持续推进优势农业提效专项行动,深入实施"八个一"工程,力促"8+1"特色产业全产业链规模更上新台阶。"唱山歌",即重点落实茶产业发展决定,推动"三茶"统筹发展;深化食用菌专项,推动食用菌生产向标准化升级、产品向高附加值延伸;做好果蔬等土特产文章,进一步形成"一县一业""一村一品"发展格局。"念海经",即重点深化"国鱼计划",做精紫菜、鲍鱼、海参等优势产品,推动发展深远海养殖、培育壮大海洋经济等,取得了一系列可喜的成绩,比如蕉城、福鼎获评国家级水产健康养殖和生态养殖示范区等殊荣。

在闽东乡村生态振兴的重点工作领域方面,闽东各地乡村振兴实践在新时代新起点不断向纵深推进,为进一步做好生态振兴夯实了实践基础。其一,在产业发展方面,积极打造农业百亿强县、十亿强镇、亿元强村,提升农业发展效益,为乡村生态振兴提供坚实的经济基础。宁德市依据农业产业的"一县一业"发展策略,深入挖掘各县(市、区)的资源优势,形成了一批具有地方特色的农业产业。例如,福鼎市依托白茶产业,大力发展生态农业,通过标准化种植、品牌建设等措施,使白茶成为当地的特色产业和富民产业;宁德市还积极推动一、二、三产业的融合发展,如霞浦县的渔业与旅游业结合,形成了独具特色的渔村风情旅游,为乡村经济发展注入了新的活力。

其二,在乡村建设方面,宁德市注重提升农村基础设施和公共服务水平。通过实施农村道路硬化、饮水安全工程、电网改造等项目,改善了农村的生产生活条件;加强乡村规划管理,引导农民科学建房,保持乡村风貌的和谐统一;宁德市积极开展"金牌旅游村"建设,如屏南县的漈下村,依托优美的自然风光和深厚的文化底蕴,成为乡村旅游的热门目的地,带动了当地经济的发展;持续推进农村人居环境分类晋级专项行动,推动标准版、提升版村庄覆盖率不断提升。截至2024年标准版、提升版村庄覆盖率分别提高到62%、32%;创建金牌旅游村112个、"五个美丽"示范点2140个;整治裸房1.2万栋,保护和整治提升传统村落11个,全域实行生活垃圾干湿分类的乡镇35个、行政村1010个。

其三,在生态环境保护方面,宁德市坚持绿色发展理念,加强生态环境保护和治理。通过实施生态保护修复工程,如水土流失治理、森林抚育等项目,改善了乡村的生态环境质量;加强生态补偿机制建设,对生态功能保护区给予资金支持,鼓励农民参与生态保护;推广绿色农业技术,减少化肥农药的使用量,提高农业生产的环保水平。通过实施生态环境综合治理,2023年推进污染防治项目56个,整治入河入海排污口351个,建设生态清洁小流域13.2公里,重点流域、主要湖库、县级饮用水水源地水质达标率100%。完成植树造林14.6万亩,治理水土流失19.4万亩。海上养殖综合整治、海漂垃圾治理、互花米草除治等工作经验入选全国典型案例,成为获生态环境部通报表扬的22个地级以上城市之一,连续3年上榜中国"绿都"城市20强。屏南获评国家生态文明建设示范区,周宁获批创建全国"绿水青山就是金山银山"实践创新基地。闽东乡村多层面、多维度探索与实践已遍地开花、开花结果,这些有益而富有成效的实践,唱响了乡村绿色发展的主旋律,开辟了乡村生态振兴新境界。

第四章　闽东乡村生态振兴的驱动机制

闽东乡村作为一种区域社会生态系统,其生态振兴的要义蕴含在系统的动态演化中。本章从自然生态子系统、经济生态子系统、社会生活子系统与文化生态子系统等方面解析闽东社会生态系统,运用 DPSIR 模型,依据"驱动力—压力—状态—影响—响应"主要框架分析驱动闽东乡村社会生态系统演化的动力要素,并阐明其作用机理,进而构建驱动机制模型,为闽东乡村生态振兴实现路径选择提供理论支撑,为推动闽东乡村绿色发展提供理论参考。

第一节　闽东乡村社会生态系统概述

一、乡村社会生态系统的构成与特点

乡村社会生态系统是一个多维度、多层次的复杂系统,它涵盖了自然、经济、社会和文化等多个方面,这些方面相互交织、相互作用,共同塑造了乡村的独特形态和发展轨迹。[95]参考生态学、社会学、经济学与文化学等方面的研究成果,基于乡村生态振兴的基本逻辑和内在要求,本书将乡村社会生态系统划分为自然生态子系统、经济生态子系统、社会生活子系统与文化生

态子系统。在此基础上,深入剖析其构成与特点,这对于理解和推动乡村社会的可持续发展具有重要意义。

(一)乡村社会生态系统的构成

自然生态子系统是乡村社会生态系统的基石,为经济生产和社会生活提供物质基础和发展空间。[96]自然生态子系统涵盖了土地、水源、气候、生物等多样化的要素。这些要素不仅是乡村居民生活的物质基础,也是乡村社会发展的重要驱动力。自然生态子系统遵循生态学原理,通过物质循环、能量流动和信息传递,维持着乡村生态系统的平衡与稳定。对闽东地区而言,其独特的山地、河流和海洋等自然景观为乡村提供了得天独厚的自然条件,这些自然资源为乡村的农业生产、生态旅游等产业提供了坚实的基础,是乡村社会经济发展的重要支撑。

乡村经济生态子系统是由乡村经济发展要素、产业部门结构及生产、分配、消费各环节组成的乡村经济有机整体。[97]经济生态子系统作为乡村生态系统最为活跃的部分,蕴含了帮助乡村社会居民实现美好生活实现的主要能量。产业体系是经济生态子系统的主骨架,农业、乡村工业、乡村旅游业是产业体系的主要构成各类产业要素或资源在区域系统内的分布在基本上塑造了乡村经济生态子系统的风貌。基于产业框架的种植、渔业或林业等农业生产活动是经济生态子系统的最广泛、最常见的经济性生产行为,这些产业经济活动决定并深刻影响了乡村的发展方式。经济生态子系统主要遵循经济学等相关原理,市场机制在其中发挥关键作用。

社会生活子系统是乡村社会各要素的综合,蕴含了乡村区域的社会组织框架、家庭单元、社会运行机制等。[98]人与人的互动是社会生态系统的底层逻辑,由此衍生的人际关系、家庭结构是对人的社会化的一种具体呈现;村委会、村民小组等基础组织是乡村社会组织结构的主要部分,这种组织结构安排主要是调节人与人、人与自然等方面的关系,确保乡村社会按一定规则在可预期的范围内运行。社会生活子系统的运作和演化遵循社会学与人类学等方面的基本原理,乡村社会生活子系统塑造了乡村社会与城市空间社会的显著差异。

文化生态子系统是乡村社会生态系统的精神内核,是乡村社会良序运行的润滑剂,"乡村文化环境的发展与乡村中人的发展形成相互影响共同作用的乡村文化生态子系统"[99]。风俗习惯、宗教信仰、道德观念等文化元素共同构造了文化生态子系统基础层,对乡村社会的精神面貌、居民的行为倾向等有着重要影响。乡村社会生态系统如同一台不停运转的大型机器,文人元素在系统内的扩散润滑了各部分构件,平顺了冲撞和矛盾,使得乡村社会整体更加平稳、协调,更富精气神,更有凝聚力。乡土空间里的文化传承、创新创造、交流传播共同推动着乡村文化生态子系统的演化。

四个子系统相互依存、相互作用,共同构成了乡村社会生态系统的整体。自然生态子系统为经济生态子系统提供物质基础,经济生态子系统则推动社会生活和文化生态子系统的发展,社会生活子系统为文化生态子系统提供组织框架和传承机制,文化生态子系统则赋予社会生活子系统以精神内涵和价值观念。这种相互依存和相互作用的关系使得乡村社会生态系统成为一个动态平衡的整体。深入理解和把握这四个子系统的构成与特点,有助于更全面地认识乡村社会生态系统的本质和规律,为推进乡村社会的可持续发展提供有力的理论支撑和实践指导。

(二)乡村社会生态系统的特点

乡村社会生态系统作为一个复杂而多样的综合体,其特点体现在多个层面,不仅反映了系统与外部环境的关系,也揭示了系统内部各要素之间的相互作用。

一是整体性。整体性强调系统内部各子系统之间的紧密关联和相互依存,整体性视角揭示了人与自然、社会生态系统的存在性联系,揭示了人与自然、社会的本然性、本源性有机联系,[100]无论是自然生态子系统中的土地、水源等自然资源,还是经济生态子系统中的农业生产、乡村工业等经济活动,抑或是社会生活子系统中的组织结构、人际关系,以及文化生态子系统中的风俗习惯、宗教信仰等,它们共同构成了乡村社会生态系统的有机整体。整体性的逻辑就是互利型思维方式已经越出了社会系统的范围,而以更大的社会生态系统为其依存的基础和关注的对象[101],任何一个子系统的变化都会对整个系统产生影响,这种影响是系统性的、全面的,而非孤立的、片面的。

二是动态性。乡村社会生态系统不是一成不变的,系统的演化是一个持续的动态发展过程。一方面,外部扰动刺激乡村社会生态系统变化。乡村区域不是孤立存在于世界,而是会受到多重外部情境变量的刺激和影响,如全球气候的变化、城市化挤压、外部环境污染冲击等,都将刺激或诱发乡村社会生态系统发生响应性调整。另一方面,内部因素轮动致使乡村社会生态系统变迁。乡村社会生态系统存在一定物理和心理的边界,系统内部元素大都处于不断变动的状态,这些内部因素的变化或剧烈或漫长,推动着系统发生巨变或持续性变化,如人口流动、农业产业要素优化配置等推动着乡村社会生态系统的变迁。

三是地域性。乡村社会生态系统不是千篇一律的存在,自然环境、历史文化与经济社会条件等方面的差异决定了其地域性特征。不同地域的乡村社会形态是不尽相同的,这种差异与生俱来地和地域联系在一起。即便是同一个区域内的邻近村落,虽然其在自然概貌、人文特征等一些方面存在相似之处,但是乡村社会生态系统嵌入的时空背景、内部要素特征也会存在这样或那样的差异,乡村社会生态系统就表现出地域性。

四是多元性。乡村社会生态系统内部成分是复杂多样的,系统内部文化、经济、社会等方面相互依赖、相互制约,共同奠定了乡村社会生态系统的多样性。这种多元性也强烈启示着我们,试图一刀切地推动乡村社会发展是无济于事的,促进乡村社会良性发展需要统筹观照各方面的具体特征、关键需求与主要矛盾,协调各方面力量加以推动。

整体性、动态性、地域性和多元性等特点共同构成了乡村社会生态系统的复杂性和多样性。在推进乡村社会生态系统优化和发展时,需要全面理解和把握这些特点,据此制定科学合理的发展战略和政策措施,以促进乡村社会的可持续发展和繁荣;也要加强对乡村社会生态系统的研究和探索,不断深化对其本质和规律的认识,为更好推进乡村生态振兴提供坚实的理论支撑和实践指导。

二、闽东乡村社会生态系统的现状分析

闽东乡村坐落于山水之间,其社会生态系统承载着丰富的自然与文化资源,具有鲜明的地域特色。近年来,在乡村振兴战略的推动下,闽东乡村社会生态系统正经历着深刻的变革与发展。

(一)自然生态子系统的现状

闽东乡村的自然生态子系统以其独特的自然景观和生物多样性为显著特征。山地、河流、海洋等多种地形地貌相互交织,形成了复杂而丰富的生态系统。这些自然景观不仅为乡村居民提供了优美的生活环境,还为农业、渔业等产业提供了丰富的自然资源。

闽东乡村自然生态子系统主要包括森林、草地、湿地等多种生态系统类型。森林、草地、湿地等形态的生态群落具有十分重要的功能和影响,森林涵养水分、净化空气、提供丰富的林业资源;草地系统保持水土、供养畜牧;湿地系统调节气候、净化水质等,这些自然生态系统相互依存、相互作用,共同维持着区域生态系统的平衡,提升了整个生态系统的稳定性和自我调节能力。

近年来，宁德遵循陆海统筹、山海协同原则，推动西部鹫峰岭和东部沿海两大生态屏障建设，强化交溪、霍童溪、古田溪、罗汉溪、金溪等域内主要河流生态廊道的生态品质，提升包括三都澳海洋保护与灾害防护区、太姥山综合保育区、杨梅洲综合保育区、翠屏湖综合保育区、鸳鸯溪生物多样性维护区等生态控制区环境资源承载力；着力推进生态功能区生态环境保护与生态产品提升，如加强周宁、柘荣、寿宁等县的天然林资源与野生动植物保护，致力于畅通"太姥山—白云山—鲤鱼溪—白水洋"地质公园带，推动区域生态安全格局构建；积极践行"山水林田湖草是生命共同体"理念，不断推进海洋生态资源保护和海洋生态修复，着力保护海洋生物多样性，以实现海域自然生态系统的稳健性和可持续发展。无论是丘陵山地带生态保护和修复，还是水流域生态保护和修复工程，抑或是生物多样性保护，都大大提升了闽东乡村自然生态子系统的韧性和质量。

然而，闽东乡村自然生态子系统也面临着一些挑战和问题。环境污染压力、自然资源过度开发风险依然存在、自然生态系统仍比较脆弱等，加强闽东乡村自然生态系统稳健性建设依然不能松懈。

(二)经济生态子系统的现状

闽东乡村经济生态子系统以农业生产为核心，通过深入挖掘区域特色资源，构建起多元化的绿色产业发展格局。闽东山区与沿海乡村，经济生态子系统各具特色。例如：古田、周宁、柘荣等山区县乡村因地制宜地发展起了诸如茶叶、食用菌、竹木、果蔬、中药材、林竹花卉等绿色产业，绿色产业发展给局域乡村经济子系统增添活力，绿色产业的产出成果通过市场化机制推向市场，获得了良好的经济效益，积累了口碑，也扩大了影响力；霞浦、福鼎、蕉城等地乡村依托独特的海洋资源，大力发展水产养殖和海洋经济，形成了极富闽东特色的海洋蓝色经济带，借助先进的养殖技术和管理经验，繁荣的渔业产业活动，收获了大黄鱼、海带、紫菜等优质水产品，催化了沿海乡村经济生态子系统的演化发展。整体上看,闽东乡村经济生态子系统呈现出一种蓬勃发展的态势,山区县的绿色产业与沿海地区的海洋经济相互呼应,塑造了一种独特的经济生态景观,共同推动着闽东乡村经济的繁荣与发展,山海协同下闽东乡村经济生态子系统更具可持续发展能力。

近年来,闽东乡村农业绿色发展取得积极进展。先进种植技术的引进、科学的田间管理以及高效的农产品加工技术,共同推动了闽东乡村农产品产量和质量的双提升。市场机制的完善也为农产品流通和销售提供了有力保障,进一步促进了乡村经济的繁荣。一是在特色产业发展方面,闽东乡村成效显著。推进了优势农业提效项目,至2024年,全域"8+1"特色产业全产业链规模已突破2300亿元。多个县域荣获全国重点产茶县称号,创建了国家农业产业强镇和国家级水产健康养殖和生态养殖示范区。围绕优势农产品,如宁德大黄鱼、福鼎鲈鱼、古田水蜜桃、柘荣太子参等,开展了种业创新及良种推广工程,推动了国家级重要项目的持续发展。二是在产业布局上,闽东乡村逐步形成了清晰的发展格局,即山区绿色农业产业带、沿海蓝色农业产业带以及城郊平原高优农业示范区。山区加快发展茶叶、食用菌等绿色产业,沿海依托海洋资源发展水产养殖业和加工业,城郊平原则注重高优农业示范区的建设,发展生态蔬菜和瓜果等现代农业。这种产业布局的优化进一步推动了闽东乡村经济的全面、协调、可持续发展。

除了农业生产,乡村工业、商业贸易与服务业也在经济生态子系统中占据重要地位。随着乡村经济的蓬勃发展和交通条件的显著改善,众多乡村工业企业应运而生,它们凭借当地的资源和优势,成功研发出了众多具有市场竞争力的工业产品。在乡村工业领域,食用菌产业链得到了深度拓展,不仅实现了规模化种植,还在深加工方面取得了显著突破,推出了多样化的食用菌制品。同时,茶企与科研院校的合作日益深化,共同推动了现代茶叶产业园和生态茶园的建设,提升了茶叶品质,并推动了茶叶深加工和品牌营销的发展。此外,水产品、水果和中药材等产业的精深加工也取得了显著进展,进一步丰富了乡村工业的产品线。

商业贸易与服务业的繁荣为乡村经济注入了新的活力。随着农产品流通渠道的拓宽和销售网络的完善,农产品能够快速高效地流通到市场,满足了消费者的多样化需求。乡村地区的商业活动日益活跃,不仅促进了当地经济的增长,也提升了乡村居民的生活水平。乡村地区还积极探索"旅游+"产业融合模式,通过培育乡村旅游品牌,吸引了大量游客前来观光旅游,为乡村经济带来了新的增长点。

然而,经济生态子系统的发展也面临着一些挑战和问题。首先,部分地区的产业结构相对单一,过度依赖传统农业,缺乏新兴产业和创新能力的支撑。这在一定程度上限制了乡村经济的多元化发展。其次,市场竞争的加剧和资源短缺等问题也给乡村经济的可持续发展提出了挑战。为了应对这些挑战,闽东乡村需要积极调整产业结构,加大科技投入,促进农产品价值实现,还要加强资源保护和环境治理,扎实推进乡村生态振兴,实现经济、社会和环境的协调发展。

(三)社会生活子系统的现状

闽东乡村的社会生活子系统在乡村社会治理与公共安全建设方面取得了显著成就,社会生活子系统整体趋稳而富有活力,但同时亦面临着现代化进程中的不少挑战。

在社会治理层面,基层组织发挥着中流砥柱的作用。村委会、村民小组等组织不仅通过制定和执行规章制度维护着乡村社会秩序,还在推动乡村振兴中扮演着重要角色。宁德市的"四下基层"制度化实践有效地促进了基层工作的深入开展,使得政策更加贴近民意,服务更加精准到位。乡村振兴特聘指导员的引入,为乡村带来了先进理念,协助解决了发展难题,进一步提升了乡村治理效能。在公共安全方面,闽东乡村积极推进乡镇"一村一警务助理"模式,以加强社会治安管控能力。同时,通过开展移风易俗行动,引导乡村居民树立积极向上的生活态度和价值观,营造和谐稳定的乡村社会环境。此外,闽东乡村还不断完善村级组织体系,建立以基层党组织为领导、村民自治组织和村务监督组织为基础、集体经济组织和农民合作组织为纽带的组织格局。通过组织基层党建"整乡推进、整县提升"活动,健全党组织领导的村级事务运行机制,维护乡村治理的公正性和透明度。

然而,随着现代化进程的加快,乡村社会也面临着传统价值观念受到冲击、生活方式和价值观念变化等问题。乡村社会的老龄化、空心化现象日益凸显,导致乡村发展活力减弱,对乡村社会生活子系统的稳定与发展构成挑战。为了应对这些挑战,闽东乡村采取了一系列措施。一方面,通过实施普惠型小微贷款和涉农贷款政策,加大对乡村经济的支持力度,激发农村资源活力;另一方面,强化"三农"投入保障,包括人才、制度、资金等,确保乡村发展的可持续性。除此之外,闽东乡村还注重拓展多元就业空间,为乡村居民提供更多就业机会,提高生活水平。

闽东乡村社会生活子系统不断演化发展,向高阶进化的脚步永远在路上。通过完善治理机制、强化资源保障、推动组织建设等措施,闽东乡村社会生活子系统将继续优化,乡村生态振兴的社会基础和社会氛围将进一步趋好。

(四)文化生态子系统的现状

闽东乡村的文化生态子系统近年来展现出一种独特而充满活力的风貌,它既承载着深厚的历史文化底蕴,又不断融入现代文化元素,滋养了乡村社会的精神风貌。

从文化活动方面看,闽东乡村的文化生活日益丰富多彩。仅在2023年,乡村地区就举办了超过1300场文化惠民活动,这些活动涵盖了戏剧、歌舞、展览等多种形式,充分满足了乡村居民多样化的文化需求。同时,新建的11个"百姓大舞台"不仅为乡村居民提供了展示才艺、交流文化的平台,也成为乡村文化活动的重要阵地。福安下白石、寿宁下党等地的文化活动更是脱颖而出,成功入选全国"四季村晚"示范展示点,闽东乡村文化的知名度和影响力得到进一步提升。

在文化遗产保护方面,闽东乡村表现出强烈的责任感和使命感。一是提升文化遗产的修复和保护。当地政府和居民积极参与古建筑、古村落、木拱廊桥及革命遗址的保护修复工作,通过资金扶持、技术支持等多种方式,确保这些文化遗产得到妥善保护。二是深入文化研究,传承与创新闽东特色文化。闽东正加紧利用相关文化研究中心或平台等研究力量,着力挖掘以红色文化、畲族文化、海洋文化等为核心的闽东文化内涵,创新闽东文化产品形态,让红色文化、畲族文化、海洋文化等宝贵的文化遗产活起来,并传承下去。

在文化传播和品牌打造方面,注重挖掘和弘扬本土文化特色。闽东乡村文化在传播中体现生命力、在品牌打造中彰显影响力,主要表现有:一是加强闽东红色资源的保护利用,强化了闽东苏区红色基因的传承,并将其研学旅游、革命传统教育融合,取得了较好的传播效果;二是借助现代传媒手段,如网络直播、短视频等,将闽东乡村文化推向了更广阔的舞台;三是积极举办各类文化节庆活动,如世界地质公园文化旅游节、"三月三"畲族文化节等,文化节庆活动的开展,不仅丰富了乡村文化生活,也提升了闽东乡村文化的知名度和美誉度。

在文化产业发展方面,文化产业与乡村振兴衔接越发紧密。福鼎"白茶+文创"、福安"数字+文创"、屏南"古村落+文创"、霞浦"摄影+民宿"等文化新业态的崛起,表征了闽东乡村将文化资源转化为经济资源的能力推向了新层级。同时,这些文化产业模式也为乡村居民提供了更多的就业和创业机会,进一步促进了乡村社会的繁荣与稳定。

闽东乡村的文化生态子系统在现状上呈现出一种生机勃勃、充满活力的特点。通过丰富多彩的文化活动、积极的文化遗产保护工作、有效的文化传播和品牌打造以及蓬勃发展的文化产业,闽东乡村文化正在不断焕发出新的活力与魅力,为乡村社会的持续健康发展提供强大的精神支撑和文化保障。

三、生态风貌的表征

在剖析闽东乡村社会生态系统现状的基础上,站在全局的视角审视其整体格局,进而可以明晰其生态风貌的多元表征。从自然生态系统的多样性与敏感性中,窥见闽东乡村的生态本底,领略其丰富多样的自然资源和敏感脆弱的生态环境;从经济生态系统的传统性与创新性中,洞察乡村发展的内生动力,感受传统农耕文化与现代绿色产业的和谐共生;从社会生态系统的稳定性与动态性中,把握乡村社会的稳定根基与活力源泉,见证家庭和睦、邻里互助的社会氛围与不断适应外部环境变化的动态调整;从文化生态系统的独特性与创新性中,领略闽东乡村深厚的人文魅力,感受传统文化底蕴与现代文化元素的交融创新。这些维度相互交织、相互支撑,共同构成了闽东乡村社会生态系统独特的生态风貌。

第一,闽东乡村自然生态系统具有多样性和敏感性。一方面,闽东乡村自然生态系统具有多样性。从山川河流到田野森林,从多样化的植被到丰富的动植物资源,闽东乡村自然生态系统展现了大自然的鬼斧神工和生态的多样性。自然生态系统的多样性意味着其能为村居民提供更丰富的自然资源和生态服务,意味着更能维护生态系统的平衡与稳定。另一方面,闽东乡村自然生态系统也表现出敏感性。乡村自然环境容易受到气候变化、人类活动等因素的影响,例如,过度的农业开发、不合理的土地利用等可能导致生态破坏和环境污染,进而破坏自然生态系统。因此,在推进闽东乡村生态振兴的进程中,要注意开发与保护并重,在保障自然生态系统多样性的同时稳步提升其抗扰动能力,确保自然生态系统健康稳定。

第二,传统性与创新性是闽东乡村经济生态系统的主要特质。传统与创新风格迥异,看似对立,实则统一,传统性蕴含着闽东乡村经济生态系统演化的过去,创新性表达了闽东乡村经济生态系统演化的未来方向。推动闽东乡村经济子系统发展需要在传统性与创新性之间找到平衡点,在系统演化的过去与未来之间搭好桥梁。不忘初心,方能行稳致远;积极开拓创新,方能去到更远的未来。在闽东乡村经济生态系统中,农业发展是传统性的根,农耕经验和智慧是传统性的魂,传统的农产品加工方式、交易模式等传统性的外壳,为闽东乡村经济做了富有魅力的注解;传统性并不排除创新,更不是故步自封、停滞不前,而是要寻求乡村经济发展的创新性,从日新月异的科技发展中探寻创新之术,从文化血脉中凝练创新之精神,从乡村产业融合发展中汇集创新之能量。推动乡村经济从传统到现代的转型升级从来不止一种模式,实现闽东乡村经济子系统创新性发展也从来不只一条路径,传统与创新的结合,是闽东乡村经济生态系统焕发新活力与潜力的光明大道。

第三,稳定性与动态性是闽东乡村社会生活子系统的重要特征。闽东乡村社会子系统稳定性与动态性并存,从动态性来看,乡村社会子系统变迁是绝对的,任何形态的社会都难以固定于某一状态上,在人类历史发展长河中,乡村社会总体处于不断变化发展的过程之中。闽东乡村社会也不例外,遵从一般乡村社会发展的规律,从古至今的乡村社会演化,呈现的是闽东乡村的发展史;在现实层面,则表现为乡村居民生活方式、生产方式及其思想认知的变化。从稳定性来看,乡村社会子系统的稳定是相对的,表明在一定的时期内,乡村的社会结构、运行方式等保持一定的稳定性,具体体现在家庭结构、邻里关系和社会秩序等方面,这种稳定也意味着不确定性的降低和共同预期的增强,是乡村社会和谐稳定的基本逻辑。闽东乡村社会子系统在变与不变的框架内演绎着滚动前进的发展变迁。

第四,闽东乡村文化生态系统具有独特性与引领性。文化在乡村社会生态系统中的外在显示度相对较低,但正是这种看似深沉的系统元素能"内化于心,外化于行",在乡村空间里发挥着不可或缺的关键作用。从独特性来看,乡村文化往往与乡村发展历史、乡村建设实践、乡村现实物质成果等密切相关,而这些关键的影响变量又与特定的乡村相联系,闽东乡村文化生态子系统的独特性也就毋庸置疑了。从引领性来看,引领性表征的是一种闽东乡村文化对行为的养化、实践的调教。换句话说,文化不仅陶冶情操,还能引导人的行为。独特性与引领性勾勒了闽东乡村文化生态子系统的主要风貌,表明了文化子系统丰富的内涵和能量,用独特的乡村文化引领乡村建设实践给人以无限的遐想空间。

闽东乡村社会生态系统的生态风貌在自然生态系统的多样性与敏感性、经济生态系统的传统性与创新性、社会生态系统的稳定性与动态性、文化生态系统的独特性与创新性等方面展现出了深刻的内涵和特色。这些特征共同构成了闽东乡村独特的生态魅力,也是乡村生态振兴蕴含"宁德气质"的本源。

第二节 DPSIR 模型及其应用

一、DPSIR 模型概述

DPSIR 模型,即驱动力(driving force)—压力(pressure)—状态(state)—影响(impact)—响应(response)模型,是一个基于因果关系组织信息及相关指数的综合性框架。该模型由联合国经济合作与发展组织(OECD)于 1993 年提出,[102]旨在系统地分析环境问题及其与社会经济因素的相互作用,为政策制定和决策提供科学依据。

驱动力:驱动力表达的是推动系统发生变化的根本性力量[103],是DP-SIR模型中的起始点。驱动力的来源复杂多样,主要包括社会经济、文化和技术等方面,具体表现为人口增长、经济繁荣、技术进步、消费模式的变化等,这些因素本身的变化能够刺激并驱动系统变化。

压力:压力是指驱动力所引发的对系统的直接作用或负荷。乡村社会生态系统组成要素的复杂多元性决定了其所面对的压力涵盖诸多层面,除了传统意义上的自然或人为灾害,还包括系统内生扰动带来的不确定危害[104],压力表现形式多种多样,自然资源过度开发、污染物排放、土地利用方式改变等都可能成为压力源。压力的传导和持续作用会导致环境状态的变化,进而对生态系统和社会经济系统产生影响。

状态:状态描述了环境系统在特定时间点的状况或条件。生态系统的结构、功能、生物多样性、资源储量以及环境质量等方面共同塑造了时序上的状态属性与特征。状态指标反映了社会生态环境系统的健康状况和可持续性,这些环境状态的详细信息是决策者制定相关政策的参考依据。

影响:影响意指系统状态变化对人类社会、生态系统以及经济系统产生的一系列后果。影响可能是正面的,也有可能是负面的,如生态破坏导致的经济损失、环境污染对人类健康的威胁等就是典型负面影响,而生物多样性提升带来生态系统稳定性的提高就是有利的影响。深入分析各种影响有助于找到问题症结,有助于更有效地放大正面影响,压制负面影响。

响应:针对所发生的环境等问题和影响,采取应对对策和措施是响应的核心内涵,响应的目标就是要减轻环境的压力、改善环境状态、降低负面影响,进而促进可持续发展,政策调整、技术创新、资金投入、公众参与等是响应的主要形式,响应主体是异质多元化的,可能涉及系统内所有利益相关者。

DPSIR模型具有综合性、系统性和整体性,模型框架与核心要义综合考虑了环境、经济和社会等多个方面的因素,为可持续发展提供了全面的分析和评估框架,并且 DPSIR 模型特别强调各要素之间的因果关系和相互作用,利用模型框架深入分析驱动力、压力、状态、影响、响应等方面要素之间的关系,有助于揭示环境问题的根源和演变过程,从而为政策制定者提供理论参考和决策依据。

二、DPSIR 模型在乡村生态振兴中的应用

从 DPSIR 模型的主要思想与主要构成等方面来看,应用 DPSIR 模型分析乡村生态振兴具有较好的适应性与必要性。

第一,DPSIR 模型分析乡村生态振兴的适应性。其一,DPSIR 模型提供了一个全面的框架,模型结构完整,关照的方面较全,驱动力、压力、状态、影响和响应五个相互关联的环节能较好地呈现事物发展变化的关键过程,适合用于深入分析乡村生态振兴的复杂性和动态性。其二,乡村生态振兴涉及环境保护、资源利用、经济发展以及社会福祉等多个维度,这些维度之间相互作用,共同影响着乡村的可持续发展。而 DPSIR 模型提供了一个全面的框架,能够较好地揭示这些重要因素之间的因果关系和相互作用机制,有助于更深入地理解乡村生态振兴的内在逻辑和关键变量。其三,DPSIR 模型强调对环境问题的预防性和前瞻性思考,这与乡村生态振兴实践不谋而合,DPSIR 模型不仅能够分析现有的环境问题,还能够预测未来的发展趋势,利用 DPSIR 模型分析应用于乡村生态振兴领域,有助于识别并应对潜在的风险和挑战,有助于为乡村生态振兴提供实效性的参考。

第二,DPSIR 模型分析乡村生态振兴的必要性。随着工业化、城镇化的快速推进,乡村生态环境面临着日益严峻的挑战。环境污染、资源过度消耗、生态破坏等问题日益突出,严重制约了乡村的可持续发展。因此,实施乡村生态振兴战略,改善乡村生态环境,提升生态功能,已经成为当前亟待

解决的问题。将 DPSIR 模型引入乡村生态振兴领域并进行针对性分析具有重要意义,主要表现为:首先,基于 DPSIR 模型的驱动力分析有助于深入了解驱动乡村生态振兴的深层次原因,如市场需要、技术变迁等,为制定针对性的政策措施、帮助从源头上促进乡村生态建设等提供支持。其次,压力和状态分析有助于评估乡村社会生态系统的现状和未来发展趋势,为确定契合的生态振兴发展愿景提供依据。再次,利用 DPSIR 模型进行影响和响应分析有助于深度剖析闽东乡村生态系统中影响发生的机理,从而厘清响应的行动路线,有助于最大程度上扩大正面影响,规避负面效应,为乡村生态振兴提供行动指南。

第三节　驱动机制模型的构建

一、DPSIR 框架的构建

在闽东乡村生态振兴的驱动机制研究中,构建 DPSIR 框架是一项至关重要的任务。这一框架不仅有助于深入理解乡村生态系统的运作机制,还能为探寻闽东乡村生态振兴的实现路径提供理论参考。

第一,驱动力方面。闽东乡村生态振兴的驱动力要素复杂多元,主要来自政策导向、市场需求以及技术进步等方面。其一,政策导向,政府在乡村生态振兴方面的相关政策影响深远,政府政策主要通过财政、金融、税收政策,引导推动乡村空间的资源配置、结构调整等;相关的生态环境保护政策更是直接对乡村生态建设施加重要影响,可以说政策导向是一个"牵一发而动全身"的关键变量。其二,市场需求,这是闽东乡村生态振兴驱动力的重要来源,市场需求作为驱动要素,蕴含了一种需求导向下,通过市场机制作用发挥,推动乡村产业要素优化配置、结构调整与产业发展模式升级的发展过程。其三,技术进步,技术是影响乡村社会生态系统的关键变量,技术进步广泛而深远地影响着乡村生态振兴。其四,人才支撑,人才要素是系统动力来源的关键,人才效能发挥对乡村生态振兴进程产生重要影响。

第二,压力方面。闽东乡村生态振兴的压力是多方面的,主要包括环境污染压力、自然资源过度开发压力、城镇化扩展压力、乡村治理体系生态化不足压力等。其一,环境污染压力是闽东乡村生态振兴的突出压力,无论是来自乡村生态系统外的环境污染,还是内源性污染,乡村空间的环境污染压力始终存在。环境污染压力也是乡村最敏感、最关心的方向。其二,自然资源过度开发也是一种重要压力源,闽东乡村生态振兴离不开自然资源,但由于利于驱动或短视行为,资源过度开发的压力始终值得关注。其三,城镇化扩展压力涉及城乡之间的互动,是影响乡村生态振兴的外围压力源。在资源既定性情境下审视城乡互动,城市扩展处理不好就可能对乡村发展产生挤压,乡村应对不力易放大压力的影响程度。其四,乡村治理体系生态化不足压力是闽东乡村生态振兴实践的内生性压力源。乡村治理体系与治理能力跟不上乡村绿色化发展需要,压力产生也是意料之中之事;更为严重的是,乡村治理体系生态化不足压力将引发一系列负面的连锁影响,从而对乡村生态建设产生阻碍作用。

第三,状态方面。某一时期乡村社会生态系统的状态是多方面的,状态的关键表征应该来自自然环境、经济社会与人文这些主要层面,主要包括生态系统结构与资源储量、环境质量、经济社会可持续性、文化的生态化参与等方面关键的指标。其一,生态系统结构与资源储量,在压力等因素的综合作用下,自然生态系统的结构会发生某种变化,生态系统结构有主要反应在土地空间利用及其附属其上的生物属性上;资源储量是一个标准区域资源在系统变迁下的资源保有量。其二,环境质量是关键的状态指标,乡村生态建设最首要的就是对环境问题的关注,某时某地环境质量水平是生态振兴成效的突出体现。其三,经济社会可持续性是重要的状态属性,乡村生态振兴归根到底还是要重点关注乡村经济社会是否可持续发展,因此将其确立为状态指标具有重要意义,也是乡村生态建设成效的必要显示。其四,依据文化的生态化参与,审视乡村社会的整体状态尤为必要。脱离文化谈自然环境保护未免过于狭隘,为了乡村生态优化只顾生态环境保护和修复也是难以为继的,文化有没有参与乡村生态振兴,以及多大程度介入了生态振兴,探究诸如此类的状态十分必要。

第四,影响方面。如前文所述,影响涉及多方面,综合来看,应用DPSIR模型来观测分析闽东乡村生态振兴视阈中的影响,应该围绕乡村生态系统韧性、乡村生产方式转变与产业结构调整、乡村生活品质提升与方式改变、乡村生态文化的融入与创新等来进行。其一,乡村生态系统韧性反映的是自然生态系统的影响,乡村生态系统韧性是关乎乡村社会稳健的重要方面,并会对生产生活产生系统性影响。其二,乡村生产方式转变与产业结构调整表征的是经济层面的影响,乡村生产方式与产业结构会发生怎样的变迁,在很大程度上决定了乡村发展的前进方向。其三,乡村社会生态系统变迁影响向生活场域蔓延是迟早之事,乡村生活品质提升与方式改变就是反映生活层面影响的重要因素,乡村生活品质与方式是走向负面还是正面,极大地决定了乡民的生活体验。其四,乡村生态文化的融入与创新蕴含了文化层面的影响闽东乡村生态系统的变化对文化产生了何种影响,文化是倒退还是前进,在很大程度上影响着乡村生态振兴效能。

第五,响应方面。响应是多元主体主动或被动作出的应对,从利益相关者角度看,闽东乡村生态振兴的响应主体无外乎是政府、企业、村民与社会组织等,基于响应行为的执行主体分析,应该重点从政府政策调整、村民参与、经济组织支持、社会配合来审视响应。其一,政府政策调整。政府是乡村生态振兴的重要参与方,政府在政策方面的调整是最重要的响应之一。其二,村民参与是来自于乡村生态振兴参与者中最大多数一类群体的响应,人民群众是乡村发展历史的创造者和奠基者,故而要重点关注村民的响应情况。其三,经济组织支持是产业结构中最能动主体的响应,经济组织在乡村社会生态系统中的地位是不可替代的,经济组织的响应速度和响应方式在相当程度上决定了响应效能的走势。其四,社会配合是响应的重要组成,社会各方面响应是非常必要和有益的补充,事关上述其他主体响应的协同效能的发挥。

综上所述,笔者依据 DPSIR 框架来识别和锁定乡村生态振兴视阈下闽东乡村社会生态系统演化的关键变量,进而构建起基本的分析框架,为后续驱动机制分析奠定基础。

二、动力传导机制的分析

(一)驱动力

1. 政策导向

政策导向作为乡村生态振兴的驱动力,在推动乡村社会生态系统的优化与升级中扮演着至关重要的角色。政策导向不仅为乡村发展提供明确指引,还通过一系列政策措施和资金支持为乡村生态振兴注入强大动力。在闽东乡村的实践中,政策导向的深刻内涵、对乡村社会生态系统的影响,以及驱动力形成原理及其表现形式等,均体现了其对乡村生态振兴的重要推动作用。

第一,政策导向的深刻价值在于其对乡村发展的全面规划与战略布局。国家及地方政府针对乡村生态振兴制定了一系列战略规划、政策措施和资金投入计划,这些政策不仅强调了生态优先、绿色发展的理念,还明确了乡村发展的目标、任务和路径。在闽东乡村,政策导向的具体体现包括推动生态农业、乡村旅游等绿色产业的发展,加强农村环境治理,提升农村人居环境等。这些政策导向为闽东乡村生态振兴提供了明确的方向和目标。

第二,政策导向通过引导、调控和优化对闽东乡村社会生态系统产生影响。政策导向引导参与主体转变生产方式和生活方式,进而推动乡村产业结构调整和优化;通过调控资源配置,促进乡村资源的合理利用和高效利用;通过优化乡村空间布局和基础设施建设,提升乡村的整体功能和品质。政策导向的作用在闽东乡村生态振兴实践中得到了具体体现,例如,政府通过推广生态农业技术,引导农民采用绿色、环保的农业生产方式;通过加强农村环境治理,改善了乡村的生态环境质量;通过优化乡村空间布局,提升了乡村的整体形象和吸引力。

第三,政策导向对闽东乡村生态振兴的驱动力促发主要源于激发内生动力、促进外部支持和强化制度保障三个方面。政策导向通过激发农民的积极性、主动性和创造性,推动乡村生态振兴的内生动力形成;通过吸引社会资本、技术和人才等外部资源,为乡村生态振兴提供有力的外部支持;通过完善法律法规、加强监管和评估等方式,为乡村生态振兴提供坚实的制度保障。政策导向激发乡村生态振兴的内生动力已初显成效,比如政府通过设立专项资金、引导社会资本投入等方式,为乡村生态振兴提供充足的资金来源;通过加强监管和评估,确保政策的有效执行和落地等。

第四,政策导向作为驱动力的表现形式主要体现在政策引领、政策激励和政策约束三个方面。政策引领通过制定发展规划、明确发展目标等方式,为乡村生态振兴提供方向指引;政策激励通过财政补贴、税收优惠等方式,激发农民和社会资本参与乡村生态振兴的积极性;政策约束则通过法律法规、监管措施等方式,规范乡村发展的行为和秩序。

2. 市场需求

市场需求作为推动闽东乡村生态振兴的核心驱动力之一,其内涵丰富,意蕴深远。深入剖析市场需求的深刻内涵、价值意蕴以及其在闽东乡村社会生态系统中的作用机理,对于理解市场需求为何能驱动、如何驱动闽东乡村生态振兴的内在机制具有重要意义。

第一,市场需求的深刻内涵在于其反映了消费者对商品和服务的绿色化、多样化、个性化需求。消费者的绿色市场需求的大小是绿色经济发展的原动力。[105]从市场面向来看,这种需求表现为对绿色、有机、健康的农产品的追求,以及对乡村旅游、乡村文化体验等新型消费方式的热衷。生态旅游作为绿色消费的代表,[106]这种绿色化、高阶化需求的增长,不仅体现了消费者对生活品质提升的追求,也反映了社会对可持续发展的期待。绿色市场需求的增长,为闽东乡村产业发展提供了广阔的市场空间和巨大的发展潜力。市场需求的价值意蕴在于其能够引导资源配置,促进产业结构优化升级。

第二,市场需求对闽东乡村社会生态系统的影响主要体现在以下几个方面:一是市场需求通过调节生产供给,促进乡村产业的绿色发展。绿色产业形成和发展的外部条件是绿色市场需求,绿色市场需求源于绿色经济需要,[107]绿色、有机农产品等绿色市场需求的增长引导生产者关注市场绿色需求,以至有足够的动力采用环保的生产方式和技术手段,推动农业的绿色化发展。农业绿色发展产生更强大的带动力和溢出效应,诱发乡村社会生态系统一系列积极连锁反应,促进生态环境保护和改善,进而优化提升乡村生态子系统。二是市场需求激发社会生态系统创新活力。为了满足绿色市场需求,相关市场生产主体通过产品与服务模式创新、地方特色农产品和旅游产品开发,以及具有绿色消费市场竞争力的品牌创建来回应市场需求。这一系列创新活动不仅提升了乡村产业附加值和市场竞争力,也活跃了乡村经济生态子系统。三是市场需求通过优化乡村环境,提升乡村社会的整体品质。随着乡村旅游的兴起和消费者对乡村环境要求的提高,闽东乡村环境整治和美化工作得以推进,乡村整体形象和吸引力得以提升。由此乡村旅游发展的产业要素越来越完善,乡村生态空间也越来越宜人,以至推动乡村社会生态系统往高阶迈进。

第三,市场需求引致的驱动闽东乡村生态振兴的动力要素复杂多元,驱动力形成机制主要是市场需求引导下的绿色认知建构、绿色消费风尚塑造与绿色生产提升等各方面相互作用的过程与结果。一是绿色认知建构。绿色认知建构是驱动闽东乡村生态振兴的重要动力要素之一。在绿色市场需求的推动下,相关参与乡村生态建设的主体对环境保护与可持续发展的认知逐渐转变,认知转变包括对环境问题认识的深入、对绿色生产与生活方式的积极接纳,以及对绿色价值的内化。绿色认知建构不仅提升乡村居民的环境保护意识,也促使其在实际行动中践行绿色理念。于是乡村居民采用绿色农业技术进行低碳化、无害化农业生产也就水到渠成。二是绿色消费风尚塑造。消费者关注生存安全问题、生态环境问题,从而构成了巨大的绿色市场需求动力。[108]绿色消费风尚的形成是市场需求引导下的自然产物,市场需求代表了一种巨大的牵引力,通过无数消费个体消费行为的汇集,引导消费潮流。绿色市场需求催化消费观念转变,观念转变催生更多绿色消费行为,绿色消费行为塑造了消费市场的整体风貌,使绿色消费风尚得以形成和巩固。三是绿色生产特色。市场需求需要产品和服务来满足,绿色市场需求的扩大需要更大范围、更高层级的绿色生产制造来支撑。由此,产品和服务的提供商在这种底层逻辑的驱动下将积极主动需求绿色生产突围,以便能在绿色消费市场上获得竞争优势。绿色认知建构、绿色消费风尚塑造与绿色生产提升三个主要的动力要素相互关联、多维度互动反馈,共同汇聚成市场需求驱动乡村生态振兴的强大动力。

3. 人才支撑

人才是闽东乡村生态振兴的第一资源,是闽东乡村社会生态系统中最活跃、最能动的要素,人才支撑是闽东乡村生态振兴的重要驱动力。人才支撑不仅仅是简单的人力资源输入,也意味着知识、技术、创新能力和管理经验的全面引入,汇聚人才以保障和推动乡村生态振兴,[109]是闽东乡村生态振兴路上应该重点实践的方向。

乡村生态振兴需要人才支撑,[110]人才支撑具有深刻的寓意。一方面,人才支撑意味着强大的智力和技术支持。现代社会,知识和技术是推动经济社会发展的重要力量,人才具有专业知识和技能。通过引进和培养各类人才,相当于获得先进的农业技术、生态环保理念、乡村旅游开发策略等,从而推动闽东乡村产业的转型升级和生态环境的改善。人才在生态建设实际中所展现的创新思维和先进的管理经验,也将激发乡村发展的内生动力。另一方面,人才支撑表征了乡村人力资源结构的优化。外部人才引进和本土人才培育相得益彰,助力打造形成一支结构合理、素质优良的乡村振兴人才队伍。各类人以其专业所长在各自领域发挥独特优势,推动乡村生态振兴付诸实践;人才的示范和引领带动其他方面参与力量提升自我发展能力,推动人才与乡村发展的良性循环。

人才支撑驱动闽东乡村生态振兴呈现出多种形态。首先,专业技术人才引进为乡村产业提供技术支持和创新动力,推动了农业技术的升级和乡村产业的转型。其次,管理人才引入为乡村治理和经济发展注入新活力,提升了乡村治理的效能和经济发展的质量。再次,文化教育人才加入为乡村文化教育和社会文明程度的提升作出重要贡献。这些不同领域的人才通过各自的专业技能和知识背景,共同构成了闽东乡村生态振兴的强大人才支撑体系。

为何人才支撑能驱动闽东乡村生态振兴,其根本原因在于人才是知识和技术的载体,是推动乡村生态建设的核心力量,其驱动机制主要表现为:一是通过"知识+技术"助力生态振兴困境的破解。闽东乡村生态振兴是一项复杂而具有挑战的系统工程,建设发展进程中难以避免地会面临自然与人文各方面的问题,且越是向纵深推进,生态建设相关的硬骨头就越难啃,有些困局单凭热情和盲动是无济于事的。而人才以其丰厚的知识、专业的视角、独到的技能,成为突破困境的关键力量。乡村生态奥妙无穷,唯有充实人才,方能以"知识+技术"之智勇走稳、走好。二是人才聚集形成的知识溢出和技术扩散效应催生乡村绿色发展新活力。在闽东乡村生态建设实践中,人才不是孤立存在的,当优秀人才聚集在乡村社会空间里,人才之间、人才与其他主体的互动、交叉反馈,就形成了知识溢出和技术扩散效应,尤其是科技型人才聚集会产生信息共享效应与创新效应。[111]一方面,人才与村民交互引致的知识溢出与技术扩散。人才深入农村和农业生产一线,指导农民农业生产劳作,这本身即是一种预期的知识与技术扩散,更为重要的是,被新知识与新技术武装起来的农民将以"一传十十传百"的形式快速扩散已获得的成效,进而促进知识与技术在乡村单元的每一个交流的流传与扩散。另一方面,人才间互动造成的知识溢出与技术扩散。每类专业人才都有自己的专长,无论是综合方案的提出,还是协调化的实践推进,人才之间的交流既有空间,也非常必要,思想的交流、知识的碰撞、方案的调整与实践路线的优化很多时候都源自人才间互动所叠加集体智慧,这正是知识溢出与技术扩散的一个缩影。正是这种多层面多向度的知识溢出与技术扩散,催生了乡村绿色发展的无尽活力。三是人才嵌入社会生态系统传动并助推闽东乡村生态振兴高阶发展。人才是乡村社会生态系统变革的关键变量,无论是外部引入人才带来的刺激连锁反应,还是乡村内部本土化培育人才的内部轮动传导,都在很大程度上驱动着局域社会生态系统的演化。闽东乡村社会生态系统是一个包含自然元素与人文元素的大型复合系统,各种要素的互促与牵制在某一均衡点达到相对稳定的状态,并呈现了相应系统特征。闽东乡村生态要振兴,意味着原有的某种均衡需打破,如此方能进行向高阶迈进,从而实现新的均衡和稳定。旧有模式的打破需要关键力量来推动,人才就是这种关键突破的生力军。人才就是力量,人才嵌入乡村生态,促进乡村社会生态系统要素优化重组,驱动系统迭代,从而助推闽东乡村生态振兴高阶发展。

4. 技术进步

技术进步作为闽东乡村生态振兴的重要驱动力,其本质在于通过科学技术的不断创新与应用,实现生产力的提升与资源的优化配置,推动乡村生态系统的全面优化和可持续发展。技术进步不仅促进农业生产方式的革新,还贯穿于乡村环境治理、资源利用以及社会管理的各个层面。

(1)技术进步的价值意蕴

技术进步的价值意蕴主要体现在对闽东乡村社会生态系统的积极影响上,技术进步对闽东乡村社会生态系统的影响是一个复杂而深刻的过程,它涉及多个方面的转变和提升,这些积极转变共同勾勒出了技术进步之于闽东乡村生态振兴的价值意蕴。

首先,技术进步是推动乡村产业结构优化升级的关键力量。技术进步有助于促进产业结构优化升级,进而促进经济发展方式转变,[112]传统农业在闽东乡村经济格局中占据主导地位,随着科技不断进步,新型农业技术、生物技术和信息技术等广泛应用于农业生产和管理之中,现代技术的应用提高了农业生产效率,催生了农业新业态和新模式,如智慧农业、生态农业等;技术进步带动了乡村工业和服务业发展,加速了乡村产业结构多元化、高级化进程。

其次,技术进步提升资源利用效率和降低环境污染。技术进步有利于资源利用效率提升,有助于破解环境污染困境。[113]任何乡村生态振兴始终都要考量资源约束资源、环境承载能力。技术进步增加了这些方面的弹性,拓宽了实践的空间。高效节能设备、清洁能源等设施设备的应用,循环经济发展模式的推广,成为技术进步施展其能效的主战场、主攻方向。资源节约型、环境友好型技术手段的成熟,加速了资源利用效率提升与环境污染降低目标的实现。

再次,技术进步通过提升社会管理水平和公共服务质量,增强乡村社会凝聚力和向心力。随着信息化和智能化技术的发展,数字乡村、智慧乡村建设有了相对成熟的技术条件支撑。乡村智慧平台的打造让政务服务在线办理和公共服务变得便捷,提高了乡村社会管理的效率和透明度,拉近了政府与人民群众的关系,提升了乡村居民的生活质量和幸福感。借助技术手段创新乡村生态文化、借助新媒体等技术平台传播扩散乡村生态文化,增进了共识,凝聚了人心,熏陶引导更多人参与乡村生态建设。

(2)技术进步驱动机制的形成与传导

技术进步驱动闽东乡村生态振兴的机制既涉及技术生命周期的演化,也包含了技术力量与乡村生态振兴实践的具体结合,动力的形成与传导是一个技术萌生、技术应用与扩散、技术产出与反馈的综合过程,集中表现在绿色技术运行机理与发展范式上。

第一,绿色技术的萌生。绿色技术的萌生是技术进步驱动闽东乡村生态振兴机制的起点。一是适合农业农村绿色发展的新技术诞生意味着对传统技术模式的革新,意味着对乡村生态需求与环境挑战的积极回应。适合闽东乡村的绿色技术萌生源于对区域生态环境的深入理解和细致分析,需要从乡村生态系统的整体性出发,结合现代农业、环保、新能源等多个领域的知识,探索新的技术路径。比如,针对以往闽东沿海渔业养殖低效化与高污染的问题,科技力量通过调查研究,论述技术方案,萌生适切绿色技术构想,生成技术研发路线,进而产生针对性的新技术。当然绿色技术萌生不是召之即来的,需要科研机构、科研平台与科研人员,甚至是生产一线的执行者共同协作孵化出来的。二是绿色技术萌生是一个不断创新和试错的过程。研发初期科研人员可能会面临诸多技术难题和挑战,例如,如何提高技术的可行性、降低成本、确保与闽东乡村实际生产生活融合等。然而,正是这些难题和挑战,推动了技术的不断进步和完善。持续的实验和修正,推动了从绿色技术从理论向实践跨越、从实验室走向田间地头。

第二,绿色技术的应用和推广。绿色技术的应用和推广是技术进步驱动闽东乡村生态振兴机制中的关键环节。绿色技术萌生只是起点,绿色技术落地并广泛推广,才能发挥其应有的生态效益和经济效益。闽东乡村生态振兴中的绿色技术应用和推广涉及多个层面和主体。首先,政府发挥着重要的引导作用。政府使用政策工具为绿色技术应用提供有力的支持,资金补贴、税收优惠等激励性政策,势必对乡村企业和农户尝试采用绿色技术产生促动作用。政府还可以强化绿色技术宣传和推广,提升乡村居民对绿色技术的认知度和接受度。其次,科研机构和技术推广机构发挥着关键作用。相关科研主体不仅负责绿色技术的研发和优化,还需要与乡村企业和农户对接,提供技术咨询和培训服务,帮助其更好地理解和应用绿色技术。因而,综合使用技术交流会举办、示范项目带动等方式方法,有助于推动绿色技术在乡村传播和应用。再次,乡村企业和农户是绿色技术应用和推广的重要主体。企业和农户是绿色技术的直接采用者,并且基于长期的生产实践和技术使用感知,较易于为探索和总结出适合当地实际的绿色技术应用模式作出直接贡献,为绿色技术落地生根提供宝贵的经验。

第三,绿色技术的产出与反馈。绿色技术之所以能产生动力,很重要的原因是技术应用能解决生态环境等问题,能带来实实在在的效益。无论是绿色技术应用产生的经济社会效益,还是生态效益,其都是闽东乡村振兴所致力追求的。在这一过程中,绿色技术的产出效益相当于激励了生态建设等正外部性行为,强化了多元主体参与生态环境改善的动机,故而绿色技术产出的反馈机制得以建构。高效产出与及时正反馈势必为下一周期的新技术创新与应用提供能量,绿色技术驱动闽东乡村生态振兴的良性循环得以实现。

(3)技术进步驱动闽东乡村生态振兴的表现形式

技术进步作为闽东乡村生态振兴驱动力的表现形式多样化,绿色农业技术、绿色生活支撑技术、绿色环保技术等主要技术力量的进步驱动了闽东乡村生态振兴。

第一,农业科技进步促进生产空间绿色转型。农业科技进步对闽东乡村绿色发展产生直接影响,从良种培育到绿色种植,从资源循环利用到土壤条件改善,从绿色有机肥使用到智能滴灌与农业喷洒,诸如此类,农业技术力量深层次、全过程介入乡村农业生产,助推农业生产空间绿色化转型,进而推动闽东乡村生态振兴的实现。

第二,绿色生活支撑技术进步助力乡村生活空间绿色升级。绿色生活支撑技术指有助于或维持乡村生活绿色化的技术力量,主要适用于生活场景,诸如新能源技术、数字技术等,凡是对绿色生活起支撑作用的技术即可视为绿色生活支撑技术。乡村生活空间兹事体大,美丽乡村建设、人居环境整治不仅要靠人治,也要善用利用科技力量。一方面,新能源设施设备不断推陈出新,为闽东乡村生态空间绿色升级提供了强大技术保障。新能源汽车、新能源照明等,既满足了乡村生活需要,也实现了乡村生活品质提升;另一方面,现代智能技术成为乡村生活空间净化美化的利器。无论是智能垃圾分类与清运,还是乡村人居环境监控巡查等,绿色生活支撑技术的介入无孔不入、无处不达。可以说,进阶的绿色生活支撑技术是乡村社会生态系统的"听诊器""治疗仪",是乡村生活空间净化美化的法宝。

第三,绿色环保技术推动乡村生态空间品质提升。乡村生态空间的韧性和环境承载力需要借助科技力量,绿色环保技术成为推动乡村生态空间品质升级的主要依靠力量。自然生态系统是神奇而又深奥的,人类活动的无节制扩展与技术滥用,易异化乡村生态空间,致使灾害频发、乡民身心健康受损。绿色环境保护技术就如同一剂良药,对症下药似的抚慰生态系统之殇,绿色环保技术支持的水质、土壤监测与改善守护着乡村生态空间的基底,绿色环保技术支持的生态修复与提升实现了生态空间从内到外的品质提升。

(二)压力

1. 环境污染压力

环境污染是闽东乡村生态振兴进程中的核心挑战,直接关系到乡村社会生态系统的稳定与健康发展。深入剖析环境污染的本质、来源及其在闽东乡村的具体表现,对于理解这一压力的作用机理和驱动力至关重要。

环境污染是由于人类活动产生的有害物质进入自然环境,导致环境质量的恶化。土壤、水体和大气等方面的污染是闽东乡村环境污染的构成部分。土壤污染往往源于农业生产中化肥、农药的过量使用,以及畜禽养殖废弃物的不当处理。这些化学物质在土壤中积累,不仅影响土壤肥力,还可能通过食物链进入人体,危害居民健康。水体污染则主要来自农业废水、工业废水以及生活污水的排放,这些污染物导致水体富营养化,破坏了水生生态系统的平衡。大气污染则与乡村工业排放、农业秸秆焚烧等活动密切相关,严重影响空气质量和居民呼吸健康。

在闽东乡村生态振兴过程中,环境污染压力通过一系列复杂的机制进行传导。首先,环境污染直接影响了乡村居民的生活质量和健康状况。居民们面临着水源污染、空气污染等问题,这些问题直接威胁到他们的日常生活和健康。这种负面影响引发了居民对环境污染的关注和担忧,进而形成了社会舆论压力。其次,环境污染也对乡村经济产生了制约作用。农产品品质下降、市场竞争力减弱等问题导致了农民收入的减少,进而影响了乡村经济的可持续发展。这种经济压力反过来又加剧了环境污染问题,形成了恶性循环。再次,辩证地看,压力即动力,环境污染压力如同一股巨大的推动力,促使乡村社会生态系统进行自我调整和优化。面对环境污染的压力,乡村居民、政府和相关机构不得不共同面对并寻求解决方案。

一是环境污染压力引发了乡村居民对环保问题的关注和思考。环境污染问题是一个与乡村居民密切相关的问题,关乎村民的生存发展,关乎每个人的身心健康,影响广泛而深远。高相关性致使每一个人无法置身事外,环境焦虑推动环境反思与环境保护,从而促进个体参与到环境污染压力纾解过程中来,这也相当于从微观层面做了一种思想准备和行动动员。二是环境污染压力促使政府和相关机构加强环保工作。政府是公共服务的提供者和保障者,生态环境是最公平最重要的民生福祉,为了履行政府职责,化解环境污染压力，政府统筹出台环境保护政策措施、加大环境污染监管和治理力度也是应势而为之举。为了共同的生态利益，相关环保组织也会积极参与进来，共同应对环境污染压力。

2. 自然资源过度开发压力

自然资源过度开发压力是闽东乡村生态振兴过程中面临的主要压力。自然资源过度开发压力本质在人类对自然资源的无序、过度利用，导致资源储备迅速减少和生态系统失衡，乡村自然资源过度开发，势必引发人们对乡村社会生态系统可持续的关注[114-115]。

第一，自然资源过度开发压力的产生源于多重因素的交织作用。闽东地区乡村经济长期依赖自然资源，特别是森林、矿产和水资源等。随着城市化推进和经济发展，资源需求急剧上升，但资源管理和监管机制却相对滞后，无法有效应对这种变化，导致供需矛盾日益突出，一些乡村居民和企业为追求短期经济利益，往往倾向于过度开发和利用自然资源。政策制度不完善、监管力度不足以及环保意识的缺失，也给过度开发埋下了隐患。部分乡村居民和企业往往缺乏环保意识和可持续发展观念，忽视资源保护和生态平衡的重要性，这进一步加剧了自然资源的过度开发。

第二，自然资源过度开发压力对闽东乡村社会生态系统的影响是一个复杂而多维的过程。自然资源过度开发压力不仅直接冲击乡村自然资源储备和生态环境，而且间接影响乡村社会的经济、文化和社会结构，从而对整个生态系统产生深远影响。其一，自然资源过度开发导致资源储备迅速减少，给乡村经济带来资源枯竭的威胁。闽东地区长期以来依赖自然资源支撑经济发展，过度开发使得这些资源在短期内大量消耗，难以为继。这不仅限制了乡村经济的可持续发展潜力，还加剧了社会经济发展的不平衡性，使得乡村地区在资源利用和经济发展上陷入困境。其二，过度开发对生态平衡和生物多样性造成了严重破坏。闽东地区的生态系统原本丰富多样，但过度开发使得森林被砍伐、矿产被挖掘、水体被污染，导致生物栖息地丧失、物种数量减少。这种破坏不仅影响了乡村居民的生活质量,使得他们失去了清新的空气、干净的水源和美丽的自然景色,还给整个生态系统的稳定性和可持续性造成了威胁。生态系统的失衡将进一步加剧自然灾害的频率和强度,给乡村社会带来更大的安全风险。其三,自然资源过度开发还引发了一系列社会问题和矛盾。土地纠纷是其中的一个重要方面,过度开发往往导致土地资源的紧张,使得土地权益问题成为乡村社会的焦点。环境污染也是过度开发的直接后果,废水、废气、废渣等污染物的排放严重破坏了乡村的生态环境,影响了居民的健康和生活质量。这些问题的存在不仅加剧了社会矛盾和不稳定因素,还进一步制约了乡村生态振兴的进程。

第三,自然资源过度开发压力在闽东乡村生态振兴动力传导机制中发挥着重要作用。这自然资源过度开发压力不仅触及了资源供应、生态平衡和经济发展等多个方面的核心问题,还通过一系列复杂的传导过程,最终转化为推动乡村生态振兴的驱动力。首先,自然资源过度开发压力倒逼乡村社会转变发展方式,推动产业转型升级。面对资源枯竭和生态恶化的严峻现实,乡村居民和企业开始深刻反思传统资源利用模式和经济发展路径。人们逐渐认识到,只有转变发展方式,才能实现长期的可持续发展,从而开始积极探索更加环保和可持续的产业发展方向,如生态农业、乡村旅游等新兴产业,推动乡村产业结构的优化和升级。其次,自然资源过度开发压力重塑了乡村居民的行为方式,增强了其的节约意识和环保意识。在资源日益紧张的背景下,乡村居民开始更加珍惜和节约资源,减少浪费,也更加注重生态环境保护,并愿意积极参与生态修复和环境保护活动。行为方式的转变不仅有助于缓解资源压力,也有助于提升乡村社会整体的生态文明水平。再次,自然资源过度开发压力促使政府加大介入力度,推动资源保护和可持续发展。政府通过制定和实施一系列资源有偿使用、禁限制政策,加强对资源开发和利用的监管和管理,推动乡村生态振兴进程;通过对生态修复和环境保护的持续投入,为乡村社会可持续发展提供有力保障。在压力传导与转化的过程中,闽东乡村社会生态系统也会随之经历一系列深刻的嬗变。这种嬗变不仅体现在产业结构、居民行为方式等方面,也体现在整个乡村社会的思想观念和发展理念上。压力经过传导和转化,最终汇集成为推动闽东乡村生态振兴的强大驱动力。

3. 城镇化扩展压力

城镇化扩展压力,作为闽东乡村生态振兴过程中不可忽视的外部力量,其蕴含了城乡发展的不平衡以及人口、资源、产业在城乡之间的重新配置。对闽东乡村而言,城镇化扩展压力既意味着机遇,也伴随着挑战,势必对乡村生态振兴进程产生深远影响。

第一,城镇化扩展压力的表现形式。城镇化是现代化进程中的必然趋势,它意味着人口、资本、技术等生产要素向城市集聚,城市规模不断扩大,功能不断完善。然而,城镇化过程中,乡村地区往往面临着人口流失、土地资源减少、产业结构单一化等问题,各方面要素易于被城市虹吸,以及城镇化负面效能外溢,诸如环境污染向周边乡村扩散等,从而形成城镇化扩展对乡村发展的压力。城镇化扩展压力在闽东乡村的主要表现为:一方面,随着城市化的推进,一些农村土地被征用,用于城市建设和工业发展,导致乡村土地资源的减少和碎片化。这不仅影响了农业生产的规模化经营和现代化转型,也限制了乡村生态空间的保护和拓展。另一方面,城乡之间的收入、社会福利和生活习俗之间的巨大差异导致乡村劳动力流向城市,[116]乡村劳动力大量流失,特别是青壮年劳动力的外流,致使乡村社会结构的空心化和老龄化问题加剧,进而引发乡村文化流失、土地荒废等一系列问题,[117]这不仅削弱了乡村经济发展的内生动力,也增加了乡村生态保护和治理的难度。

第二,城镇化扩展压力产生的根源。城镇化扩展压力的产生,其核心根源在于城乡发展的不平衡性。这种不平衡性并非一蹴而就,而是经过历史积淀和政策导向演变逐渐形成的。首先,历史原因在城乡发展不平衡中扮演了重要角色。在过去的岁月里,闽东地区的城市发展得到了更多的关注和资源投入,无论是基础设施建设、教育资源分配,还是产业政策的倾斜,都使得城市得以快速发展。而乡村地区则往往被忽视,缺乏必要的支持和投入,导致其发展滞后。其次,政策导向失偏加剧了城乡发展的不平衡。在特定的历史时期,为了快速推动工业化进程和城市化水平,政策往往更加倾向于支持城市的发展。这种政策导向的偏向易导致乡村地区在资源分配、资金投入等方面处于不利地位,难以吸引产业要素流向乡村地区。再次,全球化深入和市场化发展进一步加剧了不平衡性。某种程度上,全球化进程加剧了对乡村发展的挤压,乡村与城市都面临着更加激烈的竞争。然而,由于乡村地区在经济基础、产业结构、人口素质等方面的弱势地位,往往难以应对这种竞争压力,从而陷入更加被动的困境;并且市场化的发展也使得资源更加倾向于流向效益更高的地区,进一步加剧了城乡发展的不平衡。

第三,城镇化扩展压力产生的内在逻辑。城镇化扩展压力的产生,其内在逻辑在于城乡发展的互动关系。这种互动关系既包括了资源、人口等要素的流动,也包括了产业结构的调整和发展模式的转变。其一,城市化进程中的产业升级和人口集聚等因素使得乡村地区的资源和人口向城市流动。随着城市化水平的提高,城市产业结构不断优化升级,吸引了大量乡村劳动力涌入城市寻找更好的就业机会。城市基础设施建设和公共服务水平的提升也吸引了乡村人口的流入。这种流动使得乡村地区的资源更加匮乏,人口结构也随之发生了剧烈变化。其二,乡村地区在城市化进程中往往缺乏必要的支持和引导,逐渐陷入发展困境。由于缺乏有效的政策支持和资金投入,乡村地区的产业结构往往难以调整升级,经济发展滞后。乡村地区基础设施建设和公共服务水平相对落后,难以满足人民群众的需求。这种困境使得乡村地区在应对城镇化扩展压力时显得力不从心。大多数闽东乡村地理位置偏远、经济基础薄弱,乡村地区在城市化进程中往往处于被动地位,难以有效吸引外部资源和资金,也难以形成自己的发展优势,乡村区域的弱势地位导致其在应对城镇化扩展带来的挑战时更加困难。

第四,城镇化扩展压力对闽东社会生态系统的影响。城镇化扩展压力对闽东乡村社会生态系统具有深远的影响,既体现在对人口、土地、产业等要素的配置和流动上,也体现在对乡村生态系统结构和功能的影响上。首先,城镇化扩展压力导致土地资源减少和碎片化。随着城市化进程的推进,一些农村土地被用于城市扩张和工业发展,土地利用方式的改变使得乡村地区的土地资源日益紧张,土地碎片化现象也愈发严重;土地作为乡村区域的最重要的资源,乡土土地的承压不仅限制了农业生产的规模化发展,也影响了乡村生态系统的稳定性和完整性。其次,人口流失和老龄化问题加剧了乡村社会的萧条和生态环境的恶化。在城镇化扩展压力下,大量青壮年劳动力离开乡村前往城市,导致乡村人口结构失衡,老龄化问题日益突出。这种人口流失使得乡村社会的活力下降,经济发展动力不足。由于缺乏足够劳动力,乡村地区生态环境也面临着日益严重的破坏和污染问题,乡村局域社会生活子系统与自然生态子系统稳定性可能持续性下滑。再次,城镇化扩展压力影响了乡村地区的产业结构和发展模式。为了应对外部竞争和挑战,乡村地区开始寻求产业结构调整和转型升级。然而,由于缺乏有效的指导和支持,焦虑下的产业盲动,使得一些乡村地区甚至为了追求短期经济效益而忽视了生态环境保护和可持续发展的长远利益,导致生态问题日益突出,致使乡村局域社会生态系统陷入紊乱甚至功能退化。

第五,城镇化扩展压力的传导转化。城镇化扩展压力经过一系列复杂的传导转化,在闽东乡村生态振兴的系统工程中施加重要影响。其一,在土地资源不断减少和人口流失的双重压力下,乡村地区逐渐认识到,生态保护和可持续发展已不再是选择题,而是必答题。为了回应这些挑战,乡村地区开始主动探索生态振兴的新路径,以期在经济社会发展中寻求新的增长点。他们也不再满足于传统的发展模式,而是积极寻求创新,努力在保护生态的同时,推动乡村经济的繁荣和社会的进步。其二,城镇化扩展压力如同一股洪流,推动乡村地区产业结构调整与转型升级。在外部竞争与挑战的裹挟下,乡村地区勇于求新变革,大力发展生态农业、乡村旅游等新兴产业。这些新兴产业不仅为乡村地区带来了可观的经济效益,也在无形中促进了生态效益的提升。其三,城镇化扩展压力重塑乡村生态振兴格局,优化资源配置。在这一过程中,政府、企业和社会组织等多元主体发挥了关键作用。政府通过制定相关政策、提供资金支持等手段更好统筹协调城乡发展,积极引导乡村地区走向生态保护和可持续发展之路,进而引导促进企业资源和社会力量流入闽东乡村地区。这些主体之间的互动和合作,共同塑造了城镇化扩展压力下闽东乡村生态振兴的压力传导和转化,从而化被动为主动,助力乡村走出困境,开创乡村生态建设新局面。

4. 乡村治理体系生态化不足压力

乡村生态化治理体系是一个以绿色发展发展为指引,以推进乡村生态全面振兴为主要任务,以促进人与自然和谐共生为主要目的的综合性协调控制体系。乡村治理体系生态化不足,作为一种人文视阈中深层次的结构性压力,对闽东乡村生态振兴产生显著影响。

第一,乡村治理体系生态化不足压力的本质与缘由。乡村治理体系生态化不足的本质在于治理理念与治理能力在一些地方一些时候跟不上生态优先、绿色发展的时代要求。在一些闽东乡村,传统治理理念往往侧重于经济增长和社会稳定,而相对忽视生态环境保护和可持续发展。理念上的偏差导致在决策和实践中,往往缺乏对生态环境的充分考量和长远规划,进而引发一系列生态环境问题。而治理能力欠缺反映的是参与乡村生态化治理的主体难以驾驭和应对闽东生态振兴的一系列挑战或问题。究其原因,主要有以下几点:一是生态治理的技术手段和能力有限。大部分乡村地区往往缺乏先进的生态治理技术和设备,相关人员也缺乏必要的专业技能和知识,导致在生态治理方面难以取得实质性进展。技术能力不足限制了乡村治理体系生态化构建。二是生态治理的体制机制不健全。乡村治理体系在生态化方面缺乏完善的体制机制保障,如政策制定、执行和监督等环节存在不足。政策制定往往缺乏系统性和前瞻性,难以适应生态环境保护的实际需要;政策执行过程中存在执行不力、监管不到位等问题,导致政策效果大打折扣;以及缺乏有效的监督和评估机制,无法及时发现问题并进行整改。三是乡村治理体系在资源整合和协调方面存在不足。生态治理需要整合多方面的资源和力量,包括政府、企业、社会组织和居民等。然而,一些乡村地区由于资源整合和协调机制不完善,各方力量往往难以形成合力,导致生态治理效果不佳。四是乡村治理体系在应对生态环境风险和挑战方面能力不足。由于治理体系在风险预警、应急响应和长期规划等方面存在不足,难以有效应对生态环境风险和挑战,进一步加剧了治理体系生态化不足压力。五是缺乏有效的宣传教育和培训机制。乡村地区的居民往往对生态环境保护的重要性认识不足,缺乏相关的知识和技能。有效宣传教育和培训机制的缺乏,难以形成村民自觉主动参与的生态化治理群众基础。此外,乡村治理体系往往面临着资源有限、人才匮乏、技术落后等问题,这使得在推广和实践生态化治理时面临诸多困难。

第二,生态化乡村治理体系在闽东乡村社会生态系统中的地位和作用。首先,生态化乡村治理体系是闽东乡村社会生态系统的稳定器。闽东乡村与自然环境相互依存、关系紧密,生态化乡村治理体系能够有效协调人与自然的关系,实现资源合理利用和环境有效保护,进而改善乡村生态空间。生态化乡村治理体系还注重加强环境监管和治理,通过建立健全生态保护机制,严格执法,加大对破坏生态环境行为的打击力度,从而确保乡村社会生态系统的稳定和健康发展。其次,生态化乡村治理体系是推动闽东乡村生态振兴的控制器。闽东乡村地区面临着经济发展与生态环境保护的双重挑战。传统的经济发展模式往往以牺牲环境为代价,导致生态环境恶化,进而影响到乡村的可持续发展。而生态化乡村治理体系则强调绿色发展、循环发展的理念,注重激发乡村居民参与生态保护的积极性,形成全民共治的良好氛围。一个行之有效的生态化乡村治理体系不仅能使生态振兴锚定目标、确保行进方向,还能为乡村生态振兴激发强大的内生动力。再次,生态化乡村治理体系是提升闽东乡村居民生态福祉的安全阀。随着生活水平的提高,乡村居民对优美环境、健康生活的需求日益增强。生态化乡村治理体系能够帮助加强环境整治和美化,提升乡村的整体环境质量。

第三,乡村治理体系生态化不足压力在闽东乡村生态振兴中传导转化。乡村治理体系生态化不足压力在闽东乡村生态振兴中的传导转化,蕴含了压力源起、传导中介过程、转化发生机理等方面进程的发生逻辑。其一,乡村治理体系生态化不足作为一种压力源,其源起在于传统治理模式与生态保护需求之间的不匹配。在闽东乡村生态振兴大背景下,这种不匹配性日益凸显,形成了对乡村社会生态系统的挑战。乡村治理体系进行生态化转型以适应生态振兴的需求,就如同"箭在弦上",以求变之姿响应时代要求。这种转型的过程,就是压力传导和转化的内在逻辑。其二,在压力传导过程中,地方政府、乡村社区、村民个体以及各类社会组织等多元主体,构成了传导的中介。这些主体在感知到乡村治理体系生态化不足的压力后,通过政策制定、项目实施、宣传教育等方式,将压力转化为实际行动。例如,地方政府可能出台相关政策法规,推动生态化治理;乡村社区可能组织生态环保活动,提升居民环保意识;村民个体可能通过改变生产生活方式,减少对环境的破坏。这些行动共同构成了压力传导的中介过程。其三,乡村治理体系生态化不足压力转化,主要依赖于治理理念的创新、治理能力的提升以及治理结构的优化。通过引入生态化治理理念,乡村治理者能够重新认识乡村社会生态系统的价值,从而转变传统的治理模式;通过提升治理者的专业技能和知识,加强环境监管和治理能力,能够有效应对生态环境问题;通过优化治理结构,形成政府主导、多元主体参与的共治格局,能够增强乡村治理体系的稳定性和有效性。其四,乡村治理体系生态化不足压力的转化是一个渐进的过程,需要经历多个阶段。初期阶段,可能主要表现为对生态环境问题的认识和重视;随着治理理念的更新和治理能力的提升,逐步进入实践探索阶段,开展一系列生态化治理的实践活动;最终,在治理结构的优化和多元主体的共同参与下实现乡村治理体系的生态化转型,推动闽东乡村生态振兴的持续发展。

(三)状态

状态是指闽东乡村社会生态系统在压力的冲击和影响下,在一定的时间段内,闽东乡村生态振兴所处的状态,涵盖经济社会生态和文化等多方面。

1. 生态系统结构与资源储量

(1)生物多样性

生物多样性是生态系统结构的重要方面,包括动植物种类的丰富程度、特有物种的保护状况以及生态系统的完整性。[118]

第一,生物多样性是生态系统的核心特征,直接反映生态系统的健康状况和功能完整性。在闽东乡村生态振兴语境下,生物多样性的状态呈现是衡量生态振兴成效的重要指标之一。丰富的动植物种类不仅代表了生态系统的活力,也蕴含着乡村生态系统具有更强的稳定性和恢复力。

第二,特有物种保护状况是生物多样性的重要方面。闽东地区拥有一些独特的动植物物种,这些物种的存在不仅丰富了当地的生物多样性,也具有重要的生态和科研价值,还对整个自然生态系统的稳健性有着重要影响。因此,在乡村生态振兴过程中,加强对特有物种的保护,防止其受到过度开发和环境破坏的威胁,具有重要意义。

第三,生态系统完整性是衡量生物多样性状态的关键因素。区域生物多样性的恢复为保持生态系统功能过程的完整性和稳定性奠定基础,从而决定了区域生态安全格局的可持续性,[119]一个完整的生态系统意味着各种生物群落和生态位之间保持着良好的平衡和互动关系,这种动态平衡有助于维持生态系统的稳定性和持续性。然而,在现实中,由于人类活动的干扰和破坏,闽东乡村生态系统完整性受损害的风险值得关注。

第四,生物多样性在驱动乡村生态振兴中发挥着纽带和桥梁作用。生物多样性状态的变化会对其他状态变量产生影响,进而推动整个系统的变化。例如,当生物多样性水平提高时,生态系统的完整性和稳定性也会相应增强,这将有助于提升土地资源的利用效率,优化土地利用模式。反之,如果生物多样性受到破坏,生态系统的稳定性将受到威胁,可能导致土地退化、水土流失等问题,进而影响到乡村的可持续发展。

(2)土地利用模式

土地利用是人类最基本的活动方式,不同土地利用模式下的土地结构和土地类型组合会呈现出不同的生态系统结构,[120]土地利用模式是生态系统结构的关键呈现,反映了耕地、林地、草地等土地资源的分布和利用效率。

第一,土地利用模式的状态本质是指在特定时间段内,闽东乡村地区土地资源的配置、利用方式及其效率的综合体现。这一状态直接反映了乡村社会生态系统在受到内外部驱动力影响下的现实状况,是评价生态振兴成效的重要指标之一。

第二,在闽东乡村社会生态系统中,土地利用模式的状态具有举足轻重的地位和作用。它不仅关系到土地资源的可持续利用,还直接影响到生态系统的平衡和稳定,进而影响到乡村经济社会的可持续发展。合理的土地利用模式能够优化资源配置,提高土地利用效率,促进生态环境的保护和修复;反之,不合理的土地利用模式则可能导致土地退化、生态破坏等问题,对乡村社会生态系统造成负面影响。

第三,在闽东乡村生态振兴的驱动力传导方面,土地利用模式的状态起到了关键的作用。一方面,政策推动、市场需求等驱动力通过影响土地利用模式的调整和优化,进而推动乡村生态振兴的进程。例如,政府出台的土地利用政策、农业补贴政策等,能够引导农民调整种植结构,发展生态农业,提高土地利用的综合效益。另一方面,土地利用模式的状态变化也会反过来影响驱动力的传导和效果。例如,当土地利用模式更加合理、高效时,能够吸引更多的投资和市场关注,进一步推动乡村经济的发展和生态振兴的进程。

(3)资源储量

资源储量作为生态系统状态的重要指标,反映了乡村社会生态系统在压力冲击和影响下,资源利用和管理的现状。这种状态涵盖了水资源、土地资源和生物资源等多个方面。

第一,水资源、土地资源和生物资源是闽东乡村生态振兴中不可或缺的三大资源储量,其状态直接反映了乡村社会生态系统的健康状况和功能完整性。水量的可持续利用程度与水质状况共同影响着农业生产和居民生活的质量,是乡村生态振兴的基础支撑。土壤肥力和保持能力则是土地资源质量的核心指标,直接关系到土地生产力的维持和生态系统的稳定。生物资源的丰富程度和可持续利用状况则反映了生态系统的完整性和生物多样性,对乡村经济的可持续发展具有重要意义。

第二,资源储量的状态实质上体现了闽东乡村社会生态系统在压力冲击下的响应能力和恢复力。其意蕴在于,资源的可持续利用和保护是乡村生态振兴的核心任务,也是实现经济社会与生态环境和谐共生的关键所在。在闽东乡村社会生态系统中,这些资源储量不仅扮演着物质基础的角色,也是维系生态系统稳定和功能发挥的重要支撑。对其进行合理利用和保护,对于提升乡村居民的生活质量、促进农业可持续发展、维护生态平衡具有不可替代的作用。

第三,资源储量在驱动闽东乡村生态振兴的动力传导方面:一是从发生机理来看,资源储量的状态是触发闽东乡村生态振兴动力的初始因素。当水资源、土地资源和生物资源等储备丰富且可持续利用状况良好时,乡村社会生态系统具备了较强的韧性和恢复力,为生态振兴提供坚实的基础。丰富的资源储量不仅能够满足农业生产和乡村居民生活的需求,还能够吸引外来投资和人才,进一步激发乡村发展的活力。二是从内在逻辑来看,资源储量的状态与生态振兴之间存在着相互依存、相互促进的关系。一方面,资源储量的提升和改善为生态振兴提供了强大的动力支撑。通过加强资源管理和保护,促进资源的可持续利用和生态修复,可以推动乡村生态系统的健康发展和生态功能的完善,进而提升乡村的整体竞争力。另一方面,生态振兴又能够推动资源储量的进一步提升。政策推动、市场需求等动力因素会引导乡村居民和地方政府更加注重资源的保护和可持续利用,通过技术创新和产业升级等手段,提高资源利用效率,实现资源储量的持续增长。三是从传导过程来看,资源储量状态变化在生态振兴动力结构中发挥着持续推动和反馈调节的作用。在生态振兴初期阶段,资源储量现状往往成为制定发展策略的重要依据。资源储量的评估和分析有助于确定生态振兴的关键点位和主攻方向,制定相应的政策和措施。随着乡村社会生态系统的不断演化,资源储量状态也会发生相应的变化,这些变化不仅反映了生态振兴的成效和进展,也为进一步调整和优化行动路线提供依据和参考;资源储量的变化还会通过反馈机制对乡村社会生态系统的动力构成产生影响,向好的资源储量状态有利于促进动力结构和运行逻辑的持续完善和优化,以适应新的发展需求和挑战。

2. 环境质量

环境质量作为"状态"要素的重要组成部分,直接反映了乡村生态系统在外部压力下的响应和内部结构的健康程度。环境质量是实现乡村生态振兴的支撑点,[121]涵盖了空气质量、声环境质量等多个方面,共同构成了闽东乡村环境质量的综合评价,并对生态振兴的驱动力产生影响。

第一,环境质量的蕴意与表征。环境质量是一个综合性的概念,空气质量、声环境质量等方面根本性决定了环境质量水平。空气质量好坏关系到乡村居民的健康状况和生活品质,优质的空气能够让人们呼吸到新鲜的空气,降低呼吸道疾病的发生率,提升居民的整体健康水平。而声环境质量则影响着乡村的宁静与和谐,一个宁静的乡村环境有助于提升居民的生活满意度和幸福感。这些指标的变化不仅能够直观地反映乡村生态环境的现状,还能够揭示乡村生态振兴的成效与问题,为制定针对性的生态振兴策略提供重要依据。

第二,环境质量在闽东乡村生态系统中占据举足轻重的地位,发挥着不可替代的作用。是乡村生态系统健康稳定运行的基石,也是乡村经济社会持续发展的前提保障。首先,从生态系统的角度看,环境质量是维持生态平衡与稳定的关键因素。在闽东乡村,优美的自然环境、清新的空气、洁净的水源等都是生态系统的重要组成部分。这些环境要素共同构成了一个健康稳定的生态系统,为乡村居民提供了宜居的生活空间,也为生物多样性提供了保护伞。当环境质量受到破坏时,生态系统的平衡将受到威胁,进而导致物种减少、生态功能退化等一系列问题。其次,从经济社会发展的角度看,环境质量是乡村经济社会持续发展的重要保障。在当今日益重视环保和可持续发展的时代背景下,优质的环境质量成为乡村吸引外来投资和人才的重要优势。通过改善环境质量,可以提升乡村的整体形象,增强乡村的竞争力,吸引更多的投资和项目落地,推动乡村产业的升级和转型。良好的环境质量也能够促进乡村旅游等绿色产业的发展,为乡村经济注入新的活力。再次,环境质量与乡村居民的身心健康和幸福感紧密相连。改善乡村群众生活环境质量就是实施乡村生态振兴的主要目的之一,[122]一个优美的乡村环境能够让人们感受到自然的美好与和谐,提升居民的生活品质和幸福感。相反,恶劣的环境质量则会对居民的身心健康造成负面影响,降低生活质量,甚至引发社会不满和冲突。

第三,环境质量在闽东乡村生态中的动力传导。环境质量的动力传导是一个复杂而微妙的过程,它涉及多个方面的相互影响,涉及正向反馈和负反馈等多种机制的相互作用。正向反馈机制推动着乡村生态的积极变化和发展,而负反馈机制则确保这些变化在可控范围内进行,防止系统偏离平衡状态。这些机制共同塑造了乡村生态振兴的动力系统,推动着整个系统的运行和发展。一方面,正向反馈机制在环境质量提升过程中起到了关键作用。当乡村环境质量得到改善时,如空气质量的提升、水源的清洁度增加等,这些积极的改变会进一步促进乡村生态系统的健康和稳定。高水平环境质量能吸引更多的外来投资和人才,推动乡村产业的升级和转型,从而带来经济效益的提升;优质的环境也会增强乡村居民的归属感和幸福感,进一步促进乡村社会文化的繁荣。正面效应通过正向反馈机制不断放大,形成一个良性循环,推动乡村生态振兴。另一方面,负反馈机制在乡村生态振兴中也发挥着重要作用。当环境质量出现恶化趋势时,会激活负反馈机制运行,负反馈的迅速启动有助于减缓或纠正这种恶化趋势。例如,当乡村环境污染严重时,负面效益的显现和扩散势必对各相关主体产生刺激,进而激活负反馈机制,推动相关主体采取行动,政府会更加积极地加强环保监管,加大环境治理力度,以遏制污染的进一步扩散;居民大概率通过减少污染行为、参与环保活动等方式来响应政府的号召,共同维护乡村环境的健康。这种负反馈机制的存在使得乡村生态系统能够在受到冲击时迅速恢复平衡,保持其稳定性和可持续性。在动力传导过程中,正向反馈和负反馈机制相互作用、相互制约,共同维持着乡村生态系统的平衡和发展。

3. 经济社会可持续性

经济社会可持续性是乡村生态振兴内涵的重要体现,[123]闽东乡村社会生态系统的经济社会可持续性状态意义重大、影响深远。

第一,经济社会可持续性的内涵。经济社会可持续性在闽东乡村生态振兴中占据核心地位,强调经济发展与生态保护间的和谐共生,而非简单的对立关系。其一,经济发展与生态保护的协调性是经济社会可持续性的重要体现。闽东乡村经济发展与生态保护的协调性应该表现为一种全过程、全方面、全要素的协调,只谈环境保护,不管经济民生不是协调;只有经济发展,忽视环境保护也不是协调,乡村社会积极寻求绿色发展,致力实现经济效益和生态效益双赢才是真正意义上的协调。其二,居民生活水平与生态环境满意度提升是经济社会可持续性的重要标志。自然生态系统自在演化并伴随低质量生活水平,不是现代意义上的经济社会可持续;穷尽物质奢华伴随自然生态系统失调,也不是生态文明社会的价值追求。唯有让身处社会生态系统中的乡村居民拥有进阶的绿色化高质量生活、真切对生态环境产生满意,乡村经济社会才能行稳致远。

第二,经济社会可持续性在闽东乡村生态振兴动力系统中的传导机理。在闽东乡村生态振兴的动力系统中,经济社会可持续性不仅是一个核心理念,也是催生驱动动力的关键因素。其传导机制通过一系列复杂的相互作用和反馈过程,将绿色、循环、低碳的发展理念转化为具体的行动和成果,从而推动乡村生态振兴的深入实施。首先,经济社会可持续性是"黏合剂"。经济社会可持续表达了一种乡村生态建设的非零和博弈,其如同一种无形的力量,将乡村发展的各个要素紧密地黏合在一起,形成一股强大的合力,共同推动乡村生态振兴的进程。这种黏合作用体现在多个方面:促进乡村经济、社会、生态三大系统的深度融合,使得乡村发展不再是孤立的、片面的,而是呈现出一种全面、协调、可持续的新态势;可持续的经济社会通过激发乡村居民的参与意识和责任感,将其智慧和力量汇聚到生态振兴的伟大事业中来,形成了人人参与、共建共享的生动局面;可持续经济社会将政府、企业、社会组织等多元主体紧密地联系在一起,形成了一种协同共治的新格局,各方力量在黏合下,共同为乡村生态振兴贡献智慧和力量,推动乡村发展不断迈上新台阶。其次,经济社会可持续性是"放大器"。良好的经济社会基础犹如生态建设之花的肥沃土壤,可持续的预期增强了各主体的行动力量,拓展了实践行动的舞台。经济社会可持续性的驱动体现在对乡村生态振兴成效的倍增效应上,其如同一个高效的扩音器,将每一个积极的生态行为、每一项创新的生态技术都最大化,从而产生了显著的聚合效应;乡村居民从可持续的经济社会中获得红利,倍加珍惜乡土空间的回馈,这种转变使得生态振兴的成果得以在乡村社会中广泛传播和复制,进而形成一种良性的循环;携带社会资本的多元主体也从可持续的经济社会中获利,势必吸引更多的社会资本投入乡村生态振兴,这些资源的叠加与协同互促,勾勒出乡村生态振兴的无限可能。再次,经济社会可持续性是"孵化器"。一方面,经济社会可持续性助力新思想、新技术、新模式孕育。经济社会可持续的乡村空间为新的生态理念提供了优厚的条件,生态理念在社会沃土的可持续滋养下,逐渐转化为乡村居民的实际行动。引领农民们尝试新的农业技术、企业探索绿色生产方式,乡村社会追求可持续发展的氛围将更加浓厚。另一方面,经济社会可持续为新技术的推广和应用提供温床。随着科技进步,越来越多的生态友好型技术被研发出来,但如果没有一个良好的社会环境去接纳和推广这些技术,它们将很难真正发挥作用。而经济社会可持续性正是这样一个环境,鼓励创新、支持实践,使得新技术能够在乡村生态振兴中孵化并发挥出应有的潜力。

4. 文化的生态化参与

(1)文化的生态化参与的内涵与表征

文化的生态化参与表明了一种文化在乡村社会生态系统中的状态,蕴涵了在乡村生态振兴过程中,注重地方文化的传承与创新,将文化元素融入生态保护与经济发展的各个环节,实现文化与生态的和谐共生。这种参与方式不仅丰富了生态振兴的内涵,也提升了乡村文化的价值。

闽东乡村生态振兴进程中文化的生态化参与表现为多个方面。首先,乡村保留了独特的地方文化,如传统建筑、民俗活动、民间艺术等,文化的生态化参就是要让这些文化元素在生态振兴中得到有效保护和传承。其次,文化与其他产业融合发展是文化生态化参与的又一重要方面,主要表现为文化元素融入生态旅游、生态农业等产业中,加速文化多业态融合从而助推生态产业的发展;乡村居民和社会组织积极参与到文化生态化实践中,通过文化活动、教育宣传等方式提升乡村文化的影响力。

(2)文化的生态化参与在闽东社会生态系统的作用机理

文化的生态化参与在闽东社会生态系统中发挥着重要作用。首先,文化的生态参与有助于提升乡村社会对绿色发展的凝聚力和向心力。文化生态化参与蕴含了传承和弘扬乡村地方文化,尤其是文化的生态化创新有助于形成关于乡村生态建设的认同感和使命感,进而增强社会的稳定性和和谐性,从而助力乡村绿色发展。其次,文化的生态化参与能够促进乡村经济的多元化发展。文化参与乡村生态建设进程,使得文化得以淬炼创新,衍生出更多文化元素或文化产品,这不仅能直接促进乡村文化产业的发展,而且在这种生态化参与的文化多维互动构建中,"文化+旅游""文化+生态农业""文化+乡村手工业"等新兴复合型业态能够推动乡村经济多元化发展。再次,文化的生态化参与还有助于提升乡村居民的生活质量。自然环境保护与修复为乡村生活品质为乡村空间披上了绿色亮丽的外衣,而文化生态化参与综合了生态知识传授、生态素养提升、生态意识文明等,让乡村空间有了绿韵充盈的内在,使乡村居民的精神文化生活得到丰富和提升。

(3)文化的生态化参与在闽东乡村生态振兴动力系统中的驱动机制

在闽东乡村生态振兴动力系统中,文化的生态化参的驱动机制的形成遵循了文化社会影响与输出的基本逻辑,文化要素向乡村社会生态系统的各方面的浸润传导以至驱动乡村生态振兴的发展,主要表现为:其一,文化的生态化参与通过温润人心而润滑闽东乡村生态振兴动力系统。文化是认知的升华,是信仰的结晶,是乡村生态振兴动力系统的润滑剂,文化的生态化参与是文化反哺熏陶温润人心,凝聚共识、汇集动能的过程,文化尤其是生态文化对乡村社会生态系统每个角落每一个生态建设参与主体的渲染,从深层次向度上集聚起乡村生态振兴的能量。其二,文化的生态化参与通过感化行为而调校闽东乡村生态振兴动力系统。文化即行为文化,也能感化行为,文化的生态化参与对生态振兴多元主体的感化,能够适时引导行为方向,纠偏行为失范,强化行为动机,深度而全方面调校闽东乡村生态振兴系统的动力马达,使之平稳高效地运行。其三,文化的生态化参与通过文化成果输出而耦合乡村生态建设转化产出。文化的扩散影响与对行为的感化,势必产生文化运行后的成果输出,文化的生态化参与体系下的文化成果诸如生态文化理念结晶、文化创意产品、乡村文化标识性产物等,其本身就吻合了乡村生态振兴的价值追求,文化参与的文化产出某种意义上就是乡村生态建设转化产出的一部分,这种耦合式转换输出成就了文化生态参与的驱动传导驱动乡村生态振兴的高效能。

(四)影响

在闽东乡村生态振兴中,"影响"蕴含着乡村生态环境改善或恶化所带来的多方面、多层次的影响,主要包含四个方面:乡村生态系统韧性、乡村生产方式转变与产业结构调整、乡村生活品质提升与方式改变、乡村生态文化的融入与创新。

1. 乡村生态系统韧性

乡村生态系统韧性作为影响的重要组成部分,不仅关系到乡村生态安全的维系,也是影响闽东乡村生态振兴可持续发展的重要因素。

(1)乡村生态系统韧性的内涵与表征

生态韧性表达了系统具有持续抵抗外界变化和扰动的能力,减轻外界影响,并使人口和状态变量的关系保持不变。[124]乡村生态系统韧性是指在面对内外部干扰和压力时,乡村生态系统所表现出的自我调整、恢复和适应的能力。闽东乡村生态系统韧性不仅体现在生态系统的物理结构和生物组成上,还反映在生态系统的功能维持和服务提供能力上。具体来说,乡村生态系统韧性包括生态系统的稳定性、恢复力和适应力三个方面。稳定性是指生态系统在面对干扰时能够保持其结构和功能的连续性,生态系统的稳定是乡村生产生活的基本前提;恢复力蕴含了生态系统在受到破坏后能够迅速恢复到原有状态的能力,具有韧性的生态系统能够承载外界的冲击并可进行必要的修复;适应力则是生态系统在环境变化中能够进行自我调整以适应新条件的能力,高适应力水平的乡村空间更具兼容性,也更具可持续性。

乡村生态系统韧性的表征多种多样,包括但不限于生物多样性的保持、土壤和水资源的健康状况、自然灾害应对能力等。这些表征不仅反映了生态系统的当前状态,也预示着其未来的发展趋势。乡村生态系统韧性意蕴深远,它关乎乡村社会的可持续发展、农业生产的稳定性以及居民生活质量的提升。一个具有韧性的乡村生态系统能够为乡村社会提供稳定的生态服务,保障农业生产的顺利进行,同时提升居民的生活质量。

(2)乡村生态系统韧性对闽东乡村社会生态系统的影响

乡村生态系统韧性对闽东乡村社会生态系统的影响是多方面的。一个具有韧性的生态系统能够更好地抵御自然灾害的冲击,减少灾害损失,保障乡村社会的安全稳定。一方面,生态系统韧性提升有助于维持生态系统的稳定性和健康状态,为农业生产提供良好的生态环境,促进农业可持续发展。此外,乡村生态系统韧性还能够增强生态系统的服务功能,如提供清新的空气、洁净的水源等,提升乡村居民的生活质量。另一方面,乡村生态系统韧性提升能够推动乡村社会生态系统的整体优化。通过加强生态保护与修复工作,提升生态系统的韧性,为乡村产业要素的聚集和调整创造时空,进而推动乡村产业结构升级。

(3)乡村生态系统韧性对闽东乡村生态振兴的动力传导机制

其一,内在逻辑。乡村生态系统韧性的提升与闽东乡村生态振兴之间存在着紧密的内在逻辑。一方面,生态系统韧性的增强是生态振兴的重要目标之一,意味着乡村生态系统在面对内外部干扰时能够保持其结构和功能的稳定性,从而为乡村社会的可持续发展提供坚实的生态基础。另一方面,生态振兴的过程进一步促进生态系统韧性的提升。通过生态修复、保护和管理等措施的实施,乡村生态系统的结构和功能得到恢复和改善,进而增强其韧性。这种内在逻辑使得乡村生态系统韧性与生态振兴相互促进,共同发展。

其二，发生机理。乡村生态系统韧性对闽东乡村生态振兴的动力传导主要通过以下几个方面发挥作用。一是内生动力激发。面对生态系统破坏和退化的问题，乡村居民和社会组织深刻意识到保护生态环境的重要性，积极寻求解决方案，参与生态修复和保护工作，这种内生动力是推动生态振兴的原动力。随着生态系统韧性的提升，乡村居民的生活质量得到改善，进一步增强了他们参与生态振兴的积极性和主动性。二是外部资源引入。一个具有韧性的乡村生态系统能够吸引更多的外部投资和支持。外部投资者看到乡村生态系统的潜力和价值，愿意投入资金和技术支持生态振兴项目。这些外部资源的引入为乡村生态振兴提供了强大的物质和技术保障，推动了乡村产业的升级和转型。三是政策焦点调节。在闽东乡村生态振兴的过程中，政策的制定与调整并非一成不变，而是随着生态系统面临的主要问题和主要矛盾的发展变化而灵活调整。政府作为政策制定的主体，乡村生态系统的实际情况和需求是其关注的焦点，因事、因时、因地制宜地制定和实施相关政策，确保政策的适切性和有效性是政府职责之所在。例如，在生态系统遭受严重破坏的时期，政府可能更加注重生态修复和保护，制定并实施一系列严格的环保政策。而当生态系统逐渐恢复稳定后，政策焦点可能转向生态产业的培育和发展，以推动乡村经济的绿色转型。

2. 乡村生产方式转变与产业结构调整

在闽东乡村生态振兴的进程中，乡村生产方式转变与产业结构调整作为DPSIR模型中的影响环节不仅是对前期驱动力、压力、状态变化的直接响应，也是推动乡村生态振兴持续发展的重要动力要素。乡村生产方式转变与产业结构调整影响深远而广泛，涉及乡村生态系统的各个方面，对于闽东乡村生态振兴的动力传导机制具有重要作用。

（1）乡村生产方式转变与产业结构调整的内涵与表征

乡村生产方式的转变是乡村生态振兴的重要内容之一。自然生产的性质和特征在根本上取决于生产方式,[125]社会生态系统的结构分析应该触及社会生产方式以及相应的生产关系与生产力,[126]传统上,闽东乡村的农业生产以粗放型为主,依赖化肥、农药等大量投入,不仅生产效率低下,而且对环境造成了严重破坏。随着生态理念的深入人心和生态文明建设的推进,闽东乡村探索农业生产方式转变。这种转变的表征主要体现在以下几个方面:一是农业生产技术的创新与应用,如精准农业、智能农业等技术的推广,提高了农业生产效率,减少了资源消耗;二是农业废弃物的资源化利用,如畜禽粪便、农作物秸秆等的循环利用,变废为宝,降低了环境污染;三是农业产业链的延伸与拓展,如发展农产品加工业、乡村旅游业等,丰富了乡村经济业态。乡村生产方式转变不仅是农业生产技术的革新,也是农业生产理念的根本转变,强调人与自然的和谐共生,追求经济效益、社会效益和生态效益的统一,为乡村生态振兴提供了有力的支撑。

产业结构调整是乡村生态振兴的又一重要方面,乡村生态振兴促进乡村产业结构调整,而产业结构调又会对乡村社会产生一系列作用。[127]传统的乡村产业结构单一,主要以农业为主,缺乏多元化的经济支撑。随着乡村生态振兴的推进,闽东乡村开始积极调整产业结构,推动一、二、三产业的融合发展。这种调整的表征主要体现在:一是农业内部结构的优化,如特色农业、生态农业发展等;二是新兴产业的培育与发展,如乡村旅游、休闲农业等,为乡村经济注入了新的活力。产业结构调整的意蕴在于,其打破了传统乡村经济的局限,推动了乡村经济的多元化发展,增强了乡村可持续发展能力。

(2)乡村生产方式转变与产业结构调整对闽东乡村社会生态系统的影响

乡村生产方式转变与产业结构调整对闽东乡村社会生态系统的影响是全方位的。首先,在生态维度上,乡村生产方式转变与产业结构调整标志着乡村从传统的资源消耗型生产模式向绿色循环型生产模式的跨越,有助于降低农业活动对生态的负面影响,在深层次上重塑乡村生态系统的平衡与和谐,使乡村成为自然与人类共融共生的生态空间。其次,在经济维度上,生产方式的转变与产业结构的调整推动乡村经济从传统农业向现代农业、特色产业转型升级。由此,乡村经济活力得以释放,从而铸造乡村经济绿色发展新引擎。再次,在社会文化维度上,乡村生产方式转变与产业结构调整引领乡村社会的深刻变革,不仅推动了乡村居民生活条件与生活质量的提升,也促进了精神层面的乡村文化传承与创新,使乡村社会成为充满活力与创造力的文化高地。

(3)乡村生产方式转变与产业结构调整对闽东乡村生态振兴的动力传导机制

乡村生产方式转变与产业结构调整在闽东乡村生态振兴的动力系统中扮演着重要的角色。其通过一系列内在逻辑、发生机理和传导过程,形成了推动乡村生态振兴的强大动力链。

首先,从内在逻辑上分析,乡村生产方式转变与产业结构调整是乡村生态振兴的必然要求,是生态文明建设与乡村发展相融合的必然选择。随着乡村生态建设实践的深入,传统农业生产方式和产业结构已难以适应新时代乡村发展的需求。因此,推动生产方式的绿色化、循环化和产业结构的高级化、多元化,是实现乡村生态振兴的关键所在。

其次,在发生机理层面,政策引导、市场需求和技术创新等因素共同构成了推动乡村生产方式转变与产业结构调整的重要力量。政府通过制定一系列政策,为乡村生态农业发展提供了有力保障;市场需求的不断变化则推动着乡村产业结构向更高层次、更宽领域发展;而技术创新则不断为生产方式和产业结构的调整提供新的可能性和动力。

再次,从传导过程来看,乡村生产方式转变与产业结构调整通过一系列复杂的相互作用,推动乡村生态振兴的进程。一方面,生产方式转变与产业结构调整通过提升农业生产效率、改善农业生态环境等方式增强了乡村生态系统的稳定性。另一方面,生产方式转变与产业结构调整意味着乡村经济多元化发展,有助于提升乡村经济综合实力;生产方式转变与产业结构调整也驱动了乡村生活形态重塑,从而促进乡村社会的和谐稳定。这些影响相互交织、相互促进,共同推动着闽东乡村生态振兴的进程。

3. 乡村生活品质提升与方式改变

(1)乡村生活品质提升与方式改变的内涵、表征与意蕴

乡村生活品质的提升意味着乡村居民在物质文化、生态环境、公共服务等方面的全面改善。这种提升不仅体现在基础设施的完善、生活条件的优化上,也体现在居民精神文化生活的丰富和满足感的提升上。乡村生活方式的改变则表现为居民对绿色、健康、文明生活方式的追求,以及对传统陋习的摒弃。乡村生活品质提升与方式改变的表现形式多元,主要包括:乡村环境质量的提升,如空气质量改善、水体清洁等;公共服务设施的完善,如教育、医疗、文化等资源的均衡配置;居民生活水平的提高,如收入增加、消费结构升级等。这些表征共同构成了乡村生活品质提升与方式改变的外在表现。乡村生活品质提升与方式改变意蕴则在于,乡村生活品质的提升与方式的改变是乡村生态振兴的重要成果,也是推动乡村可持续发展的内在动力,体现了乡村居民对美好生活的追求和向往,也反映了乡村社会生态系统的整体优化和进步。

(2)乡村生活品质提升与方式改变对闽东乡村社会生态系统的影响

乡村生活品质提升与方式改变对闽东乡村社会生态系统产生深远影响。主要表现为:一是重塑了乡村社会子体系风貌。乡村生活品质提升与方式改变是乡村社会现代化发展过程中一种状态,也是闽东乡村生活空间绿色化提升的追求,生活品质提升意味着生活质量的进阶,是乡村社会子系统风貌的改善的直接表现;生活方式包括乡村生活衣食住行等诸多方面的选择和行动方式,蕴涵绿色生活化的生活方式体系化刻画了乡村子系统风貌。二是促进乡村社会生态系统结构调整。系统的演化并非完全由内到外

的单向线性发展,也同时存在从外到内的反馈调整。乡村生活质量水平与生活行动范式大都是乡村社会生态系浅表层的概貌,然而表层属性的改变在长时间的系统反馈交互中势必诱发乡村生态系统内部结构一系列深度调整,包括支撑这种品质生活的物质技术条件的改变,以及支持这种生活方式改变的生产范式的变迁,这种非线性、全通路的乡村社会生态系统演化推动了乡村社会的发展。

(3)乡村生活品质提升与方式改变在闽东乡村生态振兴中的动力传导机制

乡村生活品质提升与方式改变在闽东乡村生态振兴中发挥着重要的动力传导作用。首先,通过提升乡村居民的幸福感和满足感,激发乡村居民参与生态振兴的积极性和主动性。乡村居民在享受更高品质生活的同时,更加关注乡村生态环境的保护和可持续发展,从而成为推动生态振兴的重要力量。其次,乡村生活品质提升与方式改变促进乡村产业结构的优化和升级。乡村居民消费结构升级和生活方式改变意味着乡村社会生态系统要素调整与结构重塑,依托这种深层次的调整,乡村产业向绿色、环保、高效的方向发展便有了更强牵引力。产业结构优化不仅提高了乡村经济的竞争力,也为乡村生态振兴提供了坚实的产业基础。再次,乡村生活品质提升与方式改变推动乡村社会的全面进步和和谐稳定。随着乡村居民生活条件的改善和精神文化生活的丰富,乡村社会的凝聚力和向心力得到了增强。这种社会的和谐稳定为乡村生态振兴提供了良好的社会环境和群众基础。

4. 乡村生态文化的融入与创新

乡村生态文化作为乡村社会生态系统的重要组成部分,不仅为乡村生态振兴提供了丰富的思想资源,也提供了源源不断的内在动力,是乡村生态振兴的"根"与"魂",[128]其融入与创新对闽东乡村生态振兴具有深远影响。

(1)乡村生态文化融入与创新的内涵

乡村生态文化融入与创新是指将生态理念、生态价值观等融入乡村文化体系,并通过创新的方式推动乡村文化的传承与发展。生态文化融入与创新表达了尊重自然、和谐共生、绿色发展等生态理念,强调人与自然的和谐关系以及乡村社会的可持续发展;乡村生态文化融入与创新还体现为乡村居民生态意识的提升、生态行为的普及以及生态产业的发展等方面。乡村生态文化融入与创新是乡村生态振兴的重要动力之一,生态文化的引领和推动有助于激发乡村居民的积极性和创造力,进而驱动乡村社会生态系统持续向优演化。

(2)乡村生态文化融入与创新在闽东乡村生态振兴中的动力传导机制

乡村生态文化融入与创新在闽东乡村生态振兴中发挥着重要的动力传导作用。首先,乡村生态文化融入与创新意味着厚植生态思想,为闽东乡村生态振兴凝聚精神动力。没有生态文化的滋养,乡村生态振兴也就没有了灵魂,难以做到可持续发展,[129]思想是行动的准备,生态文化融入与创新就是从内在精神所做的发动。乡村生态建设不仅是对自然的保护和修复,也不单是物质利益的追逐,而是关于精神文化的深化。在某种意义上,没有生态文化等文化充盈的乡村生态建设是没有灵魂的行动。村生态文化融入与创新就是强化文化认同和价值观转变升级,进而催生乡村生态振兴的内在动力。其次,生态文化融入与创新推动乡村产业结构的调整和升级。闽东乡村特色生态文化向农业领域渗透,丰富生态农业内涵、强化绿色张力、拓展发展空间;生态文化与生态旅游融合,增强了生态旅游特色和吸引力;生态文化与乡村工业深度交融,提升了乡村工业绿色软实力。生态文化的全面渗透和融入推动乡村经济绿色转型和可持续发展。再次,生态文化融入与创新促进驱动美丽乡村建设。生态文化融入乡村生态建设实践也是文化接受行动锤炼的过程,在此期间也可能孕育出新的更高层级的生态文化,实质上也包含了乡村生态文化的创新。可见,乡村生态文化的融入与创新本身就存在内在过程上的逻辑互构,有利于推动生态文化的发展进步,催生出更多新型生态文化的供给,为丰富乡村居民的精神文化生活、提升乡村居民的文化素养和审美能力创造更好条件。生态文化引领下的乡村社会更易塑造和谐、文明、健康的生活方式和社会风尚，兼具内在美和外在美的美丽乡村建设也更加值得期待。

(五)响应

响应是各类主体面对生态环境状况和影响所做的回应。从主要利益相关者的角度看，闽东乡村生态振兴的响应主要包括政府政策调整、村民参与、经济组织支持、社会配合等方面。

1. 政府政策调整

政策是政府的意志体现，也是推动社会发展的重要工具。政府政策调整作为闽东乡村生态振兴的重要响应，在乡村生态振兴动力系统中占据着举足轻重的地位，对乡村生态改善和可持续发展产生深远影响。政府政策调整旨在通过政策手段引导和规范各类主体的行为，推动乡村生态的积极变革。

在闽东乡村生态振兴的背景下，政府政策调整并非简单的政策变动或修补，而是一场深刻的变革，涉及对乡村生态现状的全面审视，对驱动力、压力、状态、影响等各个环节的深入分析，以及对未来发展路径的清晰规划。政府政策调整旨在构建一个更加科学、合理、可持续的乡村生态发展体系。

政府政策调整将诱发闽东乡村社会生态系统一系列深刻调整。乡村社会生态系统是一个复杂的网络，涉及自然、经济、社会等多个方面。政府政策调整作为这个系统中的关键变量，其变化将直接影响到整个系统的运行状态和发展方向。通过政策调整，政府可以引导资源流向，规范市场行为，激发社会活力，从而推动乡村生态的积极变革。

在闽东乡村生态振兴动力系统中，政府政策调整的作用机理主要通过引导作用、规范作用和协调作用传导并驱动乡村生态振兴进程。一是引导作用。政府通过制定一系列政策措施，如生态补偿、税收优惠、资金扶持等，引导社会资本投入乡村生态振兴领域,推动相关产业发展和壮大;政府还通过政策导向,引导村民转变生产方式和生活习惯,促进乡村生态的持续改善。二是规范作用。政府通过制定环保法规和标准,规范企业和个人的行为,限制对生态环境的破坏和污染,增强规范作用有助于维护乡村生态的稳定和可持续发展,为乡村生态振兴提供有力的法治保障。三是协调作用。政府作为乡村生态振兴的主导者,需要协调各方面利益,平衡各方诉求,确保生态振兴工作的顺利推进。政府通过政策调整,加强与社会组织、企业等各方面的合作与共建,从而形成推动乡村生态振兴的强大合力。

2. 村民参与

村民是闽东乡村社会生态系统中最重要的主体之一,村民参与也是乡村生态振的关键因素。

村民参与体现了乡村社会生态系统中各利益相关者共同治理的理念,是对乡村生态状态及其影响的一种积极反馈和行动。村民参与应该具有主动性、积极性和创造性,面对乡村生态环境的变化和挑战,村民不再是被动的接受者,而是主动参与到生态治理和振兴的行动中。通过参与环保活动、提出治理建议、监督生态项目实施等方式,积极为乡村生态振兴贡献力量。村民参与需要其结合自身的生活经验和乡土知识,为生态治理提供富有创见的解决方案。

村民参与地位举足轻重。乡村社会生态系统是一个由自然、经济、社会等多个子系统构成的复杂网络,其中任何一个子系统的变化都可能影响到整个系统的稳定与发展。村民作为乡村社会生态系统中数量最多、涉及面最广的主体之一,其参与度从根本上影响到生态治理的效果和乡村社会的和谐稳定。一方面,村民的参与能够提升生态治理的效率和效果。村民既是行动者也是特殊的监督者,其双重身份推动了生态建设的顺利实施和环保措施的有效执行。村民参与下的乡村生态治理也会变得容易,依靠群众力量及时发现和解决生态治理中的问题和矛盾,推动乡村社会生态系统的平衡发展是一条优选之路。另一方面,村民的参与增强了乡村社会的凝聚力和向心力。在共同参与生态治理的过程中,村民之间形成了更加紧密的联系和合作关系,为乡村社会的和谐稳定奠定了坚实基础。

村民参与在闽东乡村生态振兴动力系统中的作用机理主要体现在以下几个方面：一是激活内生动力。村民参与能够激发乡村社会的内生动力,推动乡村经济的绿色发展和生态环境的持续改善。二是促进多元共治。村民的参与使得生态治理的主体更加多元化,从而使政府、社会组织、企业等各方力量得以更好地协同合作,共同推动生态振兴的进程。三是强化社会监督。村民作为生态治理的直接利益相关者,其参与能够强化社会监督的力量,确保生态治理的公正性和有效性。

3. 经济组织支持

在闽东乡村社会生态系统中,经济组织支持作为响应的重要组成部分,发挥着不可或缺的作用。企业等经济组织作为市场经济的主体,其参与和支持对于推动闽东乡村生态振兴具有深远影响。

经济组织支持涵盖了市场导向、资源配置和创新能力等方面。在闽东乡村社会生态系统中,经济组织支持的地位无可替代且至关重要。乡村社会生态系统作为一个复杂而庞大的网络,系统中任何单一力量的作用都是有限的,需要政府、社会组织、村民以及经济组织等多方力量的共同参与和支持才能形成合力,推动乡村生态振兴的进程。其一,经济组织作为市场经济的主体,具有敏锐的市场洞察力和高效的资源配置能力,能够弥补政府在资源配置方面的不足。因为政府虽然具有宏观调控的能力,但在具体的资源配置过程中往往难以做到精准高效;而经济组织则能够根据市场需求和生态资源状况进行灵活调整和优化配置,提高资源利用效率,推动生态产业的发展。其二,经济组织在技术创新方面的独特优势常常能促变乡村社会生态系统,经济组织通常具备较强的研发能力和创新意识。先进技术引进、生产工艺改良、新产品研发等在经济组织中的广泛开展更能推动生态技术创新和应用,为乡村生态治理和资源保护提供技术支持和解决方案。其三,经济组织主导下的产业链整合和产业集群发展等行动推动乡村生态产业协同发展。经济组织主导下的上下游产业链资源整合,生态产业链条的建构和完善,能够助力提升产业的附加值和竞争力。生态产业园区建设、产业集聚发展等支撑性情境下,促进生态产业的规模化发展和集约化经营也是经济组织之所能。

经济组织支持在闽东乡村生态振兴动力系统中的作用机理如下:首先,经济组织支持的内在逻辑体现为一种"绿色经济"的追求。在激烈的市场竞争中,经济组织逐渐认识到,单纯追求经济利益已难以满足长远发展的需求。特别是在闽东乡村生态振兴的大背景下,深刻反思自身经营模式与生态环境之间的关系是一道必答题。因此,将生态理念融入日常经营决策中,在优化产业结构、推广生态技术、创新经营模式等方面取得突破,是经济组织的必要行动。这种"绿色经济"的追求,有助于提升经济组织的市场竞争力,为乡村生态振兴注入新活力。其次,经济组织支持的传导过程呈现出一种多环节、多主体的协同互动。经济组织通过深入的市场调研和需求分析,精准把握乡村生态振兴的市场需求和发展趋势。在此基础上,制定出一系列针对性的支持策略,包括资金扶持、技术援助、人才培养等,并通过产业链上下游的传导和扩散效应,将这些支持策略转化为推动乡村生态产业发展的实际行动;经济组织积极与政府、村民、社会组织等其他利益相关者建立紧密的合作关系,共同推动乡村生态振兴的进程。这种多环节、多主体的协同互动,使得经济组织支持在闽东乡村生态振兴中的作用得以充分发挥。再次,经济组织支持的动力生成源于政策驱动、市场拉动和内在动力三方面的共同作用。政策驱动方面,政府通过制定一系列优惠政策和资金支持措施,为经济组织参与乡村生态振兴提供有力的保障和激励。市场拉动方面,随着生态产品市场的不断扩大和消费者环保意识的日益提高,巨大商机和广阔前景成为促进经济组织参与乡村生态建设的强大拉力。内在动力方面,经济组织对乡村社会生态系统情境因素的感知和加工,形成乡村生态振兴的偏好,即组织资源资源分配、发展目标调整等,最终形成生态化组织行为的价值追求,从而强化组织对经济与生态效益双赢的目标承诺,激发其生态参与的内生动力,从而驱动闽东乡村生态振兴的发展。

4. 社会配合

在闽东乡村生态振兴的视域中,社会配合的内涵主要体现为社会各方的协同行动与相互支持,以推动乡村生态环境的改善和可持续发展。社会配合作为响应环节的重要组成部分,其内涵包括社会各界在生态振兴过程中的协作、配合与支持,以及共同推动乡村社会生态系统的可持续发展。

社会配合在闽东乡村社会生态系统中扮演着不可或缺的角色。社会配合在闽东乡村社会生态系统中占据着举足轻重的地位。乡村社会生态系统是一个交织着众多利益相关者的复杂网络,其中政府、村民、经济组织、社会组织等各方扮演着不同的角色。在这样的系统中,社会配合不仅仅是一个简单的概念,而是发挥着至关重要的桥梁和纽带作用,同时也对乡村社会共同知觉的形成起到推动作用。其一,社会配合作为桥梁,连接了政府、村民、经济组织和社会组织等各方力量。政府通过政策引导和支持,为乡村生态振兴提供方向和保障;村民作为乡村的主体,其积极参与和创造力是生态振兴的重要动力;经济组织凭借市场敏感度和资源整合能力,为乡村生态振兴注入经济活力;而社会组织则凭借专业知识和广泛的社会联系,为乡村生态振兴提供技术支持和社会监督。社会配合使得这些不同的利益相关者能够相互理解、相互支持,形成合力共同推动乡村生态振兴的进程。其二,社会配合作为纽带,强化了乡村社会内部的联系和互动。在生态振兴的过程中,各方利益相关者共享信息、协调行动、解决问题,而这些都有赖于一个强有力的纽带来作为支撑。社会配合正是这样一个纽带,促进了信息的流通和共享,确保各方能够及时获取所需的信息并作出相应的反应,即协调各方的行动和利益,减少冲突和摩擦,确保生态振兴工作的顺利进行。其三,社会配合促成乡村社会的共同社会知觉。乡村生态建设主体多元也可能导致生态建设群体离散多元化发展,即各方面主体和信念、认知和价值观差异较大,甚至有时是对抗的存在,由此易诱发乡村生态系统内耗牵制与低效率运转,阻碍系统升级。社会配合通过氛围感知、行为矫正、效果强化,将社会组织、政府、村民与经济组织等主题凝聚到乡村生态振兴的整体进程中,促进其共同社会知觉形成,共同知觉加强情感、指引行为,从而助力闽东乡村社会生态系统向优进化。

社会配合是闽东乡村生态振兴的重要驱动要素,其主要通过资源整合机制、信息传递机制、风险共担机制、益协调机制等发挥作用。其一,资源整合机制是社会配合的核心功能之一。在生态振兴过程中,政府、村民、经济组织和社会组织等各方都拥有独特的资源,包括资金、技术、人力、土地等。然而,这些资源往往分散在不同主体手中,难以形成有效的合力。社会配合的作用就在于,通过搭建平台、建立机制,促进各方资源的共享和互补。政府能够积极发挥政策导向与资金扶持的双重作用,为乡村发展指明方向并注入活力;经济组织凭借灵敏的市场触觉与深厚的经济底蕴,为乡村带来宝贵的市场信息与坚实的经济后盾;而社会组织则以其专业的技术指导与项目管理能力,为乡村生态振兴提供智力支持与组织保障。这些方面相互协作配合,使得资源得以有效整合,从而汇聚成推动生态振兴的磅礴力量。其二,信息传递机制是社会配合的重要支撑。在生态振兴过程中,信息的及时、准确传递对于决策的科学性和有效性至关重要。然而,由于信息不对称现象的存在,不同利益相关者之间往往难以获取全面、准确的信息,而通过搭建信息共享平台和加强沟通协作,能够实现信息的畅通无阻。政府能够迅速地将政策意图和项目进展传达给村民和社会组织,确保其了解并跟上发展步伐;而村民和社会组织也能及时反馈实际情况和需求,为政府决策提供宝贵的参考依据。这种双向的信息交流不仅增强了各方之间的信任与合作，更推动了生态振兴工作的顺利开展。这种信息的双向流动不仅提高了决策的透明度和科学性，也增强了各方之间的信任和理解。其三，风险共担机制是社会配合的重要保障。生态振兴过程中充满了不确定性和风险，如自然灾害、市场波动、技术风险等。这些风险如果由单一主体承担，往往难以承受。社会配合通过构建风险共担机制，将风险分散到各个利益相关者身上，减轻了单一主体承担风险的压力。政府通过制定风险防控政策并提供资金支持，为各方保驾护航，从而降低了乡村生态振兴的不确定性；经济组织则运用其市场化运作专长，灵活应对市场变化，能够有效分散潜在风险；而社会组织则凭借精湛的专业技术和项目管理能力，能够降低风险发生的可能性。各方协同作战，共同为生态振兴筑起坚实的风险防线。这种风险共担的组织架构不仅提高了整个系统的抗风险能力，也增强了各方之间的合作和信任。其四，利益协调机制是社会配合的关键环节。在生态振兴过程中，不同利益相关者之间往往存在利益冲突和矛盾。这些冲突和矛盾如果得不到妥善处理，将严重阻碍生态振兴的进程。社会配合通过协商、谈判等方式，能够协调各方利益，达成利益共识。政府以其宏观调控和协调的职能，确保生态振兴中各方利益得以平衡与保障；经济组织在追求经济效益的同时，亦能兼顾社会与环境的和谐共生；社会组织则作为沟通桥梁与纽带，促进了各方之间的深入交流与理解。通过利益协调机制，各方利益得到了平衡和保障，为生态振兴的顺利实施提供了有力支撑。

三、驱动机制模型的构建

依据 DPSIR 模型框架与内涵，结合上述对驱动力、压力、状态、影响、响应五个模块关键要素的分析，构建闽东乡村生态振兴的驱动机制模型，如图

4-1所示。闽东乡村生态振兴驱动机制模型中的驱动力、压力、状态、影响和响应五个模块是相互关联、相互影响的。它们构成了一个动态的系统,共同推动着乡村生态振兴的进程。

驱动力是乡村生态振兴动力系统中的起始点和原动力。政策导向、市场需求与技术进步等驱动因素共同作用,影响着乡村发展的方向并推动乡村生态振兴迈进。在驱动力的作用下,乡村快速发展,但也难以避免地遭遇到发展中存在的一系列问题与挑战,如来自环境、资源、城镇化等方面的压力,都在某种程度上挤压或阻碍了闽东乡村生态振兴。这些压力将进一步促变闽东乡村社会生态系统,使其生态系统结构和资源储量、环境质量以及经济社会可持续性产生等方面发生一系列变化。闽东乡村地区的生态系统结构和资源储量、环境质量以及经济社会可持续性等在特定的时空中呈现阶段性特征。这些状态反映了某时某地的现实问题,状态的变化也将对导致一系列作用于闽东生态乡村的生产、生活与生态的深刻影响。例如:生态系统结构和资源储量的变化会影响乡村生态系统的韧性和服务功能;环境质量的好坏则直接关系到乡村居民的生活质量和幸福感;经济社会可持续性的状态则影响着乡村地区的发展潜力和竞争力。这些影响可能是积极的,也可能是消极的,乡村生态系统韧性、乡村生产方式转变与产业结构调整、乡村生活品质提升与方式改变、乡村生态文化的融入与创新等方面的影响持续深入扩大,势必改变闽东乡村生态振兴的驱动力的结构。同时,这种影响也会促成闽东乡村生态振兴的利益相关者作出响应。反过来,响应也会调节相关影响,通过激发扩大积极影响,压制或减少消极影响。各类参与主体作出的某种响应,诸如政府政策调整、村民参与、经济组织支持、社会配合等响应行动将释放正能量,其既能缓解前述环境污染等压力,又能干预和调整闽东乡村社会生态系统的状态,还能通过交互反馈优化提升驱动要素,进而共同驱动塑造在更高水平上的闽东乡村生态振兴风貌。闽东乡村生态振兴中的驱动力、压力、状态、影响和响应各要素间相互影响、交互反馈、循环迭代,形成一个整体性的动力系统,驱动闽东乡村社会生态系统不断演化。

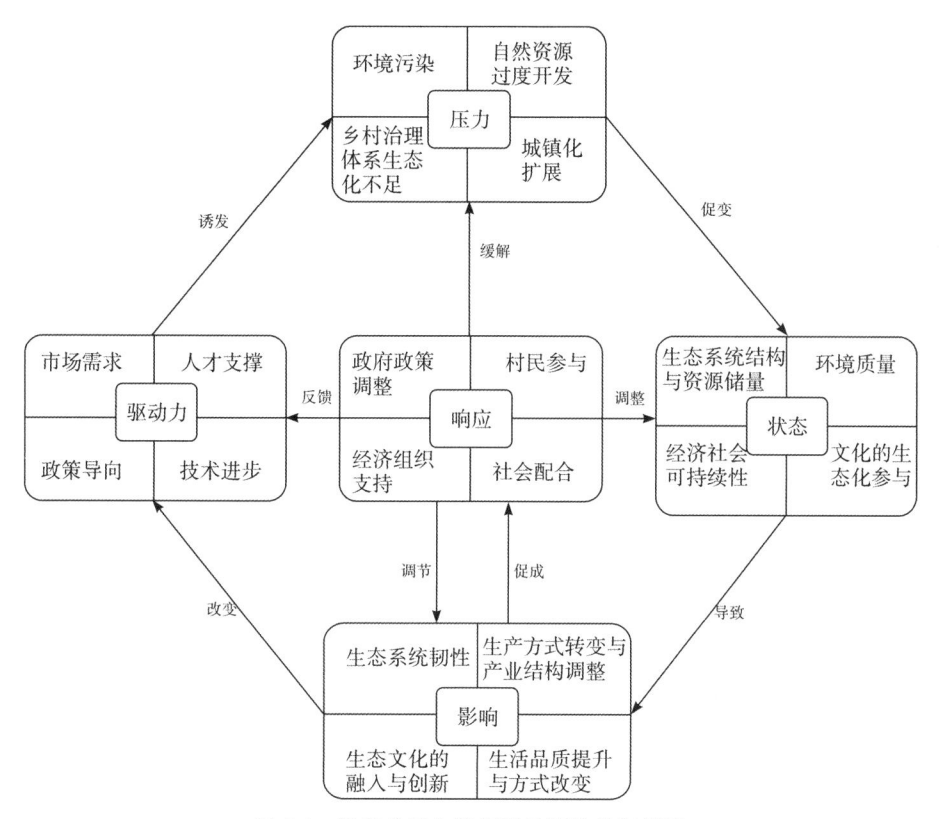

图 4-1 闽东乡村生态振兴的驱动机制模型

第五章　闽东乡村生态振兴典型案例及经验梳理

　　闽东,这片古老而充满生机的土地,汇聚了山海之韵、民族之魂、流水之情、传统之根以及变迁之迹。在这片广袤的乡村大地上,不同类型的乡村各具特色,却又共同书写着生态振兴的壮丽篇章。这里有山海相依的乡村,山峦叠翠,海天一色,自然之美令人陶醉,这些乡村依托得天独厚的生态资源,坚持绿色发展,走出了一条以生态旅游和生态农业为主导的振兴之路;少数民族聚居乡村,民族文化丰富多彩,传统习俗世代相传,生态与文化融合发展,焕发了生态振兴新光彩;流水悠长的传统乡村,承载着厚重的历史记忆和乡愁情怀,以革故鼎新之姿,让古老乡村焕发出新活力;而那些生态底子较差的乡村,摆脱困境之所束,迎难而上,实现了从"生态洼地"到"生态高地"的华丽转身;渔民上岸定居形成的乡村,则是以海洋文化与陆地生活的完美融合、推进渔业转型和生态修复,开创了乡村生态振兴新局面……不同类型的乡村发展都是闽东生态振兴的生动写照和宝贵财富,各具特色的闽东乡村以各自的方式诠释着生态振兴的深刻内涵和广阔前景。

　　乡村生态振兴不仅是一种勾勒闽东乡村未来发展的理念,更是一项新时代乡村全面现代化的宏伟实践。闽东乡村经过多年的实践探索,涌现出众多典型案例,积累了一系列宝贵经验。本章将选取闽东乡村生态振兴的典型案例,通过个案研究,梳理经验,既有助于进一步了解闽东地区在乡村生态振兴方面取得的显著成就,也有助于探明其发展的原因和实现路径。同时,梳理其成功经验与做法,阐明"宁德气质",提供"宁德方案",汇聚"宁德智慧",以期为其他地区提供有益的参考和启示。

第一节　周宁县后洋村："逐绿而行"的传承与开拓

一、基本情况

周宁后洋村，一个坐落于绿水青山间的生态振兴典范，近年来凭借其独特的科普资源和丰富的生态实践，成为众多研学学员和游客心中的热门目的地。后洋村有着鼓励村民造林的优良传统，这一传统在黄振芳的带领下得到了进一步的发扬光大。1983年，黄振芳贷款8万元，毅然决然地踏上了开荒造林之路，他的行动不仅改变了自家的命运，更在全村范围内掀起了造林热潮。在林地面积扩种到7000多亩的过程中，一片片荒山逐渐披上了绿装，后洋村的生态环境得到了显著改善。

2020年，在周宁县委、县政府的帮助与支持下，后洋村党支部引领成立三库生态农业专业合作社，通过流转土地、林地和古民居等资源，发展草珊瑚、金线莲等林下经济作物，种植彩色水稻，实现了村集体经济增收。合作社的成立不仅促进了全村的抱团发展，还带动了村民的增收，此外，后洋村还积极引进和谐牧业、三杉花卉等生态产业，为村庄增加了村财收入，同时也解决了不少村民的就业问题。如今，后洋村的绿水青山已成为家门口的"绿色银行"，好生态为老百姓带来了好生活。2021年，后洋村集体经济收入达55.9万元，村民人均可支配收入超过2万元。

除了产业振兴，后洋村还注重美丽乡村建设。近年来，村庄筹集资金1000多万元，以基础设施建设和村容整治为重点，完成了多个基础设施项目，如建设旅游集散中心、停车场、3D立体墙绘、农家乐等，使"七彩后洋"美名远扬。

依托黄振芳家庭林场的丰富林业资源,后洋村党支部积极创新,采取"党支部＋合作社＋农户"的模式,大力发展林下经济。如今,100多亩的林下种植基地里,金线莲、黄精、草珊瑚等中药材长势喜人,实现了经济效益和生态效益的"双丰收"。后洋村还是"三库"生态文明理念的重要实践地。该村拥有独特的科普资源,其充分利用这一优势,积极发挥科普阵地的作用。通过开展探源"三库"理念研学、中草药基础知识科普、陶土手工制作等各类活动,后洋村努力在更多群众心中播下绿色种子,厚植绿色理念。仅 2023年上半年,该村就成功举办科普研学活动 18 场,吸引了约 3500 人次参与,累计接待游客近 1 万人次。

目前,后洋村正深入挖掘"三库"理念的内涵,讲好"三库"故事,传承和践行生态文明理念,积极推动"三库"红色文旅融合发展基础设施建设、集散中心项目建设,不断丰富研学、科普等活动的内容和形式,全力打造闽东首个集研学、科普、文旅等多功能为一体的生态文明学习实践基地,试图为大众提供一个深入了解和实践生态文明理念的平台。

二、经验梳理

(一)践行"三库＋碳库"理念,构筑生态产业化新格局

周宁后洋村在乡村振兴的征程中,深刻理解和践行"三库＋碳库"理念,将生态保护与产业发展有机结合,探索出了一条独具特色的生态产业化道路。三库生态农业专业合作社的成立,不仅将闲置的林地、耕地等资源整合起来,转化为具有经济效益的林下经济作物,如草珊瑚、金线莲等,而且依托黄振芳家庭林场的丰富林业资源,实现了资源的最大化利用。这一模式不仅增加了村集体经济收入,也带动了村民的就业和增收,让绿水青山真正变成金山银山。在实施过程中,后洋村注重生态保护与产业发展的平衡,通过

科学合理的规划和布局,确保生态资源的可持续利用。同时,后洋村还积极引进先进的生态农业技术和管理经验,提高农产品的品质和附加值,进一步增强生态产业的竞争力。

(二)发挥"绿色银行"效应,实现共同富裕

将生态资源视为宝贵的"绿色银行",立足绿水青山,挖掘金山银山,后洋村在实现共同富裕的道路上越走越好。通过科学管理和合理利用,让生态资源不断增值,为乡村带来了持续的收益;村民以土地流转、入股合作等方式,积极参与生态产业的发展,享受到了生态红利;后洋村注重生态产业的多元化发展,不但发展林下经济作物,还积极探索生态旅游、生态康养等新兴产业,充分释放了"绿色银行"的效应,拓宽了村民的增收渠道;后洋村持续加强对生态产业的监管和评估,确保产业的健康发展,为乡村共同富裕奠定了坚实基础。

(三)深化生态理念传播,擦亮生态文明研学品牌

生态理念传播对于推动乡村生态振兴具有的重要性,后洋村在生态理念传播方面具有独特优势,立足特色鲜明的生态文化元素,后洋村积极构建形式多样、渠道多元的生态理念传播体系,比如举办科普活动、研学课程等,让更多人了解和认同"三库"理念,增强了群众的生态环保意识,也促进了当生态旅游等产业的发展。

生态文明研学品牌的打造扩大乡村的影响力。生态文明学习实践基地的打造为游客和学员提供了一个深入了解和实践生态文明的平台,丰富了乡村生态文明研学品牌内涵,强化了受众对品牌的积极认知与情感。基地内设有展览馆、实验室、实践区等多个功能区域,互动式、体验式的学习方式让参与者能够亲身感受生态文明的魅力,提升了受众从生态文明研学品牌方面的满足感。这些举措不仅提升了后洋村的知名度和影响力,积累了人气,聚集了能量,也为进一步推动乡村生态建设向纵深发展创造了良好的

条件。

（四）继承植树造林优良传统，书写生态振兴建设新篇章

传统需要弘扬，传统可以焕发新势能。后洋的绿色发展深刻诠释了优良传统助推乡村社会生态系统蝶变的强大动能，后洋村在黄振芳等村民的带领下，传承了植树造林的优良传统，并将这一传统发扬光大。通过多年的努力，后洋村林地面积不断扩大，生态环境得到显著改善。如今的后洋村，绿树成荫、鸟语花香，成为人们心中的生态胜地。"独木不成林"，黄振芳个人的实践演绎对乡村聚落空间里的群体行为起到了推动乡村生态振兴的社会助长作用，继承植树造林优良传统是这种助长作用发挥的关键催化。后洋村的成功实践启示着，生态振兴可能源起于与之密切相关的历史底蕴，而将这种历史积淀转化为新发展势能的有效路径就是传承与创新。

第二节　霞浦县东壁村：靠海吃海念海经

一、基本情况

霞浦县三沙镇东壁村位于宁德市东南沿海，背山面海，拥有得天独厚的自然条件和山海优势。该村原是一个传统渔村，村民多以赶海为生，经济来源相对单一，生活水平有待提高。然而，近年来，东壁村乘着全域旅游发展的东风，依托优美的海岸线景观和丰富的摄影资源，大力发展"乡村旅游＋摄影＋民宿"产业，实现了从传统渔村到乡村旅游胜地的华丽转身。

在生态振兴的道路上，东壁村积极响应政府号召，改造建成各类民宿30多家，床位达300多个，涌现出"拾间海""壹栖壹宿""陶时光""夕映""逅海"

等多家精品民宿,年接待游客超20万人次。这些民宿不仅为游客提供了舒适的住宿环境,更通过巧妙的设计和布局,将山海美景尽收眼底,让游客在享受自然风光的同时也能体验到浓厚的渔村文化。

东壁村的发展不仅带动了本村的经济增长,还逐步向周边村落辐射延伸,形成了区域产业带。民宿产业的发展有效解决了周边群众的居家就业问题,带动了全县旅游民宿的热潮。目前,霞浦县已形成了多个沿海精品民宿群,成为全域旅游发展的重要载体和乡村振兴的有力抓手。

此外,东壁村还充分利用紫菜养殖产业优势,将紫菜养殖与乡村旅游相结合,开发出独具特色的旅游体验项目。游客不仅可以观赏到壮观的紫菜养殖场面,还可以亲身体验采摘紫菜的乐趣,深入了解紫菜养殖的整个过程。

在生态振兴的过程中,东壁村始终坚持绿色发展理念,注重生态环境保护与修复。通过实施一系列生态工程,如水土流失治理、海岸带保护等,有效改善了村庄的生态环境质量。同时,东壁村还积极推广生态农业和生态旅游,实现了经济效益和生态效益的双赢。

二、经验梳理

(一)海洋资源生态化利用

东壁村自古便与海洋紧密相连,深谙"靠海吃海"的生存之道。在新时代乡村建设征程中,东壁村并没有停留在传统的海洋资源开发利用模式上,而是积极探索和实践海洋资源的生态化利用之路,将海洋经济的繁荣与生态环境的保护紧密结合,走出了一条独具特色的发展道路,通过科学规划和管理,确保海洋渔业资源的合理利用,避免过度捕捞和破坏海洋生态系统的行为。同时,积极推广生态养殖技术,减少养殖活动对海洋环境的影响,实现渔业产业的绿色可持续发展。除了渔业资源的生态化利用,东壁村还充分利用海洋风光和文化资源,发展海洋生态旅游。村庄将海洋景观、渔村文化、民俗风情等元素融入旅游产品中,打造独具特色的海洋旅游品牌。游客在欣赏美丽的海洋风光的同时,也能深入体验渔村的生活和文化,感受海洋的魅力和活力。东壁村海洋资源生态化充分展示了海洋经济与生态保护的和谐共生之道。

(二)传统海洋经济的生态化转型

东壁村传统海洋经济粗放,经济生态综合效益低,通过生态化转型,传统海洋经济呈现新风貌、迸发新活力,附加值显著提升。以紫菜为例,长久以来,紫菜养殖是东壁村的主要产业,这不仅是村民们赖以生存的重要收入来源,也是村庄海洋文化的重要组成部分。然而,随着生态环保理念的深入人心和游客对旅游体验需求的提升,东壁村面临着传统海洋经济转型升级的迫切需求。在这一过程中,东壁村并没有简单地放弃紫菜养殖这一传统产业,而是积极探索将其与观光旅游相结合的路径。村庄在保持紫菜养殖规模的同时,注重提升养殖技术,减少对海洋环境的影响。通过引进先进的养殖设备和管理经验,实现了紫菜养殖的现代化和高效化,不仅提高了产量和质量,也降低了对海洋生态的负面影响。东壁村充分利用紫菜养殖场的景观特色,将其打造成为观光旅游的亮点,游客可以近距离观赏紫菜养殖的全过程,感受海洋文化的魅力。通过紫菜养殖与观光旅游的融合,东壁村实现了传统海洋经济的生态化转型。这种转型不仅保留了村庄的产业特色和文化底蕴,也拓展了旅游产业链,为村庄带来了新的经济增长点。

(三)"乡村生态旅游＋摄影＋民宿":创新生态旅游模式

东壁村凭借其独特的海岸线景观和优美的自然风光吸引了众多摄影爱好者前来创作。村庄抓住这一机遇,将摄影与乡村生态旅游相结合,打造了"乡村生态旅游＋摄影＋民宿"的创新模式。村庄以民宿为主要聚集点,用

"民宿+"带动多业联动、多业融合,从而催生乡村生态旅游新业态,再通过"民宿+",将民宿与乡村旅游、文化体验、农业观光等产业相结合,形成了多业联动、多业融合的生态旅游新业态。同时,村庄还通过举办摄影比赛、建设摄影基地等措施,吸引了更多游客前来体验,进一步提升了村庄的知名度和影响力。

(四)打造多元立体的生态化建设格局

以市场需求为导向,通过引导多元主体、多渠道资本参与、多样化经营参与生态化建设,创新了乡村生态化建设格局,助推了东壁村的生态化提升。东壁村在乡村生态旅游的开发与经营过程中,采用了多种创新的生态化构建模式,村庄通过支持回乡创业、引进投资等措施,鼓励村民和外来投资者共同参与乡村旅游的开发与经营。这些举措不仅激发了村民的积极性和创造力,也吸引了更多的资本和人才进入村庄。除此之外,村庄还积极与旅游公司、民宿运营商等合作,共同开发和推广乡村旅游产品,形成了多元化、立体化的乡村生态建设格局。

第三节　蕉城区猴盾村:畲风印刻生态魂

一、基本情况

蕉城区猴盾村坐落于八都镇东北部,是闽东地区一颗璀璨的明珠,以其独特的畲族文化和丰富的生态资源而著称。猴盾村是一个纯畲族聚居村,下辖塘下、盾头、营岗、珠投垄四个自然村。这里聚居着勤劳智慧的畲族人民,他们用自己的双手和智慧,在猴盾这片热土上创造出了丰富多彩的畲族文化和独特的乡村生态。

畲族文化作为猴盾村的根与魂,深深植根于这片土地和每个村民的心中。乡村要发展,紧抓畲族文化是关键。为此,猴盾村积极挖掘和传承畲族文化,通过身着畲族服饰的"畲歌畲语"理论宣讲小分队,进入田间地头,深入人民群众,以极具畲族风情特色的歌曲,向当地群众传递党的政策、新闻消息、价值观念和致富信息等。这不仅弘扬了畲族文化,也增强了村民的凝聚力和向心力。猴盾村注重用"畲语、畲歌、畲舞"等独特形式助力乡村振兴,通过举办各类演出活动、主题宣讲活动、志愿服务活动等,猴盾村将畲族文化与现代元素相结合,为乡村振兴注入了新的活力。

在产业方面,猴盾村依托其独特的自然资源,大力发展茶叶、水果、竹木等产业,特别是茶叶产业,目前已经成为猴盾村的特色产业和村民增收的重要途径。猴盾村拥有 1500 亩无公害茶园,主产茶叶品质优良,深受市场欢迎。近年来,猴盾村积极探索"土地流转+产业导入""支部+企业(合作社)+农户"等乡村经济发展模式,推动茶叶、脐橙、佛手等品种改良提质,完成 1000 余亩无公害茶园建设,400 余亩脐橙种植,200 余亩佛手种植,并引进制茶加工厂 1 家,年产值达 300 万元。

同时,猴盾村还大力改造提升基础设施,跻身全省"传统古村落改造提升项目"。2021 年猴盾村投入资金近 600 万元,完成了畲族风情广场、歌楼、旅游公厕、环村石阶铺设、路灯、停车场、传统古村落保护提升、畲家风情墙绘等十余个基础设施建设。这些举措不仅提升了群众的生产生活条件,也保留了畲族传统特色,使得村庄面貌焕然一新。

猴盾村还成立了猴盾畲村法官工作室,主动融入基层社会治理格局,为实施乡村振兴战略、服务保障国家"林·碳"战略生态环境司法保护提供有力司法支持。这一创新举措为乡村的和谐稳定提供了有力保障,也展现了猴盾村在法治建设方面的积极探索。

二、经验梳理

（一）善用特色文化资源，激发内生动力

猴盾村的成功最鲜明的一点就是对畲族文化的深入挖掘和传承，善用特色畲族文化资源服务乡村振兴。畲族文化作为猴盾村的根与魂，不仅为村民提供了精神寄托，也成为推动乡村发展的强大动力。猴盾村以接地气、贴近群众的方式，通过"畲歌畲语"理论宣讲小分队等形式，将畲族文化与现代元素相结合，撒播了生态文明的种子，传递了生态文明理念，厚植了生态生态的乡村氛围，增强了村民的凝聚力和向心力，用别具特色"畲语、畲歌、畲舞"等形式进行文化展示与传播，强化了村民的自豪感与归属感，助力乡村生态振兴。

（二）夯实生态振兴经济基础，助推绿色发展

乡村生态要振兴，没有经济基础，一切都难以为继。猴盾村依托其独特的自然资源，大力发展茶叶、水果、竹木等产业，特别是茶叶产业已成为猴盾村的特色产业和村民增收的重要途径。通过探索"土地流转＋产业导入""支部＋企业（合作社）＋农户"等乡村经济发展模式，猴盾村成功推动了茶叶等品种的改良提质，并引进了制茶加工厂，进一步提升了产业附加值。这些举措不仅促进了猴盾村的经济发展，也为村民提供了更多的就业机会和增收渠道，还夯实生态振兴经济基础，助推了乡村绿色发展。

（三）乡村生产生活生态空间提升注重擦亮底色

人居环境整治和传统村落改造是众多乡村着力推进的品质提升工程，但一些村镇一拆了之、千篇一律的所谓现代化建设，实际上可能抹杀了乡村原有的特色，丢掉了底蕴，也就意味着失去了更富持久生命力的发展契机。猴盾村在提升生活生态空间时，不忘本原，发扬本原，大力改造提升基础设施,投入大量资金完成了畲族风情广场与歌楼等项目建设,不仅改善了村民的生产生活条件,也保留了畲族传统特色,使得村庄面貌焕然一新。擦亮了底色的猴盾村社会生态系统的提升更有底气、更显韵味,也为乡村生态旅游发展提供了有力支撑,促进了乡村生态振兴的跃升。

（四）法治根植基层，护航生态振兴

猴盾村成立了猴盾畲村法官工作室,将司法融入基层社会生态系统,打通了法治进入乡村的"最后一公里",为基层及时发现解决生态振兴进程中的问题提供了可能。乡村生态振兴是一个系统工程,涉及多元相关主体的博弈,也涉及利益格局的调整和塑造,在一定程度上是乡村发展的深刻变革,在此过程中,矛盾可能难以避免,诸如村民在土地流转、产业发展等方面的法律纠纷也可能时有发生,特别是关乎生态效益等公共性产品和服务,更有可能存在机会主义行为,法治力量的介入调解和匡正,相当于在乡村社会生态系统中植入了解调器和稳定器,有助于乡村生态振兴行稳致远。

第四节　古田县洋上村：低碳生态村打造的探索与实践

一、基本情况

古田县黄田镇洋上村位于闽江北岸,是一个产业匮乏的省级扶贫开发村。近年来,为打造乡村振兴生态宜居的示范样板,促进经济社会可持续发展,古田生态环境局主动融入"双碳"战略布局,选取洋上村率先开展"零污染村庄"建设试点。经过多年的努力,洋上村已初步实现了村庄生态化、设施现代化、生活城市化的新农村景象,成为"低碳村庄"建设的典范。

洋上村在乡村生态振兴的道路上,以农村垃圾"家庭分类"模式为突破口,率先在古田县开展"零污染村庄"建设。这一模式的推广不仅有效改善了村庄的环境质量,也提升了村民的环保意识和参与度。通过家庭分类,垃圾得到了科学处理,可利用资源得到循环利用,干垃圾和有害物得到妥善处理,形成了一个良性的循环体系。

在"家庭分类"模式的推动下,洋上村又进一步发展了生态农业和生命农业,即利用堆肥技术,将易腐物转化为有机肥料,用于农业生产,既减少了化肥的使用,又提高了土壤的肥力。同时,洋上村还注重培育老物种,利用有机肥培育出的作物品质优良、口感更佳,深受市场欢迎。这些举措不仅增加了村民的收入来源,也推动了农业产业的转型升级。

为了激发村民参与生态振兴的积极性,洋上村实施了一系列正向引导的激励机制。垃圾分类换积分、积分换物品的制度,让村民在参与垃圾分类的过程中获得了实惠。此外,洋上村还通过"红色网格员""荣辱榜"等方式对积极参与生态建设的村民进行表彰和奖励,营造了浓厚的生态文化氛围。

在组织架构方面,洋上村建立了以村两委为核心,乐龄学堂成员、绿洲志愿者团队和党员为主的清运员、监督员、巡查员共同参与的工作机制。共同参与工作机制确保了农村垃圾分类处理体系的长效运行,也为乡村生态振兴提供了有力的组织保障。此外,古田生态环境局在洋上村开展"零污染村庄"建设试点的过程中提供了全方位的支持和指导,通过成立工作专班、入村调研、制订培训计划等方式,确保了试点工作的有序推进。古田县还积极总结和推广洋上村的经验做法,在全县范围内推广"低碳村庄"建设模式。目前,已有 28 个村庄以洋上村为样板,全面铺开创建工作,有力助推了乡村生态振兴。

为了让更多人了解并参与到乡村生态振兴中来,洋上村积极与外部资源对接,引进了科技力量和外部资金。通过与福州中科瑞芸信息科技有限公司等企业的合作,洋上村实现了垃圾分类处理的科技化、智能化管理。特别是近年来,洋上村更是乘"云"而上,打造"云"上低碳村庄。通过引入中科瑞芸信息科技公司"数字乡村"基层治理系统,洋上村实现了垃圾分类的数字化管理,大大提高了家庭分类的效率和效益。同时,该系统也为生命农业的发展提供了有力支持,村民可通过系统获取农田信息,实现资源的合理分配和调整。此外,洋上村还通过搭建"数字化"平台,实现了与福州市鼓楼区三坊七巷学习促进会的结对共建,推动了城乡之间的融合与发展。城乡融合步入"云"端畅联,为洋上村的发展注入了新的活力。此外,古田县委县政府也对洋上村的生态振兴工作给予了大力支持,为试点村提供了启动资金和奖励资金,推动了"家庭分类"模式在全县范围内的推广。

洋上村积极创办乡土教育学堂,通过创办乐龄学堂和儿童学堂,以学堂教育为载体,提升村民的思想素质和生态环保意识。乐龄学堂组织老年村民开展丰富多彩的学习活动,包括学歌、学舞、学文化、学环保等,不仅弘扬了社会主义核心价值观,还提高了村民的环保意识和文化素养。儿童学堂则为孩子们提供了早期教育和环保知识学习的平台,培养了孩子们对环保的认同感和责任感。

如今的洋上村已经初步实现了"低碳村庄"的建设目标,村庄环境整洁、生态优美,村民生活富裕、精神面貌焕然一新。

二、经验梳理

(一)创新生态治理模式:家庭分类引领"零污染"新风尚

洋上村在乡村生态振兴实践中大胆创新,推出了家庭分类垃圾制度,这一举措成为引领"零污染村庄"建设的关键一步。通过精准的家庭分类,垃圾得到了科学处理和资源化利用,村庄的环境质量得到了显著提升,真正实现了"零污染"的新风尚。家庭分类只是一个引爆点,以家庭为单元的生态参与有其可预期和可操作性,生态治理的效应也极易联结反馈扩散,从而放大乡村生态振兴实效,并顺势推动生态农业和生命农业,共同造就一个良性的生态循环体系。这种治理模式不仅改善了村庄环境,也提升了农业产值,实现了生态与经济的双赢。

(二)"共建共享共治":村民主体激活生态振兴新动能

洋上村充分发挥村民的主体作用,通过实施正向激励机制,如垃圾分类换积分、积分换物品等,充分激发了村民参与生态建设的积极性和创造性;并建立了以村两委为核心,乐龄学堂成员、绿洲志愿者团队和党员共同参与的工作机制,形成了"共建共享共治"的乡村生态振兴格局。这种村民广泛参与的模式,为洋上村的生态振兴注入了源源不断的新动能。除此之外,政府职能部门的积极介入和主动作为与靠前指挥发挥了关键作用。例如,古田生态环境局对洋上村开展"零污染村庄"建设试点的全方位支持和指导,确保了"零污染乡村"创建工作的有序推进,为洋上村生态振兴提供了坚实的组织保障。

(三)科技赋能:数字乡村智绘生态治理新蓝图

洋上村积极拥抱现代科技,与中科瑞芸信息科技公司合作,引入"数字乡村"基层治理系统。这一科技化手段的运用使得垃圾分类、农田管理等工作实现了数字化、智能化管理,为洋上村的生态建设提供了强大的技术支撑。

洋上村以科技为引擎,实现了垃圾分类、农田管理的智能化。垃圾分类攀上数字"云"梯,创新"家庭分类"模式,既激发了村民的积极性,又提升了治理效率,赋予了乡村生态治理"科技范儿"与"人情味"。在生命农业领域,洋上村践行种质资源保护战略,利用家庭分类易腐物制作有机肥实现绿色循环。数字化与生命农业结合,能够保障种质资源安全,实现产品精准溯源,为农业发展注入"数智"动力。此外,洋上村依托"数字乡村"系统,优化农田资源配置,村民可通过系统获取农田信息,科学决策。农产品统一收购、网络销售,拓宽销售渠道,提升村民收入。通过科技赋能,洋上村绘制了一幅生态治理的新蓝图,展现了乡村生态振兴的无限可能。

(四)乡土教育:文化根脉滋养生态文明新理念

乡土教育是乡村振兴的根基,是滋养生态文明新理念的沃土。洋上村通过深入挖掘和传承乡土文化,将文化根脉深深植入村民心中,为生态振兴注入了强大的精神动力。

乐龄学堂与儿童学堂是洋上村乡土教育的双翼。在乐龄学堂中,老一辈村民们用他们的智慧和经验讲述着古田的历史、洋上村的变迁,以及那些与土地、与自然息息相关的故事,乐龄学堂里的乡土教育不仅强化了对过去的回忆,更是对乡土文化的传承和弘扬。儿童学堂则成为孩子们感受乡土文化、树立生态文明理念的重要场所,通过寓教于乐的方式,让孩子们在游戏中学习,在快乐中成长,逐渐树立起保护生态、珍爱自然的意识。

乡土教育不仅在于知识的传授,更在于情感的熏陶和价值的引领。在洋上村,乡土教育让村民们深刻认识到,生态保护与乡村发展紧密相连,垃圾分类、农田管理等环保工作从而获得更广泛的认同,村民生态建设的积极性被激发,为洋上村的绿色发展贡献力量。乡土教育也激发了村民们对家乡的热爱和自豪,人们更加珍惜这片土地,也更加珍视这份文化。

在乡土教育的滋养下,洋上村的生态文明新理念得以落地生根。村民们用实际行动诠释着绿水青山就是金山银山的理念,推动着乡村生态振兴不断向前发展。各方面主体的共同努力,让洋上村成了一个充满生机与活力的美丽家园,也成为乡村生态振兴的典范。

(五)开放合作:外部资源共筑生态振兴新篇章

洋上村秉持开放包容、合作共赢的发展理念,积极与外部资源对接,汇聚多元力量,共同推动乡村生态振兴事业。洋上村与各类组织尤其是科技组织对接合作,如前所述的与福州中科瑞芸信息科技有限公司深度合作就是一个成功典范,促成乡村生态振兴迈上云端,数字化"云"服务在生态振兴中的运用,提升了生态化治理的效率和效益。同时,洋上村还注重与其他村庄的交流合作,通过搭建"数字化"平台,洋上村与福州市鼓楼区三坊七巷学习促进会等组织结对共建,实现了资源共享、优势互补。在城乡融合方面,洋上村步入"云"端畅联新时代,畅通了农村与城市社区的沟通道路,开展了生产、供销、教育三位一体的综合性合作。洋上村真正践行了城乡联动、城乡融入的生态振兴大发展格局,并将这种进程推进到数字化新境界。

洋上村开放合作的姿态为其带来了更多的发展机遇和合作空间。外部资金的注入、先进技术的引入、多元主体的参与,催生了更强大的生态振兴动力。

第五节　柘荣县半岭村:以生态优势铸就乡村振兴的"金饭碗"

一、基本情况

半岭村坐落于柘荣县英山乡的西南部,是一个拥有深厚生态底蕴和独特魅力的乡村。下辖半岭、老富弯、长洋、雷米丘四个自然村,土地面积3.934平方公里,耕地843亩。近年来,半岭村以"茶果飘香、岭上人家"为发展理念,依托其良好的生态环境、淳朴的民风和茶果绿色农业产业优势,积极探索"生态+"的发展模式,成为乡村振兴的典范。

生态优势突出,无疑是半岭村最引以为傲的特色。半岭村背靠葱郁的百年森林公园,面向壮观的交溪大峡谷,得天独厚的自然条件使得这里常年可见云海翻腾、日落霞光的迷人景致,每一处风景都仿佛是大自然精心绘制的画卷。正是依托这些独特的自然资源,半岭村在产业发展上走出了一条特色之路。村庄大力发展集水果种植、生态养殖、林下经济为一体的特色产业,逐步形成了茶、参、果、渔四大主体产业,每一个产业都闪耀着生态与智慧的火花。近年来,半岭村更是因地制宜,找准了产业发展的突破口。仿野生黑木耳种植成为新亮点,这种将传统种植技艺与现代科技相结合的产业模式不仅丰富了半岭村的产业结构,也让乡村资源优势、生态优势得以最大化转化。通过"合作社＋基地＋农户"的管理模式,半岭村完善了生产、加工、营销一体化的发展格局,确保了产业的持续健康发展。

基础设施建设方面成就显著。近年来,半岭村积极投入资金,致力于提升村庄的硬件设施和人居环境。通过实施一系列基础设施建设项目,村庄的面貌得到了显著改善。首先,污水管网建设、改水改厕、农村危房改造等方面取得了显著进展。这些项目的实施有效解决了村庄环境脏乱差的问题,提升了村民的生活质量和幸福感。污水管网的建设使得村庄污水得到了有效处理,改善了水环境质量;改水改厕项目的推进,让村民用上了干净卫生的自来水,告别了简陋的厕所;农村危房改造为村民提供了安全舒适的房屋,消除了安全隐患。其次,半岭村还注重文化设施建设,为村民提供了丰富的精神文化生活。党建小院、妇女微家等场所的建设为村民提供了学习交流、休闲娱乐的好去处。这些文化设施的建设不仅丰富了村民的精神文化生活,也提升了村庄的文化品位。再次,推动英半公路、房屋立面改造、村标雕塑、"半"字文化广场等多个项目建设,项目的完成使得村庄的道路更加宽敞平坦,房屋立面更加美观整洁,村庄的标识和文化内涵更加突出。这些举措的实施不仅提升了村庄的整体形象,也为村民提供了更好的生活环境和休闲场所。

文旅融合是半岭村发展的又一重要方向。依托优美的自然风光和丰富的文化底蕴,半岭村打造了一系列农文旅融合设施和项目,如"奇岚山"休闲观光农业园、猕猴桃采摘园、特色房车露营区、萌兔园亲子互动游乐园、民宿体验区等,这些设施和项目的建设助力了悠闲自在"岭上人家"生活样态的打造,吸引了大量游客前来观光游览,使半岭村成为新兴观光旅游的网红打卡地。

半岭村在乡村振兴的道路上,注重发挥"能人"效应,通过引进和培养一批有能力、有情怀的乡贤和企业家,带领村民共同致富。这些"能人"不仅带来了先进的农业技术和市场经验,更重要的是他们为半岭村注入了新的发展理念和活力,推动了乡村产业的转型升级和提质增效。

在党建引领方面,半岭村充分发挥基层党组织的战斗堡垒作用,近年来,半岭村通过"支部+"模式,引导迦百农集中农民自愿流转的山地、耕地,建立优质猕猴桃生产基地;通过党建小院等平台,组织党员和群众共同商议村庄发展大计,解决群众关心的热点难点问题。同时,村庄还积极开展党员培训教育活动,提升党员的思想政治素质和业务能力,为乡村振兴提供坚实的组织保障。

半岭村依托良好的生态环境、和谐淳朴民风、独特的茶果绿色农业产业优势,形成了集水果种植、生态养殖、林下经济为一体的产业发展格局,走出了一条产业与生态协调发展的路子。

二、经验梳理

半岭村在乡村振兴的道路上巧妙地打出"生态牌",将绿水青山转化为"金山银山",以生态优势铸就了乡村振兴的"金饭碗"。

(一)"林下生金"铸就"新引擎"

半岭村将生态与经济共融,践行"林下生金"核心理念,将丰富的山林资源转化为经济发展新动力,实现了林下经济产业的规模化、集约化发展,依托山林生"金"的理念,成功铸就了乡村振兴的"新引擎"。首先,半岭村充分利用林地空间,发展菌类、中草药等林下种植产业,实现了生态与经济的完美结合。科学规划和精心管理助力半岭村成功打造一批高产高效的林下经济基地,为村民提供了稳定的收入来源。其次,半岭村注重产业规模化、品牌化经营。通过引进先进技术和设备,提升产品质量和附加值,同时加强市场营销,打造具有地方特色的林下经济品牌,这些举措提高了产品的市场竞争力,也为半岭村带来了更多的发展机遇。再次,半岭村注重林下经济与其他产业的融合发展。农文旅结合,打造特色民宿、乡村旅游等项目,吸引了大量游客前来体验,不仅为林下经济产品开辟了更广阔的市场,也为村庄带来了更多的经济效益和社会效益。

(二)"能人效应"催生"新动能"

在半岭村的乡村振兴实践中,"能人效应"发挥着举足轻重的作用,为村庄的发展注入了新动能。首先,能人们凭借自身的能力与情怀,不仅带来了先进的农业技术和市场经验,也为半岭村带来了全新的发展理念和活力。他们凭借丰富的经验和敏锐的市场洞察力,引导村民发展特色产业,推动乡村产业的转型升级和提质增效。其次,能人们通过创办合作社、建立生产基地等方式,将分散的农户组织起来,形成合力,共同抵御市场风险,提高经济效益。这种组织化的经营方式不仅提升了农产品价值实现的稳定性,也增强了乡村产业的市场竞争力,为乡村经济的发展奠定了坚实基础。再次,能人们积极发挥示范带动作用,通过自身的成功实践,激发村民的创业热情和创新精神。经验分享与学习互鉴,形成了良好的互助氛围,使得更多村民能够参与到乡村振兴的实践中来。

(三)党建引领筑起"新堡垒"

在半岭村的乡村振兴实践中,党建引领是引领村庄发展的"指挥棒",是铸就村庄"新堡垒"的坚强基石。一方面,半岭村通过"支部+"模式,对诸如农村土地流转、生态基地建设、人才引进和乡村发展经济组织(合作社等)的创建和引入发挥了关键作用。坚强的组织领导力量确保了乡村生态振兴的前进方向和有序开展,也为督促各项措施落地生根提供了组织保障;同时,半岭村通过"党建小院"融入乡村,将其打造成为诉求表达、维系情感、商定项目与集聚人心的高地,推动了乡村社会生态系统的良性循环。另一方面,党建引领筑牢了乡村治理体系的生态化根基。党组织是乡村治理体系的核心要素,党员干部是乡村治理体系的生力军,强化村一级基层党组织的自身建设,就是加强其战斗堡垒作用。乡村生态振兴涉及利益的分配、效应的调整,乡村治理体系和治理能力有必要跟上乡村生态振兴的发展进程,及时协调处理各种矛盾和问题,通过加强基层党组织建设,半岭村完善了村民自治机制,提升了村庄治理水平,通过积极推动法治、德治、自治相结合,形成了有效的乡村生态化治理体系。在党组织的引领下,半岭村实现了治理模式的新升级,形成了支部引领、党员带头、乡贤参与的工作合力,为村庄的和谐稳定和生态振兴可预期发展提供了有力保障。

第六节　福安市溪邳村:从"海上吉卜赛"到"国家级最美渔村"的华丽转身

一、基本情况

溪邳是位于福安市南部沿海的小渔村,地处环三都澳湾区的盐田港畔,拥有得天独厚的自然环境。曾经,这里的连家船民以船为家,漂泊无依,被称为"海上吉卜赛人"。然而,随着时代的变迁,溪邳村发生了翻天覆地的变化,成功实现了从"海上吉卜赛"到"国家级最美渔村"的华丽转身。溪邳村拥有1.88平方公里的陆地面积和丰富的海洋资源,海域面积广阔,滩涂成片。这里环境清幽,水流清浅,是连家船民上岸定居的理想之地。近年来,溪邳村依托生态资源,积极推进乡村振兴,取得了显著成效。溪邳村屡获殊荣,先后被授予"全国文明村镇"、"国家级最美渔村",以及"全国乡村治理示范村"等称号,正致力于探索一条独具闽东魅力的乡村振兴之路。

曾经的溪邳是连家船民的聚居地。"一条破船挂破网,祖孙三代共一舱,捕来鱼虾换糠菜,上漏下漏度时光",深刻描绘了昔日连家船民艰苦而朴素的生活状态。船民世代漂泊在海上,以船为家,上无片瓦,下无寸土,生活极为艰苦。然而,随着改革开放的春风吹拂,特别是20世纪90年代后期以来,在党和政府的深切关怀与大力支持下,溪邳开启了船民的上岸定居之路。船民抛沙造地,砌石铺瓦,实现了祖祖辈辈的夙愿,在这片土地上建造了一个生产、生活、生态"三生"同频共振、融合发展的美丽家园。

告别了"以船为家,终日漂泊"生活的溪邳村在乡村生态治理中,以人居环境整治为突破口,上下协同,网格助力,示范带动,走出了一条具有渔村特色的治理之路。溪邳村采取"三出击"策略,综合施策以优化人居环境。首先,以农村环境整治为切入点,精准发力,以点带面推进立面改造、坡屋整改、拆违绿化、治脏治污等行动;联合相关部门,采取疏堵结合、宽严相济的方式,依法拆除违章渔屋和作业木棚。其次,主动开展"三清四治"家园清洁行动,集中整治海漂垃圾、黑臭水体、乱倒垃圾等问题,并加强污水排放、杂物堆放、渔寮建设、衣物晾晒等方面的治理。通过统一规划生产作业区和晾晒区,建设浮桥栈道,既满足渔民生产生活需求,又提升了渔村的整体形象。再次,主动出击改造提升村民房观感,实现村道"白改黑",对桥墩进行彩绘美化,融入海洋及渔村特色元素,提升视觉效果,绘制出一幅"情景交融"的美丽画卷,使溪邳村成为高速公路沿线的一道亮丽风景。这些举措提升了溪邳村的"颜值",强化了乡村治理的新成效,成为连家船民从海上漂泊到岸上安居的生动实践。

从前,溪邳由于长期受海上养殖和生活垃圾的影响,海洋生态环境一度遭受严重破坏。然而,近年来,溪邳村通过强化生态治理,推动海漂垃圾治理和海上养殖综合整治工作,海洋生态环境质量得到了显著改善。为规范用海秩序,溪邳村率先打响清海攻坚战,对渔排渔屋进行规范整治,全面落实渔排垃圾定点收集,从源头上减少入海污染排放。同时,借助科研力量大面积补植红树林等本土生物,逐步恢复海洋生态环境系统多元结构。生态环境的改善为溪邳村带来了丰厚的生态红利,海产品的产量和质量都得到了大幅提升,海洋贝类生物明显增多,海岸景观更加和谐美丽。这些变化不仅提升了村民们的生活质量,也为溪邳村的发展注入了新能量。溪邳村充分利用自身的生态优势和文化特色,推动旅游、娱乐与生态渔业有机融合。通过打造疍民历史文化展示馆、白海豚观察站以及垂钓中心等旅游项目,吸引大量游客前来体验渔村风情。溪邳村通过修复滩涂生态环境,成功打造了一个宜居宜游的美丽渔村,这不仅促进了贝类养殖的增产,也为渔民们带来了更多的收入,实现了生态与经济的双赢。

溪邳村坚持党建引领,发挥基层党组织和党员的引领作用,强化共建共治共享,融合自治、法治、德治,多措并举,网格化管理,以全面治理推动发展,实现了从"海上漂泊"到"岸上安居"的转变。如今,昔日贫困渔村已蜕变为经济繁荣的"百万村财",党组织引领村民完成了从脱贫攻坚到乡村振兴的跨越,成为扶贫开发"宁德模式"的生动实践,也是新时期乡村治理的有益探索。

溪邳村依靠"科技兴渔"这一核心动力,致力于壮大水产养殖业。立足渔村实际,村里建立了农村科普惠渔服务站,积极与厦门大学、宁德市农科所等科研机构和市海洋与渔业局、市农业农村局的技术专家展开深度合作。这些专家定期赴溪邳村,为养殖户提供专业的培训和技术指导,从而有效提升了渔民水产品养殖的产量与质量,为溪邳村的水产养殖业增添了活力。此外,溪邳村深入挖掘疍民深厚的历史文化,制定了溪邳村美丽乡村规划,通过扩建村史馆,巧妙地将连家船民上岸定居点、疍民历史文化展示馆、"海上莲花岛屿"、"白海豚观察站",以及垂钓中心等多个景点串联起来,形成了一条独具特色的渔村旅游观光线路。这一举措丰富了溪邳村的旅游资源，渔旅结合成就了渔民增收的新动力，推动了溪邳的可持续发展。

二、经验梳理

(一)"自治、法治、德治"+"网格化管理"创新乡村生态治理模式

在生态振兴过程中，溪邳村创造性地将"自治、法治、德治"三治融合的理念与"网格化管理"模式相结合，形成了独具特色的乡村生态治理模式。通过自治，村民积极参与村庄事务，共同制定和执行生态环保规定，形成了人人参与、人人尽力、人人享有的生动局面。法治为生态治理提供了坚实的制度保障，确保各项环保措施得到有效执行。德治则通过宣传教育、树立典型等方式，引导村民树立正确的生态观念，形成良好的环保风尚。网格化管理模式的引入使得生态治理工作更加精细化、高效化，实现了对村庄生态环境的全方位监管。

(二)"海洋生态修复"+"人居环境整治"助推"三生空间"生态化转型

溪邳村地处海洋环境之中，海洋生态修复成为其生态振兴的重要一环。在生态空间方面，修复滩涂、保护海洋生物多样性等措施助推了溪邳村海洋生态环境质量的改善，也为"三生空间"的生态化转型奠定了坚实基础。在生产空间方面，溪邳村合理规划生产作业区和晾晒区，既满足了渔民的生产需求，又美化了乡村环境。在生活空间方面，立面装饰、坡屋顶改造、拆违绿化等人居环境整治工作成为溪邳村生态振兴的重要抓手，焕新了村容村貌，提升了村民的生活质量。

(三)"文化魂"+"生态基"催化文化与生态的深度融合

溪邳村在生态振兴过程中注重挖掘和传承渔村文化，将文化元素融入生态建设之中，通过建设村史馆、打造渔村特色旅游观光路线等措施，成功

将渔村文化展示给游客,让游客在欣赏美景的同时也能感受到渔村的独特魅力。这种文化赋能的方式不仅提升了溪邳村的知名度和影响力,也为生态振兴培育了新动能。除此之外,溪邳村还注重生态环境的保护和修复,让优美的自然环境成为展示渔村文化的重要载体。文化与生态的深度融合使得溪邳村在乡村振兴的道路上焕发出新的生机与活力。

第七节 福鼎市柏洋村:示范村领航振兴路,共筑发展共同体

一、基本情况

柏洋村位于风景如画的福鼎市硖门畲族乡西北部,村域面积 11.5 平方公里,地理空间多为丘陵;柏洋乡村聚落空间系统的外部情境因素相对优越,踞国家 5A 级旅游景区太姥山山麓,毗邻省级福鼎工业园文渡项目区,还有国家重点工程宁德核电站在侧;柏洋村区域交通优势明显,有温福铁路、沈海高速公路从村境穿过,并设有沈海高速柏洋互通口。较为优势的地形地貌、区域位置与交通条件提升了村域社会生态系统内部要素的活跃性,也强化了与系统外的互联互动,成为一些产业要素流向的青睐之地。村落人员结构多元,既有畲族住户,还有外来人口,较高异质化的人群构成特征在一定程度上造就了人际互动的多元性与创新性,形成了基于人与人关系的较有活性的乡村社会特质。

曾经的柏洋村是有名的贫困村,交通条件极差,村民生活清苦,村民人均年收入不足 600 元,泥土路、破旧的茅草房与木瓦屋等是当时乡村生产生活条件的真实写照。2010 年 9 月 5 日,习近平同志到柏洋村考察调研,高度评价了柏洋村的"五心"工作法,即办事有公心、工作有信心、发展有恒心、为

民有爱心、团结有诚心。

近年来,柏洋村坚持和弘扬"五心"工作法,并将其灵活运用到乡村全面振兴的各项实践中,抢抓历史机遇,充分利用政策红利,乡村发展取得了长足的进步,打造形成了涵盖农业、工业、商贸、旅游、文化为一体的"大柏洋"乡村发展生态。"家住别墅,出门高速,前有广场,后有公园"是对柏洋村生活发生翻天覆地变化的真实陈述;随着乡村经济社会的发展,一系列殊荣也接踵而至,柏洋村先后获得"全国魅力新农村十佳乡村""全国小康建设明星村""全国美丽乡村示范点""全国文明村"等荣誉称号,2019年列入全国乡村治理示范村。

柏洋村经济建设成果显著。数据显示,2022年,柏洋村工农业蓬勃发展,总产值高达23亿元,约为2010年总产值的5倍;乡村集体经济不断壮大是柏洋村发展的显著特征,集体经济入实现产值为1032万元,与2010年该项成绩比,更是达到近10倍之多;村民人均收入也是水涨船高,达到3.75万元,是2010年的近4倍。这些亮眼成绩取得的背后主要归根于柏洋村善于立足该村资源要素等基础禀赋,着力打好资源资产"盘活牌",不断提升自身"造血"能力。

一、二、三产业融合发展。柏洋村乡村聚落空间容量较大,土地资源相对丰富,柏洋村积极挖掘土地综合效益,提升资源集约高效利用水平,在结合地形地貌、生物物种优势资源和气候特征的基础上,选择性地创建现代农业成片发展区,并将其构建为集生态种植与休闲观光于一体的产业要素聚集地,实现生态资源价值的多维开发,极大地提升了乡村产业发展水平,乡村集体经济也实现了倍增;柏洋村依托独特区域优势和交通条件等优势,积极构建宁德核电服务区与柏洋工业区两大核心区域,倾力打造金山农耕文化园和田头水果采摘园这两大特色园区,形成"两区两园"的发展格局,产业要素的优化配置和产业基础设施的完善,加速了柏洋村一、二、三产业的融合发展,农民身份也发生了巨大的转变,即从单纯的农业劳动者转变为工人、商人,甚至成为企业的股东,民享红利在柏洋已成现实图景;同时,柏洋村依托丰富的旅游资源,生态旅游经济发展风生水起。具体来看,主要体现如下:

其一,现代农业创新发展。通过土地资产确权、流转与整合,将乡村零散与闲置土地资源进行分类归整,进行成片规模性开发,不惜花重金打造农旅融合的金山农耕文化园。金山农耕文化园是一个农业综合开发项目,涵盖生态农业旅游观光、农耕体验、传统农耕文化教育、农产品产销等多维功能,这些项目的落地运营极大地推动了该村现代生态农业快速崛起。柏洋村还构建起相应的利益分配机制,促进了农业的稳定和可持续发展。

其二,乡村生态旅游业崛起。柏洋村不但自身旅游资源要素相当丰厚,更为重要的是周边有极具海岛风情的嵛山岛、海天一色的牛郎岗、风景秀丽的太姥山旅游风景区。柏洋村充分利用这种旅游的区位条件,积极吸收风景名胜区游客吸引的溢出效益,大力推动柏洋村旅游品牌和形象打造。2021年,柏洋村成功申报国家3A级旅游景区,并引进诸如福建凤凰旅行社这样的旅游业从业组织,促进了乡村旅游业发展水平的专业化。柏洋村还善于向内挖掘乡村生态旅游资源,持续释放产业发展的内生动力,生态研学旅游教育基地、永和新村白茶文化创意风情街区、柏洋廉政文化公园等文旅设施建设夯实了产业发展基础;同时,柏洋村综合利用了柏洋环山自行车赛、柏洋孝文化节、瑞云"四月八"牛歇节等赛事活动和民俗文化活动,丰富了柏洋乡村生态旅游品牌内涵,增强了其产业发展活力。

其三,乡村物业化发展取得新突破。如前所述,由于临近宁德核电站,柏洋村创造性地发展起了乡村服务业,通过物业租赁与物业服务承接等促进了乡村集体经济的多元化发展。一方面,物业租赁促发展。着眼宁德核电项目运营之需,多方筹措资金打造"永和苑"宁德核电承包商营地,以村集体占股的方式获得分红,自2015年起,这一项目每年为村财政贡献约500万元收入;除此之外,柏洋村进一步扩大投入资金来源,综合利用银行贷款和社会资本建设商务酒店,通过租赁给宁德核电承包商而获得收益。另一方面,物业服务承接增能量。积极对接宁德核电工人的居住需求,通过建立福鼎市柏洋山水物业有限公司,为其提供专业的化的物业服务,每年可为柏洋集体经济增收约10万元,拓宽了乡村集体经济高水平发展之路。

乡村社会管理水平上台阶。柏洋村为了汇聚干事创业之力,创新性设立了涵盖农业科技、非公企业联合、社会事务等领域的党支部,并细化设立了包括民事调解、群众说事、村务监督在内的党小组,使得乡村基础组织的扎根到乡村事务的具体领域,提升了社会治理效能;柏洋特色的"干部问事、民主议事、分工办事、公开诺事、跟踪督事、考核评事"等"六事"制度,确保了矛盾纠纷有人调、调的好、好评多;除此之外,柏洋"三盏白茶"平事法创造性地将白茶文化与现代社会治理理念融合,助力了乡村矛盾化解与纠纷解决。

柏洋示范带头,推动抱团发展。以柏洋村为乡村振兴的典范,引领周边乡村协同发展,开创独具特色的"抱团发展"模式。柏洋村与瑞云村、东稼村、渔井村等临近乡村确立了跨越传统村域边界的联动合作关系,成功构建了一个乡村间"互利共赢"的共同体,"中心村大党委"联建共建协调机制的构建极大地推动了农村区域产业共同繁荣、人才互通共享、文化传承共享、项目联合建设以及村民的共同富裕,这一系列创举产生了积极的成效,渔井滨海旅游民宿渔村、瑞云国家级特色村寨等美丽乡村旅游点就是生动的例证。

二、经验梳理

(一)农旅融合发展,促进生态资源价值实现

生态农业与生态旅游融合发展是柏洋村乡村振兴的显著特征。农旅融合发展或许已不是什么新鲜事,然而特别的是,柏洋村通过对土地等产业资

源要素归整,进行规模化、集成化、高效率的农旅融合发展,更广层面、更深层次地促进了生态农业与生态旅游的交融。某种意义上,柏洋村金山农耕文化园是一个大型的生态资源集散地和价值实现平台,主要表现为:其一,生态农业旅游观光是农旅融合的交互界面最直接的呈现,农业发展在获得生态农产品的同时也带动了生态旅游的发展,二者互动造就的双向产业的价值实现。其二,农耕体验与统农耕文化教育是生态农业与生态旅游融合发展具体形式。一方面,从促进生态资源价值实现的面向来看,游客由于到生态农业观光园能获得更充盈的价值回报,从而更愿意为生态旅游买单,直接或间接地为生态资源价值实现给出市场层面的回馈;另一方面,多极化的生态休闲观光或教育为长久而广泛的生态资源价值实现奠定了基础,农耕体验与统农耕文化教育表面上是生态旅游主体即游客获得的某种体验或感知,体验与感知是一个中介过程,经由感知系统内化作用,促进游客生态化认知、情感与行为倾向的形成,以至为社会生态振兴奠定了微观层面的基础。其三,农耕文化园内农产品产销是生态资源价值实现的桥梁。游客在生态园不仅是观光体验,还可能形成实地实时对生态农产品的消费,农产品就地价值变现,压缩了生态资源价值实现的中间过程,加上了价值实现的转化效率和效果,真可谓一举多得。可见,农旅具有深度与广度的融合发展,促进生态资源价值实现的康庄大道。

(二)创新社会治理方式,促进乡村和谐稳定

乡村要发展,乡村社会的和谐稳定是根基,乡村生态振兴是涉及深刻利益调整的乡村社会变革,尤其是乡村生态建设存在生态效能发挥的迟滞性较高、成果占有的排他性较低、成本投入的隐没性较强等困境,加强乡村社会治理、稳固乡村社会基础显得尤为重要。柏洋村通过创新社会治理方式,为乡村进行生态建设在内的全面振兴事务创造了和谐稳定的社会环境。其极具特色的经验总结起来主要有:一是在乡村基础组织建设方面下足了功

夫。柏洋村不满足于一般乡村基础组织及其分支的设置框架,带着问题意识、瞄准具体事务、聚集关键领域细化分解再行之构建起专业、完善与灵活的组织体系,为各方面疑难杂症的及时解决提供了组织保障;二是在乡村治理模式中创新性地采用"三盏白茶"平事法。"三盏白茶"平事法是柏洋村在党建引领下,结合村民自治实践,将白茶文化融入矛盾纠纷调解工作的一种创新尝试,"一杯清茶化干戈,两杯香茶解心结,三杯热茶暖人心",通过邀请当事人共同品茗白茶,畅谈心事,促进彼此的沟通与理解,进而达到平事之目的。"三盏白茶"平事法提升了乡村纠纷调解了效率和效果,其背后蕴含的逻辑和价值更值得回味。区域特色文化——白茶文化成为乡村治理中催化剂、调解剂、融合剂与稳定剂,是源于对局域特色文化的挖掘、创造性转化以及活化应用。这是一个传统特色文化应用有乡村局域空间具体事项的鲜活样本,也是一个窗口,透过窗口向前看,不禁会发出感叹:应用于乡村社会治理能,应用于乡村建设的其他情境就为何不能呢?

(三)物业化运营,拓展乡村集体经济获利空间

如前所述,物业租赁与物业服务承接使得柏洋村乡村经济不断壮大,柏洋村乡村集体经济发展不仅停留是村财政的亮丽数据上,也表现在乡村产业多元化发展的格局上;尤为重要的是,物业化运营突破了传统村落发展的旧有模式,乡村发展远远不止农业等传统业态,物业服务、商务租赁等城市常见的业态在乡村也可以一席之地;物业化运营成为柏洋村发展的新势能,拓展了乡村集体经济获利空间,而在此基础上形成的一、二、三产业融合发展也必将为乡村经济的绿色发展创造更多机会;柏洋村的这一系列创新的实践也启示着,需改变以往乡村较在资源或产业要素获取上较为弱势的地位,要积极主动作为,主动抢抓机遇,千方百计促进乡村经济多元化发展,尤其是用好资源资产"盘活牌",锁定持续盈利能力的产业项目,实现乡村造血功能与获利能力的双提升。

(四)示范村引领,构建乡村发展共同体

"独乐乐不如众乐乐",柏洋村的成功不仅限于自己的成功,更在于用成功引领更大范围的成功。柏洋村示范带头不是简单意义上先进示范带动后进的,也不是单纯意义上的知识经验等的自然溢出,而是通过组织框架、结构、与联动机制等各方面打造一个全方面融合、全要素互动、全过程联动的跨村域发展共同体,其核心要义就是推动农村大区域"产业共兴、人才共享、文化共传、项目共建、村民共富"。柏洋村以强带弱分享成功经验;科技特派员、乡镇领导干部、致富能人等交流指导、结对帮扶,促进了柏洋村与周边乡村的协同发展,蹚出了一条乡村发展大繁荣的新路子。以示范村为龙头构建乡村发展共同体具有重要的启示意义,最为核心的就是要破除乡村发展的思维定式,既不要被乡村间的山山水水等物理边界所阻隔,也不要被乡村内在旧有的组织方式等制度边界所限制,更不能被孤立、片面的思维方式所迷惑;要用联系的观点、系统的观点来统筹把握更大范围内乡村的发展问题,尤其是在面对和处理乡村生态振兴时更是如此。如前所述,面对乡村空气污染、水污染等环境污染,以及乡村自然生态的物质能力循环以及与外在系统的交互等问题,单个乡村不可能成为孤岛式的存在,故而推进乡村生态振兴更有必要构建乡村发展共同体,让乡村生态环境治理不再是单个乡村的独角戏,让生态建设成为乡村发展共同体的一致性行动,这是乡村生态振兴之应然选择。

第八节　屏南县龙潭村：引领"空心村"向"网红村"的蝶变

一、基本情况

龙潭村位于屏南县熙岭乡，地处山水之间，自然环境得天独厚，其起源可追溯至明朝，历经六百多年的沧桑岁月，作为昔日茶盐古道的交通要冲，人文气息浓厚，拥有明清时期的古建筑120余栋，每一栋都承载着深厚的历史记忆。此外，这里还孕育了国家级非遗项目"红粬黄酒酿造技艺"和"四平戏"，彰显了其独特的文化魅力。然而，随着时代的变迁，龙潭村变成了一个典型的"空心村"，随着大量农村人口的外出务工、经商、求学，老屋凋敝，乡村冷落。幸运的是，屏南县委、县政府高度重视传统村落的保护与发展，将龙潭村作为乡村振兴的重点村落之一，通过一系列的政策扶持和资金投入，为龙潭村的生态振兴注入了强大的动力，如今这个昔日寂静的村落已成为乡村振兴的生动画卷。龙潭村在生态振兴的道路上不断探索、实践，走出了一条具有地方特色的乡村振兴之路。

"空心村"成功吸引了来自四面八方的"新村民"，其背后正是得益于"三引三创"的创新实践，为乡村振兴提供了强有力的人才和机制保障。在"三引"策略上，引进"高人"以强化乡村振兴力量，采取"一人一议""一事一议"的方式，吸引专家团队驻村主持实施项目，不仅保障了其经济待遇，更给予他们足够的空间施展才华。与此同时，致力于改善创业环境，以吸引外出人员这一批"亲人"回乡创业，通过优化村落条件、落实创业奖补等措施，让更多人愿意回归故土，贡献才智。此外，还积极构建新型社区，引导"新人"，即城市居民到村里认租修缮房屋长期定居，共同打造具有独特魅力的新型乡村社区。在"三创"方面,一是"老屋认租15年或20年"模式成为解决闲置民居"保"与"用"难题的有效手段,通过村级组织作为中介进行流转,既保护了传统民居,又实现了其合理利用。二是推出了"'新村民'出资、驻村专家设计、村委会代为建设"的运作模式,这一创新举措不仅便利了租户,也实现了传统技艺的传承和老屋的保护。三是在项目管理机制上,屏南县试行了乡村建设项目的"工料法"计算工程成本管理机制,由村级组织自行购料、聘请工匠、组织施工及全程监督,这一举措不仅提高了工程效率,节约了成本,还进一步增加了农民的收入。

引进人才只是第一步,关键还在于如何留住这些宝贵的资源。在县级政府的引导和支持下,乡村致力于持续优化人才发展环境,让每一位"新村民"都能在这里找到归属感。通过颁发居住证,确保"新村民"能够享受与当地居民同等的医保、社保、孩子就学等福利待遇,使之真正融入当地社会。为了进一步推动"新村民"的融入与参与,屏南县还特设了"新村民专职副主任"岗位,积极探索"新村民"参与基层治理、融入乡村建设的创新路径。这些举措不仅让"外乡人"变成了"自家人""当家人",更推动了新、老村民携手共创美好新农村。

在人才政策的引领下,来自全国各地的梦想者汇聚龙潭,巧妙地将村里闲置的古屋转化为图书室、咖啡厅、音乐吧、小酒馆、客栈等充满创意的文化空间。他们积极利用抖音、微博等新媒体平台,将龙潭的宁静生活和优美生态推向全国,吸引了无数目光。同时,他们还组织了油画教学、歌曲创作、影视拍摄、艺术展览等一系列丰富多彩的活动,为龙潭村注入了新的活力。不仅如此,他们通过设计精美的外包装和巧妙的网上营销策略,让龙潭的农产品焕发出新的价值。这些追梦人如同网红般为龙潭村引流增量,催生了文创旅游、研学康养、直播带货、餐饮住宿等新型业态,使龙潭村在数字时代的浪潮中焕发出勃勃生机。沉寂许久的古村,在新势力的努力下走出了落寞,重新焕发出迷人的光彩。

龙潭村以多彩稻田画绘就生态"农业梦"。该村依托稻田彩绘示范项目,引进彩色叶片水稻,呈现文创图案,为乡村旅游添彩。同时,配套稻渔综合种养技术,田间养殖细绿萍,田埂种植波斯菊、香茅等蜜源植物,创新生态农业模式,全力打造高山生态香米品牌。近年来,龙潭村筹措巨资修复民居古厝,推动传统农业、黄酒酿造转型升级,催生了生态农业、文创旅游等新兴产业,使古朴与现代交相辉映。昔日的"空心村"已蝶变为艺术硅谷"网红村",为村民带来丰厚收入。这一转变不仅吸引了新村民入驻,还促使外出打工的原住民回归,共同助力乡村振兴。目前屏南县正积极探讨数字农业技术,以科技力量进一步推动生态农业的发展,实现生态振兴的美好愿景。

龙潭村所在的屏南县为了破解龙潭及其周边村庄面临的发展失衡、资源整合难题以及承载能力受限等制约,屏南县积极打破传统农村行政界限,秉承"组织协同布局、工作统筹策划、制度全面完善、活动联动开展"的崭新理念,创新性地将龙潭、三峰、四坪、墘头四个村庄联合成立龙潭片区党委。此举不仅促进了文创产业在更广范围内蓬勃发展,更将这一"文创火种"迅速点燃并传播至其他村落,塑造了乡村振兴更宏大的场景,产生了溢出效应和聚集效应。自2022年起,屏南县秉持"实用即人才"的先进理念,突破传统部门、行业、体制的界限,向全社会广泛招募乡村振兴特聘指导员。智库类特聘指导员担当起乡村振兴的"参谋长"角色,以龙潭片区为试验田,积极探索生态优先、绿色发展的创新路径。他们精心策划了"屏南800"生态公共品牌,并衍生出"我在屏南有亩田"子项目,推动农村"三变"(资源变资产、资金变股金、农民变股东)改革落地生根。同时,启动全国首个"云村民"计划,促进城乡资源要素的流动与融合。通过立体开发空间生态资源,发展独具特色的"暗夜经济",成功将大自然的山水资源转化为经济价值,实现了"绿水青山"向"金山银山"的华丽转身,为古村的现代化发展开辟了新路径,推动龙潭片区进入乡村振兴的新阶段。特聘指导员还积极整合高校、社会组织、企业团队等资源,依托片区内的党校、众创空间等平台,发起全国首个

"乡村访问学者计划",成立县域新农人联盟,并举办乡村振兴大讲堂、硕博研习营等活动。这些举措吸引了全国各地的专家学者、企业家和能工巧匠关注并参与乡村建设,使龙潭片区成为屏南乡村振兴实践的亮丽名片,吸引了各类人才的汇聚。

屏南县熙岭乡龙潭片区汇聚龙潭、墘头等古村,人口稠密,水环境优越。近年来,龙潭片区以"创建幸福家乡河"为引擎,推进水美古村振兴。通过完善"河长+警长+检察长"机制,实施"河长+物业化",高效巡河管河;投资数百万,建福漫道、生态护岸,扮靓西溪、墘头溪;依托文创优势,引进人才,建设文化设施,打造特色民宿,带动村民致富;建河长制主题公园,科普水知识,强化人水和谐。推行"河长制+党建",形成治水护河新格局。推行第三方河湖物业化管理,提升河长制标准化建设,聘任"新村民河长",形成群众参与齐抓共管的良好氛围,共绘"河畅、水清、岸绿、景美、人和"新画卷。

二、经验梳理

在乡村振兴的大背景下,屏南县龙潭村以其前瞻性的思维和创新的举措,实现了从传统村落到现代化生态村的华丽转身。在这一转变过程中,龙潭村在人才支撑、资源利用、区域发展、生态农业以及环境管理等方面积累了宝贵的经验。

(一)"人才支撑"解锁"蝶变密码"

人才是乡村振兴的第一资源,通过实施一系列人才支撑策略,成功解锁了村庄蝶变的密码。首先,积极引进外部人才,"新村民"计划是龙潭村的亮点工程,一批有情怀、有能力、有资源的外来人才到龙潭村发展具有重要意义,这些"新村民"不仅带来了先进的理念和技术,也为村庄注入了新的活力和创意。新村民与本地村民共同合作,共同推动村庄的各项事业发展。其次，注重培养本土人才，着眼于村民专业技能和综合素质的提升，积极举办培训班、开展交流等形式多样的活动；鼓励村民参与各类培训和学习，提升其自我发展能力，为村庄奠定基础。在人才支撑下，龙潭村实现了从传统产业向生态农业、乡村旅游等多元化产业的转型，村庄经济得到了快速发展。人才聚集也带动了村庄文化的繁荣和社会的进步，使龙潭村成为一个充满活力和魅力的明星生态村。

（二）"变废为宝"+"承古更新"焕发"新势能"

龙潭村巧妙地实施了"变废为宝"和"承古更新"两大策略，为村庄发展焕发出新的势能。一方面，充分利用村庄内的废弃物和闲置资源，通过创意设计和改造，将其变为具有实用价值和观赏价值的物品或景点。例如，废弃的农具、石头、木头等被巧妙地运用于景观营造和文化建设中，既节约了成本，又赋予了村庄独特的韵味。另一方面，注重保护和传承传统文化，同时融入现代元素，实现"承古更新"。村庄在修复传统建筑、保护非物质文化遗产等方面下足了功夫，让古老的文脉得以延续。同时，还结合现代审美和市场需求，推出了一系列具有地方特色的文化产品和文化活动，吸引大量游客前来体验。

（三）"片区发展"成就"聚集效应"

龙潭村联合、四坪、墘头、三峰等村采用了"片区发展"的模式，通过整合周边资源，增强化了效益溢出，实现了聚集效应。村庄将自身定位为区域发展的核心，积极与周边乡镇、村庄开展合作与交流，共同推动区域经济的协同发展。通过资源共享、优势互补等方式，龙潭村与周边地区形成了紧密的联系和合作关系，共同打造了一个具有地方特色的生态文化旅游圈。在片区发展的模式下，龙潭村不仅提升了自身的综合实力和影响力，也为周边地区带来了更多的发展机遇和资源共享的机会。这种聚集效应不仅促进了区域经济的繁荣，也加强了区域间的文化交流和合作，推动了整个区域的共同发展。

(四)高山生态农业创新与品牌打造

龙潭村依托得天独厚的自然条件和生态环境,大力发展高山生态农业,通过创新和品牌打造,实现了农业产业的转型升级。村庄引进了先进的生态农业技术和管理经验,推动农业生产向科学种植、绿色养殖转型,提高了农产品的品质和产量。与此同时,还注重农产品的深加工和品牌建设,通过包装设计和营销推广等方式,提升了农产品的附加值和市场竞争力;注重挖掘和传承本土文化元素,将其融入农产品的品牌形象和宣传推广中,强化品牌打造。例如,村庄以"龙潭香米"为龙头产品,通过讲述其背后的历史故事和文化内涵,提升品牌的知名度和美誉度。此外,还结合乡村旅游的发展推出了"农旅结合"的生态农业体验项目,让游客在欣赏美景的同时,也能体验到高山生态农业的魅力。高山生态农业的创新和品牌打造不仅提高了农业产业的综合效益,也为乡村可持续发展提供了新机遇。

(五)生态环境治理模式创新

屏南县熙岭乡龙潭片区探索出一条独具特色的生态环境治理模式。其一,龙潭片区成立了幸福家乡河创建工作领导小组,健全完善了"河长+警长+检察长"机制,实现了河湖长制从"有名有责"到"有能有效"的深刻转变。其二,引入物业化管理理念,建立了一支集中统一的河道管理队伍,负责河道保洁、涉河工程管护等工作,有效提升了巡河管河工作效率。通过实施"河长+物业化"管理,成功将河湖长制与物业化服务的高效融合,为乡村环境治理提供了新路径。其三,充分发挥党建引领作用,采取"河长制+党建"治水新模式,引导广大群众积极参与治水护河行动。同时,建设河长制主题公园,提升了公众对河长制和水环境保护的认识和参与度,营造了全民知水、爱水、护水、惜水的浓厚氛围。此外,推行"河长+文创",积极引进文创人才与专家团队。同时,依托屏南乡村振兴研究院,建设艺术教学中心、图书馆等文化设施。诸如此类的组合拳,不仅守护了美丽乡村的青山绿水,也促进了乡村生态文化的升华与生态实践的提升。

第六章　闽东乡村生态振兴的实现路径

闽东乡村生态振兴是一项复杂的系统工程,实现闽东乡村生态振兴需要统筹把握经济、政治、社会与文化等多方面因素,本章将从推进农业绿色发展、完善生态化体制机制、培育乡村生态文化、强化科技赋能、人才智慧力量等方面探寻闽东乡村生态振兴的实现路径。

第一节　推进农业绿色发展,夯实乡村生态振兴之基

经济基础决定上层建筑。习近平总书记指出,"要把发展现代农业作为实施乡村振兴战略的重中之重"[130]。农业绿色发展是闽东乡村生态振兴的基石,推动农业绿色发展是"念好山海经"的生动实践,是闽东乡村生态振兴的必由之路。

农业作为农村经济的核心,与自然环境紧密相连,其生产模式与产业结构对农村生态环境的演变具有决定性作用。推动现代农业的健康发展,首要且紧迫的任务在于促进农业绿色发展,从而促成一个与环境资源承载能力相适应、生产与生活生态和谐共生的农业发展新态势。按照农业供给侧结构性改革的方向,应坚持以生态友好和资源永续利用为指引,积极构建绿色的农业生产方式,增强农业的可持续发展能力;应加速推进农业绿色品牌战略,实现产地生态化、产品绿色化的发展目标,使绿色农产品在市场上更

具竞争力,使农业成为真正充满希望和活力的产业;应通过"绿色农业+"模式,推动农业、加工业、旅游业的深度融合,构建乡村绿色产业链;还需利用政策资金,鼓励和支持新型农业经营主体广泛采用绿色农业科技,建设绿色农业发展示范园区,带动小农户参与农业绿色发展,并加速绿色农业生产方式的普及。[131]

推进农业绿色转型是夯实生态振兴之基的关键一步。农业绿色发展是对传统农业生产方式的深刻变革,是对乡村生态环境保护和可持续发展的积极响应。农业绿色转型意味着将农业生产活动从单一追求产量转向生态优先、绿色发展的新模式。闽东乡村农业绿色转型具有特殊的意义和深远的影响,闽东地区拥有丰富的农业资源和多样的生态环境,为农业绿色转型提供了得天独厚的条件。随着人们对生态环境保护和健康生活的日益关注,农业绿色转型是闽东乡村工作重点方向,走好农业绿色转型路,需重点在以下几个方面下功夫。

一、发展绿色特色农业,塑造乡村生态振兴"基本盘"

优化农业产业结构、发展绿色特色农业是闽东乡村生态振兴的必然要求。这不仅意味着传统农业向现代绿色农业的转型升级,也代表着闽东乡村生态振兴与经济社会可持续发展的深度融合。传统农业结构往往以资源消耗和环境污染为代价,难以实现可持续发展。而优化农业产业结构意味着要根据地区资源禀赋和市场需求,调整农业生产的品种和布局,推动农业向高效、绿色、循环方向发展。闽东乡村生态资源禀赋不尽相同,农业资源各具特色。这既是优化农业产业结构的基础,也是发展绿色特色农业的资本。产业结构的调整就是要深刻认识到农业生态系统差异、特点和竞争优势,锚定特色绿色农业之目标,追求差异化发展,形成百花齐放、百家争鸣的闽东区域绿色农业的发展格局。种植业和渔业是闽东乡村传统主导产业,也是"靠山吃山,靠海吃海"的主攻方向,推进乡村生态振兴,必然要求推动种植业和渔业的绿色发展。种植业和渔业的绿色发展可以为闽东乡村生态振兴增加绿色底蕴,强化绿色动能,凸显绿色优势。

(一)推动种植业绿色发展

一是围绕闽东特色产业,深入种植产业结构深入调整。一方面,发挥利用好"一乡一业""一村一品"等现有平台或机制深化结构调整,闽东各类型乡村要结合自身资源禀赋,结合茶叶、食用菌、水果、蔬菜、中药材、林竹花卉等特色业态,因地制宜地促进绿色特色农业产业落地生根。山区县份如古田、屏南、周宁等山地型村落则应发挥山区特色资源,大力发展茶叶、食用菌等绿色产业,力争在食用菌、精品水果、高山蔬菜、中药材等方面形产业集群效应。平地集中型村落应注重城郊平原高优农业的发展,通过建设现代农业示范区,推动设施农业与休闲观光的深度融合。另一方面,推进良种培育与推广。要围绕福安葡萄、柘荣太子参、古田水蜜桃等优势农产品,培育和推广良种,提升绿色特色种植业的竞争力。

二是构建减量化、资源化、可循环的绿色种植模式。减量化就是要减少化肥和农药的使用。在化肥减量方面,既要减少对传统化肥的依赖,也要扩大绿色有机肥料的综合利用,通过减量增效稳步改善土壤肥力,促进绿色种植生产效益。在农药减量方面,通过加强病虫害监测,以及技术和农机人员智慧指导种植户把控施药时机,做到精准防控;还要通过生物、物理等非化学防控途径增加绿色防控,同时借助无人散播农药等技术化手段切实降低农药使用危害,推进农药减量化深入开展。可循环就是着眼于资源的重复利用,推动种植业领域相关要素的循环使用。诸如秸秆的肥料化、饲料化,废旧农膜的废物利用等,要畅通回收主体、流通主体和处置利用主体的链接渠道和价值实现路径,确保相关资源要素的低碳绿色循环,为闽东乡村减量化、资源化、可循环的绿色种植模式添砖加瓦。

(二)推动渔业绿色发展

渔业绿色发展是农业绿色发展的重要组成部分,是闽东乡村生态振兴的重要一环。闽东霞浦、蕉城、福安、福鼎等地的滨海型村落历来与海相伴、向海而生,有着悠久的渔业历史和深厚的渔业传统,对传统渔业的绿色化改造升级,是闽东渔业发展的必要趋势,也是乡村生态振兴的必然要求。一是要统筹渔业生产发展与环境保护的关系,精准调整水产健康养殖布局,实现生态与经济的双赢。深入开展水产养殖容量评估,科学规划湖泊、水库、河流和近海等水域的网箱养殖规模与密度,确保渔业活动在环境可承受范围内进行。对于超出水域滩涂承载能力的养殖区,应果断实施养殖总量调减,让水域生态系统得以恢复。二是要引导深远海绿色养殖的发展,通过生态化、智能化养殖渔场的建设,不断提升养殖业的科技含量与绿色发展水平。同时,打造生态健康养殖示范工程,通过创新养殖模式,推动渔业产业向更高质量、更可持续的方向迈进。三是要强化养殖尾水治理,实施严格的排放标准,确保养殖废水不对环境造成二次污染。推动养殖生产副产物及废弃物的资源化利用,变废为宝,减轻环境压力。例如探索近海养殖使用的泡沫浮球的环保新材料替代,消除白色污染隐患。四是要立足资源优势,提升渔业绿色发展内生动力。宁德大黄鱼、福鼎鲈鱼等早已声名在外,要依托沿海资源优势,在宁德发展大海洋蓝色经济的政策支持下强化生态水产养殖业与绿色加工业的协同发展,促进绿色渔业产品的价值实现,提升绿色渔业的附加价值,增强绿色发展动能。

二、加强农业资源保护利用,提升乡村生态系统韧性

农业资源是农业绿色发展的基本要素,农业资源保护是农业绿色生产方式的重要路径,[132]农业资源保护是对由土壤、植被等构成的农业生态系

统的保护。[133]农业用地和水资源等基础性农业资源的保护利用既关乎农业生态系统的基质,也关乎农业的未来发展空间。加强农业资源保护利用,就是要提高可持续发展能力。一方面,无论是闽东滨海型乡村,还是山地型乡村,农业用地尤其是耕地相对趋紧,山区县耕地面积碎片化,可供集中劳作土地相当有限,而一些靠近城郊或平原地区的乡村,其土地要素更倾向于流向工业等领域,即便是农业产业化用地权,其优先级往往靠后,破解土地资源约束,给农业绿色发展更大生产空间始终是一个重要议题;另一方面,闽东农业生态系统的差异和特殊性造就了丰富的农业物种资源,这既是自然给予闽东乡村的馈赠,也是农业差异化竞争力的源起,还是关乎更大范畴生态系统稳定性的重要因素。基于此,加强农业土地资源和农业生物资源保护是提升可持续发展能力的重点,也是助推乡村生态振兴的着力点。

(一)加强土地资源的保护利用,促进农业生产空间绿色化转型

从土地挖掘和扩大经济生态效益是绿色农业发展的本质要求。土地是农业的基本依托。"皮之不存,毛将焉附。"加强农业用地资源保护利用是实现乡村生态振兴的基础工程。闽东乡村土地资源是有限的,农业绿色化转型面临土地的资源约束,既要挖掘土地生态效能,也要提升土地的经济效益,因此,提升农业的节约集约用地是关键。

一是统筹规划用地。摒弃传统的粗放型土地利用模式,转向集约型、高效型土地利用模式。这就需要加强土地规划和管理,制订科学合理的土地利用方案,明确土地利用的优先级和时序,确保每一寸土地都能得到合理、高效的利用;要切实降低非农用地的积压,严格土地执法,打击非法占用耕地行为,维护土地利用的秩序和公平。

二是加强农业用地养护。通过土质监测、土壤改良,促进土地生产力的提升,换句话说就是,要提高土地的产出率和附加值。要大力推广先进的农业技术和装备,提高农业生产的科技含量和智能化水平,实现土地的高效利

用和优质产出。例如,精准施肥、精准灌溉等技术手段的推广应用有助于减少化肥和农药的使用量,降低对土地资源的污染和破坏,提高农作物的产量和品质。

三是采取低碳、高效与循环的农业生产模式。农业绿色发展需要全过程、全方面遵从生态化原则,致力于以尽可能小的投入,获得尽可能大的经济生态效益。闽东乡村既可以"林下生金",也可以耕地高优有机植物套种,诸如此类,纵横向结合、立体化挖掘释放土地效能,是提升闽东乡村土地利用水平的有效之举。

(二)加强农业生物资源保护,强化农业发展的绿色底蕴

首先,要深化闽东地区农业物种资源保护工作。闽东区域农作物、畜禽及水产种质资源丰富,这些资源是农业发展的基石,具有不可估量的价值。因此,必须全面开展种质资源普查,紧急抢救和收集那些珍稀、濒危及特有的种质资源和地方品种,建立全面且系统的种质资源库,为农业绿色发展筑牢坚实基础。此外,还需对现有的农业野生植物原生境区域进行细致梳理与科学调整,确保这些珍稀资源得到更为精准与有效的保护,为闽东农业的可持续发展注入绿色动力。

其次,闽东地区水系纵横,水生生物资源丰盛,保护工作至关重要。应持续关注重点水域,积极开展水生生物增殖放流活动,并加强苗种供应基地的建设,适当提高珍稀濒危物种的放流数量。同时,为保障鱼类自然洄游,需推进生物通道建设,并严格实施禁渔期制度,通过专项执法行动,坚决打击非法捕捞行为。此外,还需实施珍稀濒危水生生物拯救计划,针对关键栖息地进行修复,开展就地和迁地保护,以保障水生生物资源的可持续利用与生态平衡。

再次,要加强外来入侵物种的防控。闽东地区整体濒临东海,对外交往频繁,强化防控外来物质入侵不仅能确保闽东乡村生态系统的稳定性,也能

为农业绿色发展提供稳定可预期的生态空间。要深入开展外来入侵物种的普查与监测预警,在关键区域设立监测站点,实施分级分类管理策略。除此之外,要依法严格外来物种的引种审批程序,并加强对引入物种的后续管控,防止其逃逸或扩散。为有效遏制外来入侵物种的扩散蔓延,还需加强阻截防控工作,并加大综合治理力度。通过建设生物天敌繁育基地,积极推广生物防治和生物替代技术,开展集中应急灭除行动,以切实保护闽东地区的农业生物资源,维护生态平衡与农业的可持续发展。

三、打造绿色农业产业价值链,释放乡村绿色发展效能

(一)优化绿色农产品供应链

优化绿色农产品供应链既是提升农业经济效益的重要举措,也是闽东乡村生态振兴的实践方向。闽东乡村以其独特的自然环境和深厚的文化底蕴孕育了丰富多样的农产品。如何将这些绿色、健康的农产品送达消费者手中,促进绿色农产品的价值实现是重要议题。其一,闽东应立足自身资源优势,精选特色农产品,如柘荣太子参、福鼎白茶、霞浦紫菜等,打造具有地域特色的绿色农产品品牌。通过挖掘农产品的生态价值和文化内涵,提升产品的附加值和市场竞争力。同时,加强农产品质量安全监管,确保每一份农产品都符合绿色、健康的标准。其二,运用现代科技手段,实现供应链的智能化、高效化。借助物联网、大数据等技术,建立农产品追溯体系,实现农产品从田间到餐桌的全程可追溯。这不仅可以让消费者放心购买,也能有效监督农产品的生产过程,确保绿色生产的落实。其三,加强供应链上下游的协同合作,形成紧密的产业链。鼓励农产品生产者、加工企业、销售商等各方加强沟通与协作,共同推动供应链的优化和升级。通过共享资源、互利共赢的合作模式,实现绿色农产品供应链的高效运转。其四,要注重发挥绿

色农业龙头企业的带动作用。绿色农业龙头企业是绿色农业的关键参与主体,其具备资源、技术、人才与品牌等优势,农业龙头企业在绿色农产品供应链中具有举足轻重的作用。要充分发挥龙头企业通过绿色农业技术研发与应用、农产品绿色含金量提升、绿色市场份额扩大等方面的积极影响,塑造绿色农业产业链主骨架,唱响绿色农业发展总基调。

(二)培育绿色农产品品牌

培育绿色农产品品牌是提升农业附加值的关键举措,也是实现生态与经济双赢的重要途径。绿色农产品品牌的培育需要深入挖掘闽东地域特色,结合现代营销理念,走出一条具有闽东特质的品牌发展之路,助力乡村生态振兴。

品牌是农产品的灵魂,是连接消费者与产品的重要桥梁,推动绿色农产品品牌建设是乡村振兴的有效方式。[134]闽东有宁德大黄鱼、福鼎白茶、坦洋工夫等一系列享誉海内外的特色老品牌,它们承载着闽东人民的智慧与汗水,是闽东农业的骄傲。然而,品牌的建设并非一蹴而就,需要深入挖掘产品的绿色价值,强化品牌的文化内涵,让更多绿色农产品品牌成为推动闽东农业绿色发展的强大引擎。

一是遵循品牌成长演化路径,促进各类绿色农产品品牌协同发展。要坚持以特色老品牌为引领,带动新品牌、小品牌快速成长。例如,宁德大黄鱼以其鲜美的口感和丰富的营养价值赢得了消费者的青睐;福鼎白茶则以其独特的制作工艺和醇厚的口感成为茶文化的代表。这些老品牌不仅为闽东农业带来了声誉和效益,更为新品牌、小品牌提供了学习的榜样和成长的空间,既要发挥老品牌的示范带动作用,也要释放新小品牌的发展效能,促进各类品牌协调,不断提升闽东绿色农产品品牌影响力和竞争力。

二是打造区域绿色农产品品牌层级体系,强化区域品牌综合影响力。在构建区域绿色农产品品牌层级体系方面,宁德着力打造了"0593宁德号"

区域公用品牌,该品牌以闽东的特色农产品为基础,通过统一的标识、宣传和推广,展示闽东农业的绿色、健康、安全形象;同时其积极与电商平台合作,实现线上线下双轨运营,让闽东的绿色农产品走向全国、走向世界。要继续发展利用好这类区域公共品牌,探索打造契合闽东各区绿色农产品牌特质的区域公共品牌。闽东各区域已进行有益的实践,如"屏南800"生态公共品牌等,取得了较好成效。在此基础上,要进一步打造好各类区域次级品牌,在绿色农产品品牌、绿色企业品牌基础上,叠加搭建各类区域公共品牌,以至形成全层级、全方面绿色农产品牌体系,为闽东农业绿色发展印刻上最鲜明、最有特色的标识。

三是要以"产品差异"+"技术优势"充实品牌内涵。闽东绿色特色农业孕育了产品差异,产品差异是造就品牌比较优势的重要方面。"产品差异"充实品牌内涵核心就是要围绕周宁高山云雾茶、福安巨峰葡萄、寿宁高山乌龙茶、古田银耳等特色优势产品,挖掘提炼归整产品元素,建构绿色农产品内核。"技术优势"可以源自绿色农产品的生产、加工和流通等全过程,蕴含技术优势的闽东绿色农产品牌更能行稳致远。诸如闽东高山生态鲜销菜基地的标准化、无公害种植,三都澳渔业的生态化养殖等都可以成为绿色产品利用技术元素形成品牌内涵张力的重要源泉。"产品差异"+"技术优势"丰富充实品牌内涵,将为闽东绿色农产品发展发挥近乎"如虎添翼"的作用。

(三)拓展绿色农产品销售渠道

销售渠道关乎绿色农产品的价值实现,绿色农产品如无销路,农业绿色发展无从谈起,拓展绿色农产品销售渠道是建构产业价值链的关键一环。拓展绿色农产品销售渠道就要建立多元的产品输出通路。在信息化、网络化高速发展的新时代,拓展绿色农产品销售渠道作为关键一环,不仅要充分利用传统渠道,更要顺应时代潮流,特别是借助新媒体和互联网的力量,将闽东的绿色农产品推向更广阔的市场。

其一,利用新媒体平台,拓展绿色农产品销售渠道。一方面,要重点借助抖音、快手等短视频平台,打造闽东农产品的网红品牌。通过精心策划的短视频内容,展示闽东农产品的生长环境、采摘过程、独特口感等,吸引大量粉丝关注和转发。另一方面,与知名网红或意见领袖(KOL)合作,进行产品推广和直播带货,提升产品的知名度和销量。通过直播平台,农民可以直接与消费者互动,介绍产品的特点和优势,解答消费者的疑问,增加产品的信任度。还可以实现农产品从田间地头到消费者餐桌的直供,减少中间环节的成本消耗,提升效益。

其二,借力"乡村旅游+网红村"拓展绿色农产品销售渠道。通过改善村庄环境、提升服务水平、丰富旅游产品等方式吸引游客前来观光、体验、购物。在游客游览的过程中,可以推广和销售当地的绿色农产品,实现旅游与农业的融合发展。例如:屏南龙潭村实地销售独具当地特色的绿色产品,吸引了不少外地游客;屏南四坪村在游人流量较大的廊道内摆设展示绿色农产品,支持消费者自助购物等,诸如此类就是绿色农产品销售渠道的跨界融合拓展。

其三,加强线上线下融合,构建全方位的农产品销售网络。线上平台提供便捷的购物体验和信息查询服务,线下实体店则为消费者提供直观的产品展示和试吃体验。通过线上线下协同发展,提升满足不同消费者的需求能力,实现绿色农产品的市场价值。当然在拓展销售渠道的过程中,应注意保护农民的利益和知识产权。通过制定合理的利润分配机制、加强市场监管和打击侵权行为等方式,确保农民能够分享到销售收益,激发其参与乡村生态振兴的积极性。

四、推动"绿色农业+"产业融合发展，催生乡村生态振兴新活力

(一)绿色农业+生态旅游

绿色农业与生态旅游融合发展，是探索独具"宁德气质"的闽东乡村生态振兴的重要路径。绿色农业+生态旅游融合发展孕育了闽东乡村生态产业化和产业生态化的价值理论，添增了乡村生态振兴的新活力。一方面，绿色农业作为乡村生态振兴的基石，为生态旅游提供了丰富的资源和优质的环境。丰富的农业资源和优美的田园风光是闽东生态产业天然的优势，为绿色农业发展提供了得天独厚的条件。绿色种植、生态养殖等模式的推广不仅提升了农产品的品质和安全，也打造了一片片绿色生态的农业景观。另一方面，生态旅游作为绿色农业的延伸和拓展，既能反哺绿色农业发展，也为乡村生态振兴提供了更广阔的空间。闽东乡村独特的山水景观和丰富的民俗文化为生态旅游发展提供了丰富的素材。通过绿色农业与生态深度融合，农业生态观光、采摘等作为具体生态体验活动得以实现，绿色农业的多维功能和价值也得以达成。

其一，遵循"绿色农业+生态旅游"融合的机理，推进二者深度融合。绿色农业与生态旅游的融合是基于资源共享、优势互补的原则进行的。绿色农业以其生态、环保、健康的特性，为生态旅游提供了独特的自然资源和景观。而生态旅游则通过游客的参观、体验、消费等方式，为绿色农业带来了市场机遇和经济效益。二者在产业链上的相互衔接，形成了相互促进、共同发展的良性循环。在"绿色农业+生态旅游"融合的进程中，要以绿色农业观光园区建设、农家乐和民宿发展、特色农产品开发等为主要抓手或载体，综合协调推进。一是建设绿色农业观光园区。结合闽东地区的自然资源和农业特色，建设一批绿色农业观光园区，让游客在参观、体验的过程中了解

绿色农业的生产过程和优势。二是发展农家乐和民宿。鼓励农民利用自家房屋和土地，发展农家乐和民宿，为游客提供独特的乡村体验，增加农民的收入来源。三是开发特色农产品。结合闽东地区的特色农产品，如茶叶、水果、海鲜等，进行深加工和包装，打造具有地方特色的旅游商品，满足游客的购物需求。

其二，承接融合能效，促进经济社会生态效益整体提升。经济效益方面，绿色农业与生态旅游的融合既可以带动相关产业的发展，如农家乐、民宿、农产品加工等，从而增加农民的收入，促进农村经济的繁荣。生态效益方面，绿色农业的发展也有助于保护生态环境，提升土地和水资源的利用效率；生态旅游则通过游客的参与，增强人们对生态环境的保护意识，助力生态振兴。社会效益方面，绿色农业与生态旅游的融合可以吸引更多的游客前来观光、休闲、度假，提升闽东乡村的知名度和美誉度，增强当地居民的自豪感和归属感。闽东乡村绿色农业与生态振兴的融合发展有助于推动两个产业的耦合发展，有助于提升经济社会生态综合效益。在具体实现路径上，要立足区域资源禀赋，打造特色绿色农业，完善生态化基础设施，拓展提升"绿色农业＋生态旅游"交互融合的场景，以促成经济社会生态效益在闽东乡村的实现。比如闽东可以以福鼎、柘荣、福安等区域为重点，依托福鼎白茶、柘荣高山白茶、坦洋工夫等产业优势及品牌影响力，积极推动区域化康养旅游与茶产业的创新发展。通过布局茶庄园、茶宿、工会疗休养基地等多元化设施，衍生出一系列森林康养、茶学科普、茶俗体验、养生度假、禅修疗养等康养度假产品；再比如霞浦的紫菜养殖、福安的生态化渔业，深度链接驱动观光摄影、民宿体验等多业态融合发展。闽东乡村的绿色农业与生态旅游的融合生动实践，深刻诠释了以最大限度促进乡村区域产业生态化、生态产业化，是推动闽东乡村生态全面振兴重要路径。

(二)绿色农业＋绿色加工

绿色农业与绿色加工融合是现代农业发展的重要方向，也是实现农业可持续发展的重要途径。绿色农业与绿色加工融合有助于提升农产品的绿色价值含量,强化农产品的核心竞争力,能够促进农业资源的合理利用,保护生态环境,实现经济效益、社会效益和生态效益的共赢。绿色农业与绿色加工融合不仅契合乡村生态振兴的核心要求,也是推动闽东乡村地区绿色发展的应有之义。

第一,绿色农业与绿色加工融合浑然天成。绿色农业强调在农业生产过程中减少化学农药和化肥的使用,保护生态环境,确保农产品的安全和健康;而绿色加工则是指在农产品加工过程中采用环保、节能、低碳的技术和方法,减少加工过程中的污染,提高产品的附加值。二者的融合,就是在农业生产到加工的全过程中,都坚持绿色、环保、可持续的原则,形成一条完整的绿色产业链。可见,环保、节能的加工工艺和技术是绿色农业与绿色加工融合发展的核心,采用先进的加工技术,可以有效降低能源消耗和环境污染,提高农产品的加工效率和品质;还可以开发具有地方特色的绿色农产品,满足消费者的多样化需求,提升绿色农产品综合价值。

第二,闽东乡村绿色农业与绿色加工融合基础良好。依托当地的农业资源和加工企业,建立绿色农业与绿色加工一体化的产业园区或示范基地,是推动绿色农业与绿色加工融合发展的重要举措。产业园区或示范基地能够集中优势资源,形成产业集聚效应,提高整个产业链的竞争力。

第三,以"政策引导"+"市场驱动"驱动融合。闽东地区应坚持政策引导与市场驱动相结合的原则,驱动绿色农业与绿色加工融合。政府可以通过制定相关政策,鼓励和支持绿色农业和绿色加工的发展,为产业融合提供良好的政策环境;要充分发挥市场在资源配置中的决定性作用,引导社会资本投入绿色农业和绿色加工领域,推动产业的快速发展。

第二节　完善生态化体制机制，打造生态振兴之盾

一、健全生态化政策，强化政策引领与激励

生态化政策本质上是指在推进乡村生态振兴进程中，以生态文明为指引，通过制定与实施系列政策措施，促进乡村生态环境的保护与发展，实现人与自然和谐共生，推动乡村生态全面振兴。习近平总书记深刻指出，"保护生态环境必须依靠制度、依靠法治。只有实行最严格的制度、最严密的法治，才能为生态文明建设提供可靠保障"[135]。闽东乡村生态振兴不是乡村社会自然演化或无序发展的结果，而是需要适合的政策加以引导和激励，健全生态化政策。强化政策引领与激励是新时代推进闽东乡村生态振兴的重要途径。

（一）健全生态化政策，为乡村生态振兴安上"指南针"

在闽东乡村生态振兴的过程中，健全生态化政策扮演着至关重要的角色。生态化政策不仅是推动乡村绿色发展的行动纲领，也是引领乡村社会走向生态文明的"指南针"。生态化政策涉及生态环境保护与产业发展等多方面，健全生态政策就是要打造一个契合闽东乡村生态的政策体系，为新时代乡村全面生态振兴定好基调。

其一，打造系统性生态化政策框架。生态化政策的核心在于将生态思想融入乡村发展的全过程，通过科学的规划和设计，为乡村生态振兴提供有力的政策保障。为此，需要深入调研，全面了解闽东乡村的生态环境现状、资源禀赋和发展需求，确保政策制定的科学性和针对性。具体而言，生态化

政策应当涵盖生态保护与修复、生态产业发展、乡村环境治理等多个方面。在生态保护与修复方面,应该注意明确保护目标,划定生态红线,加大生态系统保护和修复力度,提升乡村生态系统的质量和稳定性。在生态产业发展方面,要注重鼓励和支持农民发展生态农业、生态旅游等绿色产业,推动乡村经济结构的优化和升级。在乡村环境治理方面,应加大政策对农村生活垃圾、污水等环境问题治理的支持力度,促进农村人居环境改善和乡村居民生活品质提升。

其二,生态化政策要明确具体的发展目标和指标。闽东乡村绿色发展目标和指标应具有可衡量性、可达成性和可持续性的基本特征,生态建设不能盲动,生态振兴成效应可衡量,通过树立具有一定挑战性的目标,指引各方面力量正确前进方向,强化多元主体共同目标承诺,实现生态化政策应有之能效;生态化政策建构下的指标体系应该综合考量生态、经济与社会方面的关键因素,对乡村生态建设的重点领域和主攻方向作出明确清晰的政策指引。

其三,为确保政策的有效执行,需要建立严格的监管机制。要确保政策落地并有效执行,就需要加强监管机制建设。重点应该围绕以下工作展开:加强政策宣传和培训,提高农民和基层干部的政策理解和执行能力;建立政策执行情况的定期评估和反馈机制,及时发现问题并进行调整;加大对违法违规行为的处罚力度,维护政策的严肃性和权威性。

(二)强化政策导向,引领乡村绿色发展

强化政策导向是政府职责所在,也是引领乡村绿色发展的关键所在。强化政策导向意味着政府需要为闽东乡村量身打造一套绿色发展的战略规划,明确其战略定位和价值取向,以确保乡村社会在发展道路上始终坚守绿色、低碳、循环理念。

其一,加强政策与实践环节的联结。瞄准乡村生态改善、农业绿色转型与美丽乡村建设这些主战场,根据闽东乡村的实际情况和实践需要制定一系列针对性的政策措施,提高政策的可操作性性和针对性。比如:出台绿色环保的支持性政策,鼓励农民和企业采用环保的农业生产技术,推广可再生能源的利用,以及加强农村环境治理等,如此便是加强政策与实践联结,确保政策不掉链、不脱钩。

其二,强化政策导向需要注重激发乡村绿色发展的内生动力。让绿色发展成为闽东乡村社会的主导需要,让参与乡村生态振兴成为多元建设者们的优势动机,这些方面愿景的实现需要强力政策来支持。乡村发展之路有多种选择,农业企业与村民等的行动倾向受多种动机驱使,唯有借助政策之力激发乡村绿色发展的内生动力,乡村发展与个体行动的不确定性方能降低。具体来说,政府可以通过财政补贴、税收优惠、金融支持等方式为农民和企业提供实实在在的经济激励,让参与主体能够从中看到绿色发展的实际效益,强化其生态参与动机,巩固其行为模式,从而汇集闽东乡村绿色发展的持久之力。

其三,建立健全绿色发展的评价和激励机制。绿色发展评价和激励机制的健全重点是设立绿色发展评价指标体系,以是否及多大程度上促进乡村绿色发展为核心指向,定期对乡村的绿色发展情况进行评估和考核。考评本身不是最终目的,要善于利用考评结果,给予正面强化或负面惩罚,强化和校正乡村生态建设行为,如对于在绿色发展方面取得显著成效的乡村和个人,政府应给予表彰和奖励,以树立榜样,激励更多的乡村和个人投身到绿色发展的伟大事业中来。

(二)加强政策协同,形成促进乡村生态振兴政策合力

加强政策协同就是要形成促进乡村生态振兴的政策合力。政策协同意味着不同政策之间要相互协调、相互配合,形成共同推动乡村生态振兴的强大力量。

其一,加强政策协同以实现资源优化配置。闽东乡村生态振兴的政策之网繁复而广阔,涵盖生态保护、产业振兴、基础设施完善等诸多领域,政策引导下的资源配置也是纷繁复杂,唯有通过深化政策间的协同合作,才能确保各项政策在资源配置上相得益彰,形成合力,从而有效避免资源的无效浪费和重复投资,进而实现资源利用的最优化。

其二,加强政策协同,促进政策执行效率提升。在实际工作中,由于各部门之间缺乏沟通或存在利益冲突,可能导致政策执行出现梗阻或偏差。通过加强政策协同,可以促进各部门之间的沟通与协作,形成政策执行的合力,确保各项政策能够得到有效执行,从而推动乡村生态振兴的顺利进行。

其三,加强政策协同,提升政策的综合效应。不同政策在推动乡村生态振兴方面各有侧重,各项政策犹如拼图中的每一块,各自独特却又相互关联。单独看,每一块都有其独特的色彩与形状;但唯有将众多精准拼接,才能形成完整的生态振兴政策图景。政策协同便是这一拼接过程的关键所在。通过协同合作,各项政策得以有机衔接、深度融合,形成一股强大的合力,推动乡村生态振兴向更深层次发展。这种合力不仅能够有效弥补单一政策的不足,还能产生叠加效应和放大效应,让政策的整体效果远超各部分之和。

其四,需打好实现政策协同的组合拳。一是建立政策协同机制,明确各部门的职责和协作方式,形成政策制定、执行、评估等全过程的协同合作。二是加强政策研究和规划,确保各项政策在目标、内容、措施等方面相互协调、相互支持。三是加强政策宣传和培训,提高农民和基层干部对政策的理解和认同度,形成推动乡村生态振兴的强大合力。

(四)建立政策反馈机制,持续优化政策效果

建立政策反馈机制是持续优化政策效果、确保政策目标得以实现的关键举措。政策反馈机制能够及时发现政策执行过程中存在的问题和不足,

为政策调整和优化提供科学依据,进而推动乡村生态振兴工作不断深入。

第一,建立政策反馈机制有助于及时收集政策执行过程中的信息。建立政策反馈机制是提升政策执行透明度和效率的重要举措,通过搭建多元化的反馈平台,如在线问卷、实地走访、专题研讨会等,政策制定者能够主动倾听农民、企业、社会组织等各方声音,深入了解政策实施的实际效果与潜在问题。这些来自基层一线的真实反馈,不仅是政策优化的宝贵素材,也是精准把脉乡村生态振兴的关键线索。基于政策反馈信息,政策制定者能够更加贴近实际,贴近群众,确保政策调整更加精准有力,为乡村生态振兴提供坚实支撑。

第二,政策反馈机制能够促进政策制定者与执行者之间的沟通与互动。政策反馈机制不仅是一个信息收集的平台,也是一个政策制定者与执行者之间沟通协作的桥梁。凭借反馈机制,政策执行中的瓶颈、难点得以及时锁定与捕获,基于此,政策制定者可与执行者展开深入探讨,共同剖析问题根源,寻求解决之道。此种互动有助于增强执行者的参与感和责任心,提升政策执行的针对性和实效性。

第三,建立政策反馈机制能够推动政策的持续改进和优化。闽东乡村振兴情境在变化,实践在推进,政策制定不是一劳永逸之举,需要综合考量情境变量、执行效果等,持续改进和优化相关政策。建立政策反馈机制是推动政策与时俱进的关键行动,对政策执行效果进行定期评估和分析,有助于及时发现政策中的不足之处,并根据实际情况对政策进行调整和完善。政策持续改进保障了政策适用性的不断提升,为乡村生态振兴工作取得更好的成效提供了支持。在建立政策反馈机制的过程中,重点注意以下几个方面:一是要确保反馈渠道的畅通和便捷,方便各方参与;二是要注重信息的真实性和有效性,避免虚假信息和误导性信息的干扰;三是要加强信息的整合和分析,形成有针对性的政策建议;四是要及时将反馈结果和政策调整情况向社会公布,增强政策的透明度和公信力。

二、构建乡村生态化治理体系,为乡村生态振兴装上"控制器"

闽东乡村生态振兴犹如一艘巨轮驶向绿色发展的远方,在此行进过程中,需要有一个强有力的组织协调治理力量的把控,乡村生态化治理体系就是这个关键力量,是生态振兴正确前进方向的"控制器"。构建适合闽东乡村区域特质的生态化治理体系,是确保乡村生态振兴行稳致远的根本保障。

(一)打造"共建共治共享"的生态参与体系

闽东乡村生态振兴是一项复杂的系统工程,涉及包括村民、政府、企业与社会组织等众多主体。闽东乡村生态振兴不是"独角戏",而是"大合唱",搞好"大合唱"就是要打造"共建共治共享"的生态参与体系。在乡村生态化治理体系的构建中,打造"共建共治共享"的生态参与体系是乡村生态化治理体系构建的一项核心任务,旨在动员广泛的社会力量,促进多元主体之间的协作与参与,共同推动乡村生态振兴的进程。

第一,共建就是要组建闽东乡村生态振兴的"生力军"。共建作为生态建设的广泛参与性的集中体现,在闽东乡村生态振兴中扮演着至关重要的角色。闽东乡村生态振兴正在向纵深推进,这为政府、企业、社会组织以及村民等多元主体共同参与到乡村生态建设的伟大事业中来提供了广阔的舞台。政府作为共建的引领者,应充分发挥其主导作用。通过制定一系列优惠政策,如税收减免、财政补贴等,为乡村生态建设提供坚实的政策保障;政府还应加大资金投入力度,支持乡村生态基础设施建设和环境治理项目,为乡村生态建设提供强有力的资金支持。企业在共建中发挥着举足轻重的作用。尤其是农业龙头企业,应充分利用自身在技术创新、产业开发等方面的优势,推动绿色产业的发展;通过引进先进的生态农业技术,推广绿色种植、养殖模式,促进农业资源的循环利用和生态环境的改善。社会组织作为共建的桥梁和纽带,应发挥其独特的作用。通过搭建政府、企业、村民之间的沟通平台,促进各方之间的信息交流与合作;社会组织还可以开展环保宣传教育活动,提高村民的生态意识,推动乡村生态建设的深入开展。村民作为乡村生态建设的直接受益者,更应积极参与到共建中来。通过参与乡村生态建设的各个环节,如植树造林、垃圾分类、污水处理等,共同建设美丽家园。

第二,共治就是要分好闽东乡村生态振兴的"责任田"。共治是乡村生态治理的核心理念,强调政府、企业、社会组织以及村民等多元主体在乡村生态振兴中应共同承担责任和义务。因为生态具有公共品属性,生态环境保护易陷入"公地悲剧",容易诱发机会主义,共治就是要分好闽东乡村生态振兴的"责任田",建构生态振兴走向"守土有责"的良性治理格局。政府作为共治的主导者,不仅要制定和执行相关政策,更要通过加大监管力度,确保各项政策得以落地生根。政府应建立完善的监管体系,对乡村生态建设中的各个环节进行全程跟踪和监管,确保政策执行不走样、不变形;政府还应加强与其他主体的沟通协调,形成合力推动乡村生态治理的深入开展。企业在共治中扮演着重要角色,要促进企业自觉遵守环保法规,使之将绿色生产理念贯穿于生产经营的全过程。通过引进先进的环保技术和管理经验,降低生产过程中的污染排放,提高资源利用效率;企业还应积极履行社会责任,参与乡村生态治理,为乡村生态建设提供技术支持和资金保障。社会组织作为共治的积极参与者,应通过监督评估等方式促进乡村生态治理效果的提升。社会组织可以发挥自身的专业优势,对乡村生态建设中的问题进行深入研究和分析,提出有针对性的建议和措施。村民是乡村生态治理的主要参与者,在共治中具有不可替代的地位。村民应积极参与村民自治,通过选举产生自己的代表,参与制定和执行乡村生态建设的相关政策;村民还应积极监督环境行为,对破坏生态环境的行为进行举报和制止,共同维护乡村生态环境的稳定和健康。

第三,共享就是要分好闽东乡村生态振兴的"大蛋糕"。闽东乡村生态振兴具有较强的正外部性和溢出效应,分好乡村生态振兴成果的"大蛋糕"是事关全局的重要议题。共享本质上契合了闽东乡村生态振兴提升人民生态福祉的终极目标,不仅是一个简单的利益分配过程,更是一种大生态观的价值追求。共享乡村生态建设成果不仅体现在物质生活的丰富上,也在于精神层面的升华与共鸣,是乡村生态、经济、文化、社会多维度的共同进步。共享是强化多元主体参与动机、激发闽东乡村生态振兴活力的关键一环。首先,从物质层面来看,共享是生态振兴成果的普惠众生。通过共建共治,闽东乡村的生态环境得到根本性的改善,绿色产业蓬勃发展,为村民带来实实在在的经济利益。清新的空气、干净的水源、绿色的田野,这些不仅仅是环境的改善,也是村民生活质量提升的直接标志。同时,绿色产业的发展提升了乡村经济效益,提供了更多的就业机会和收入来源,让村民在共享中感受到了生态振兴带来的实惠。其次,在精神层面,共享是一种价值的传递和文化的传承。生态振兴表征了环境的改善和经济的发展,也意味着生活方式和价值观念的转变。通过共建共治的过程,村民们更加珍惜和保护自然环境,形成人与自然和谐共生的生态观念。这种观念的转变不仅提升了村民的精神境界,也为乡村文化的繁荣奠定了基础。村民们通过参与文化活动、传承乡土文化,感受到了乡村文化的独特魅力和深厚底蕴,从而增强了乡民与乡土空间的联结。再次,共享满足了多元主体的多维诉求,为乡村生态振兴提供持续动力。乡村生态振兴实践让政府、企业、社会组织以及村民等多元主体之间的合作关系变得更加紧密,进而汇聚成乡村建设的更大合力。

第四,"共建共治共享"的生态参与体系的构建需要打好"组合拳"。一是强化政府引导,政府应发挥主导作用,制定和完善相关政策法规,为共建共治共享提供制度保障。二是激发村民参与热情,村民是乡村生态建设的主体力量。应通过各种形式的教育和培训,提高村民的环保意识和参与度,使之在共建共治共享中发挥更大作用。三是加强跨部门协作,整合农业、林业、水利等相关部门的力量,形成合力推进乡村生态建设的良好局面。四是建构释放"共建共治共享"的生态参与体系效能的机制。(1)建立信息共享机制。通过搭建信息平台、定期召开联席会议等方式,加强政府、企业、社会组织和村民之间的信息沟通与共享。(2)完善利益协调机制。在共建共治共享过程中,应充分考虑各方利益诉求,通过协商、谈判等方式平衡各方利益,确保生态建设的顺利进行。(3)强化监督考核机制。建立健全监督考核机制,对共建共治共享工作进行定期评估和考核,确保各项措施得到有效落实。通过打造"共建共治共享"的生态参与体系,嵌入闽东乡村生态振兴的系统工程,有利于从根本上塑造形成多元参与协同、活力迸发的生动场景。

(二)构筑"党建引领"的乡村生态化组织领导体系

"党建引领"的乡村生态化组织领导体系是推动生态治理工作的强大引擎,是确保乡村振兴工作有序、高效开展的重要保障。乡村生态化组织领导体系要充分发挥党组织的领导核心作用,通过党建引领,将党的政治优势、组织优势转化为推动乡村生态振兴的强大动力。构筑"党建引领"的乡村生态化组织领导体系是时代所需,是引领和推动闽东乡村生态振兴的必由之路。

第一,创建"党建+"推进机制,强化乡村生态振兴的"基层堡垒"。加强党对闽东乡村生态振兴的组织领导,需要有联系具体事项的工作抓手,探索创建"党建+"的乡村生态振兴推进机制,就是在新时代新情境中将党建与一个个具体的生态振兴实现联结起来,形成近乎"毛细血管"功能的推进机制,加强党对乡村生态全方面、全过程的组织领导。闽东乡村已有了这方面的有益探索:在屏南龙潭片区内"党建+河长制"治水新模式的实施,为乡村水环境治理开辟了新路径。乡党支部与村党支部开展护水联建模式,强化了党组织的领导作用,使得河长制工作得到了深化和细化。党员河长们充

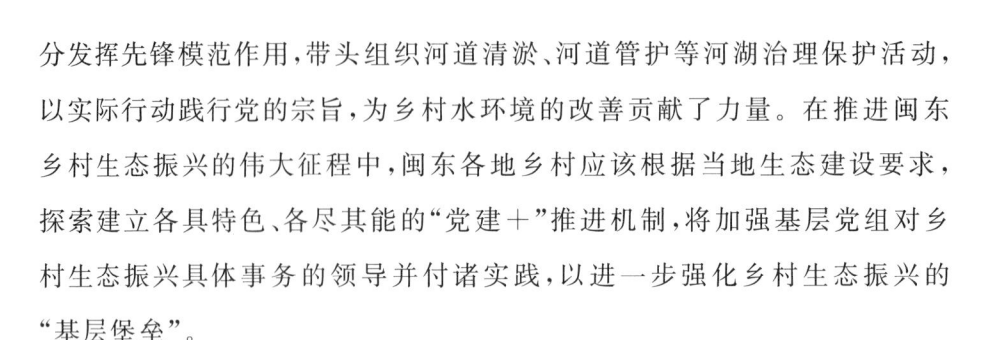

分发挥先锋模范作用,带头组织河道清淤、河道管护等河湖治理保护活动,以实际行动践行党的宗旨,为乡村水环境的改善贡献了力量。在推进闽东乡村生态振兴的伟大征程中,闽东各地乡村应该根据当地生态建设要求,探索建立各具特色、各尽其能的"党建+"推进机制,将加强基层党组对乡村生态振兴具体事务的领导并付诸实践,以进一步强化乡村生态振兴的"基层堡垒"。

第二,加强党与群众的联系,畅通推进乡村生态振兴的"微循环"。加强党同人民群众的血肉联系始终是战胜困难和挑战的重要法宝,人民群众是闽东乡村生态振兴的主要参与者,是重要的推动力量,乡村生态振兴需要依靠人民。"始终同人民站在一起、想在一起、干在一起",加强党同人民群众的联系,畅通推进乡村生态振兴的"微循环",是新时代更好推进闽东乡村生态振兴的重要途径。闽东乡村加强党与群众的联系,畅通推进乡村生态振兴的"微循环"的实践已经取得一些积极进展,如柘荣英山乡探索利用"数字英山"小程序等加强党员群众信息互通,小程序设立"微心愿"征集功能,为党员群众搭建"连心桥",通过这一平台,群众可以反映自己的需求和愿望,党员干部则可以及时了解并解决群众的痛点难点问题。这种以"小切口、解难题、办实事"为原则的工作方式不仅提升了党员干部的服务意识和能力,也增强了群众对党组织的信任和支持。诸如此类的探索应该遍地开花、进一步深化。加强党与群众的联系只有进行时,没有完成时,继续畅通嵌入乡村的"微循环"是推进生态振兴的必然选择。

第三,建构"党建引领"的乡村工作新平台,拓展乡村生态振兴的"主阵地"。党领导各方面主体参与乡村生态需要具体的工作平台,建构"党建引领"的乡村工作新平台,是推动乡村生态化组织领导体系落地生根的要求,也有助于拓展党领导各方力量进行生态振兴实践的"主阵地"。闽东乡村已有一些有价值的实践:在闽东半岭村等地创建了党建小院,将其作为乡村治理的重要平台,在推动乡村生态振兴中发挥了积极作用。通过党建小院共同商议关乎群众利益的项目和事务,让村民充分表达自己的意愿和需求。这种民主协商、共同决策的方式不仅提升了村民的参与感和获得感,也确保了乡村治理工作的公正性和有效性。闽东乡村生态振兴越是向纵深推进,越是需要应用具体的平台来化解矛盾,解决问题,必须立足闽东乡村实际,创造性地搭建各类"党建引领"的乡村工作新平台,让党领导人民群众进行伟大的乡村生态变革有更为广阔的舞台。

第四,加强乡村基层党组织自身的生态化治理能力建设,提升对乡村生态振兴的领导力。构筑"党建引领"的乡村生态化组织领导体系,意味着党组织在乡村生态治理中发挥着领导核心作用。党组织通过制定相关政策、规划,明确生态治理的目标和方向,为乡村生态振兴提供坚强的政治保障。同时,党组织还应该积极协调各方力量,整合各种资源,形成推动乡村生态振兴的强大合力。为了打造更加完善的"党建引领"乡村生态化组织领导体系,需要加强基础党组自身的生态化治理能力建设:一是加强党组织建设,提升党组织的领导力和凝聚力;二是加强党员教育和管理,激发党员的积极性和创造力;三是深化党建与生态治理的融合发展,将党建工作与生态治理工作紧密结合起来,切实提升基层党组的生态化治理能力。

(三)构建乡村生态化治理的"自治、德治、法治"协同体系

乡村生态化治理的"自治、德治、法治"协同体系蕴含了一种综合性的治理模式,其以乡村绿色发展为导向,旨在通过自治激发乡村治理的内在活力,以法治推进乡村治理的依法有序,以德治营造乡村治理的文明氛围,三者相辅相成,共同构筑起乡村生态化治理的坚实基础,协同推进乡村生态建设。构建乡村生态化治理的"自治、德治、法治"协同体系是完善生态治理体系的必要之举,是推动闽东乡村生态振兴的重要途径。

第一,用"乡土情怀"夯实自治之基。自治作为乡村生态化治理的基础,强调村民在生态治理中的主体地位和自主性。乡土情怀内涵乡土与情怀两

层意蕴,表达的是对家乡或故土的热爱之情,它是一种建设家乡、服务农村的内在动力。[136]闽东的山水滋养了生活在这片土地上的人民,闽东乡村人民历代在这里繁衍生息,创造了独特的乡村文明,形成了浓厚的"乡土人情","这种"乡土人情"是广大乡民对闽东大地的深厚情感,是对乡村地域概念的独特感知,是对闽东乡村发展的积极行为倾向,对于塑造闽东乡村人民对当地生态振兴事业的感知具有积极作用。挖掘并利用好"乡土情怀",夯实乡村生态化治理的"自治"基础,是推动闽东乡村生态振兴走向更高层次的重要路径。此外,要从多方面入手,为"自治"创造更好空间。自治蕴意着村民们能够根据自身实际情况和需求,制定和执行生态治理措施,确保治理工作更加贴近实际、贴近群众。有必要通过发挥村民的自治作用,激发其自身的积极性和创造力,推动乡村生态治理工作的深入开展。要完善村民自治制度等,确保村民在生态治理中的主体地位和权利得到充分保障。

第二,用生态化"乡土教育"锤炼德治之本。乡土教育是在地方性知识理念的指导下对乡土生态知识和文化的学习,是培养人们对乡土自然的情感。[137]生态化"乡土教育"是指将生态学的理念和方法融入乡土教育实践中,强调在教育中注重生态平衡、环境保护和可持续发展,同时注重结合当地自然环境、文化传统和社会资源,开展具有地方特色的教育活动。具体而言,生态化"乡土教育"旨在通过引导受教者观察和了解当地的自然环境、生态系统、文化传承和社会现象,培养其环保意识、生态素养和乡土情感。而德治作为乡村生态化治理的支撑,强调道德教化在生态治理中的重要作用。基于此,为提升德治在乡村生态治理中的协同作用,用生态化"乡土教育"不断锤炼德治之本是主攻方向。需要想方设法提升村民的思想认识,要让生态文明理念与思想入脑入心,通过思想认识升华提升其参与乡村生态振兴的自觉性,以至不断释放德治的协调效应。诸如闽东猴盾村组建"畲歌畲语"宣讲小分队,深入田野乡间,贴近百姓生活,运用充满畲族韵味的歌曲,将党的方针政策、乡村绿色发展等各方面信息传递给当地群众。此举不仅传递了信息,更以独特的方式让生态理念在畲族群众中生根发芽,提高了乡民共同推进乡村生态的凝聚力。再比如古田等地乡村,通过创办适合不同年龄段的学堂,以村民喜闻乐见的形式传递生态知识、乡土文化和生态思想,利用"乡土教育"提高村民生态认知和生态意识。提升闽东村民生态方面的思想道德水平的方式千万种,用生态化"乡土教育"育锤炼德治之本的路有千万条,要用好融合知识传授、情感熏陶与价值引领的"乡土教育",塑造群众"德治"参与的良好格局。

第三,用生态化执法综合力量磨砺法治之剑。法治作为乡村生态化治理的保障,强调法律法规在生态治理中的权威性和约束力。闽东乡村生态治理中,法治之翼至关重要。生态化执法是一种创新的执法理念,注重在执法过程中充分考虑人与自然的和谐关系,注重环境保护与生态平衡;要求执法主体在行使职权时,以生态理念和绿色发展为指导,确保执法活动既符合法律要求,又有利于生态环境的保护。[138]闽东区域内各种生态环境法律法规越来越完善,在新情境下,提升"法治"在乡村生态化治理协调作用的重要方向就是做到有法必依,加强法律的权威和严肃性。用生态化执法综合力量磨砺法治的之剑,是做好乡村生态化建设"法治"工作的题中之义。例如:宁德公安机关以"林长+警长"工作机制为核心,深化"警格+林格"工作格局,创新构建全天候无死角巡护体系。屏南县公安局与林业局联手,为全县重点古树名木建立"身份证"制度,形成"一树一档"、用"数字守护"加强"绿色文物"保护。此类做法不仅提升了生态治理效能,也展现了闽东乡村生态治理法治化、精细化特点。推进闽东乡村生态治理,生态化执法需要打出组合拳,使出综合力量,用法"法治"匡正乡村生态建设,从而形成完整的"自治、德治、法治"协同体系,为推进乡村生态全面振兴贡献力量。

三、构建生态产品价值实现机制

生态产品价值实现蕴涵了复杂多元的驱动机理,[139]生态产品价值实现机制主要包括生态产品价值评估与认知体系、生态产品市场化策略与路径、生态补偿机制等方面。构建契合闽东的生态产品价值实现机制,有助于推动生态产品的合理定价、开发和应用,实现生态产品价值的最大化;有助于实现从生态资源挖掘、生态产品研发、生态产品生产运作、生态产品市场化实现、生态产品经济生态效益达成有效衔接和良性运作;有助于为闽东乡村生态振兴提供源源不断的"新质"动力。

（一）闽东生态产品价值评估与认证体系构建

构建生态产品价值评估与认证体系不仅有助于准确衡量生态产品的价值,还能为生态产品的市场推广和政策制定提供科学依据,对于推动闽东乡村生态振兴具有重大意义。闽东生态产品价值评估与认证体系的构建需要对生态产品的价值进行全面、系统的评估,并建立起一套行之有效的认证体系。

其一,构建契合闽东区域特质的生态产品价值评估体系。一是要明确生态产品价值评估的核心目的。生态产品不仅具有经济价值,还承载着生态价值和社会价值。闽东乡村由于特殊的自然环境和气候条件,生态产品往往具有独特性和稀缺性,其价值评估需要综合考虑多种因素。对生态产品进行价值评估,能够准确地了解其在市场上的竞争力,为制定合理的市场策略提供依据。二是要遵循科学、公正、透明的原则。在评估过程中,应采用先进的评估方法和手段,确保评估结果的准确性和客观性;还要确保评估过程公开透明,让社会参与监督,以增强评估结果的公信力和认可度。三是结合闽东区域资源禀赋和产业特色,制定符合实际的生态产品价值评估标准。例如,对于茶叶、水果等特色农产品,应该将品质、口感、营养价值以及文化内涵等因素纳入评价范畴,以制定综合性的评估指标。此外,还可以引入第三方评估机构,对生态产品进行专业评估,以提高评估结果的专业性和权威性。

其二,建立有效的认证体系。一是要建立严格的认证标准和程序。认证标准应涵盖生态产品的生产、加工、销售等各个环节,确保产品符合相关要求。认证程序应公开透明,提升认证工作的规范性和有效性;要加强认证机构的监督和管理,提高认证结果的准确性和可信度。二是借鉴国内外先进的认证经验和做法,结合当地实际情况进行创新和优化。比如,探索建立基于区块链技术的生态产品溯源认证系统,加强对生态产品全生命周期的追溯和监管,提高产品的信誉度和市场竞争力。三是注重生态产品价值评估与认证体系在实际应用中的效果。要加强与政府、企业和社会各界的合作,推动认证结果在政府采购、市场准入等方面的应用,提高生态产品的市场认可度和占有率;要加强宣传和推广工作,提高公众对生态产品价值评估与认证体系的认识和理解,推动其在闽东乡村生态振兴中的广泛应用。

(二)闽东特色生态产品市场化策略与路径

闽东乡村自然条件和生态资源的独特性,孕育出了众多具有地域特色的生态产品。在乡村生态振兴的大背景下,如何实现闽东特色生态产品的市场化,推动其走向更广阔的市场,成为当前亟待解决的问题。闽东特色生态产品市场化策略与路径的构建是一个系统工程,需要深入挖掘产品特质、完善市场化路径、加强品牌建设和市场推广等多方面的工作。

第一,明确市场化策略的核心在于发掘和强化产品的闽东特质。闽东特色生态产品不仅具有独特的品质和口感,还承载着丰富的地域文化和历史内涵。因此,在市场推广过程中,应充分挖掘和宣传这些特质,打造具有鲜明地域特色的品牌形象。例如,可以围绕闽东地区的茶文化、果文化等设计独特的包装和宣传语,凸显产品的独特性和价值。

第二,构建完善的市场化路径是实现闽东特色生态产品市场化的关键。构建完善的市场化路径统筹推进市场调研、产品定位、渠道拓展等多个环节的工作。通过深入的市场调研,了解消费者的需求和偏好,为产品定位提供依据。在定位上,应针对不同消费群体,制定差异化的产品策略,满足市场的多样化需求。在渠道拓展方面,可以利用电商平台、线下实体店等多种渠道扩大产品的市场覆盖面。此外,还应加强与旅游产业的结合,将特色生态产品作为旅游纪念品推广,实现产业间的互利共赢。

第三,注重品牌建设和市场推广是实现闽东特色生态产品市场化的重要手段。围绕产品知名度和美誉度的提升,着力打造具有地域特色的品牌形象;善于综合利用广告、公关、社交媒体等多种方式进行市场推广,扩大产品的市场影响力;应该积极参与国内外展览、博览会等活动,提高闽东特色生态产品的独特魅力的曝光率,以吸引更多潜在消费者。

然而,市场化过程中也可能面临诸多挑战。例如,市场竞争激烈、消费者需求变化等因素都可能影响产品的市场表现。因此,在推动特色生态产品市场化的过程中,应不断创新营销策略和手段,提高产品的竞争力;还要加强政府引导和支持,为特色生态产品市场化提供有力保障。

(三)闽东生态补偿机制的本地化构建

为了保障生态产品价值的有效实现,需要构建完善的生态补偿机制。生态补偿机制是以保护生态环境、促进人与自然和谐为目的,根据生态系统服务价值、生态保护成本、发展机会成本,综合运用行政和市场手段,调整生态环境保护和建设相关各方之间利益关系的一种制度安排。[140]生态补偿机制是生态产品价值实现机制的重要组成部分,体现了受益者付费和破坏者付费的原则,通过对生态保护者给予经济补偿,激励其更好地保护生态环境;同时,对生态破坏者进行经济处罚,形成对破坏行为的制约。生态补偿机制有助于推动生态环境的保护和恢复,促进生态产品的可持续利用,是生态产品价值实现的关键一环,"要在建立市场化、多元化生态补偿机制上取得新突破,让保护生态环境的不吃亏并得到实实在在的利益"[141]。闽东乡村地形复杂、气候多样,生态保护工作面临着诸多挑战。因此,构建符合当地实际的生态补偿机制至关重要。

第一,明确补偿对象和标准。闽东乡村的生态保护者包括林农、渔民等多种群体,多元的主体为生态环境的维护付出了不同程度的努力。因此,应根据不同群体的贡献程度和受损情况制定差异化的补偿标准,确保补偿的公平性和有效性。

第二,拓宽补偿资金来源渠道。除了政府财政投入外,还应积极引入社会资本,通过设立生态补偿基金、发行绿色债券等方式,吸引更多资金进入生态补偿领域。与此同时,要加强与周边地区的合作,共同推动区域性生态补偿机制的建立和完善。

第三,加强监管和评估。要加快建立健全生态补偿机制的监管体系,形成对补偿资金使用情况的定期检查和评估,确保资金使用的合规性和有效性;还要建立匹配的信息共享和公开机制,以提高生态补偿工作的透明度和公信力。

第四,开发闽东特色的生态产品。在构建生态补偿机制的过程中,应充分考虑闽东地区的特质和优势,大力开发具有闽东特色和市场吸引力的生态产品,否则生态产品价值实现就变成"无米之炊"了。例如,可以利用闽东丰富的茶文化、海洋文化等资源,开展特色生态旅游活动,吸引更多游客前来体验;通过推广闽东特色的生态农业技术和产品,促进农业产业的绿色转型和升级。唯有不断将符合市场需求的产品推向绿色市场,方能为生态产品价值的显化和量化提供有力保障。

当然,除了生态补偿机制外,生态产品价值实现机制的有效运转还有赖于政策引导、绿色金融支持等多个方面,在具体的实践中需要统筹把握,系统推进。这些方面的衔接协调配合共同塑造成一个完整的生态产品价值实现体系,有助于实现生态产品价值的最大化,进而通过价值引领助力闽东乡村生态振兴的实现。

第三节 培育乡村生态文化,铸就生态振兴之魂

乡村生态文化是乡村社会人与自然和谐共生的精神与物质文化成果,既包含独具特色的传统文化,也包含对现代文明成果的吸收与创新,体现了乡村居民在长期实践中形成的稳定的生产生活方式与观念体系,是乡村绿色发展的灵魂与基石。培育乡村生态文化,不仅有助于提升乡村居民的生态意识,也是推动乡村生态振兴、实现人与自然和谐共生的关键所在。闽东大地,山川壮丽,人文荟萃。在这片充满生机与活力的土地上,乡村生态文化的培育不仅是乡村振兴的内在要求,也是铸就生态振兴之魂的关键所在,有助于推动闽东乡村生态振兴永续发展。融入闽东生态文化的乡村生态振兴,将更显"宁德气质",更具"宁德魅力",更能提供"宁德方案"。

闽东乡村生态文化蕴含了一种协调人与自然关系的观念认知、情感体验与行动倾向,表征了一种文化温润人心以驱使其"尊重自然、顺应自然、保护自然"的价值取向,也是闽东乡村生态振兴精神力量之所依。文化既关乎精神,也关乎物质,还蕴含了一种行为倾向,要重点从生态精神文化、生态物质文化与生态行为文化三个方面来培育闽东乡村生态文化。

一、从中华传统文化与闽东特色文化中汇集生态精神文化

(一)从中华传统文化汲取生态养分,汇集生态精神文化

闽东乡村生态振兴的征途上,培育乡村生态文化是一项至关重要的任

务。中华传统文化作为千年文明之积淀,蕴含着丰富的生态思想、理念和价值观,[142]为生态文化培育提供了宝贵的生态养分。应当深入挖掘和传承传统文化中的生态智慧,引导乡村居民树立正确的生态观念,形成保护生态环境的自觉行动。同时,借助文化艺术的力量,让生态文化在闽东乡村落地生根、开花结果,为乡村生态振兴注入强大的精神动力。

第一,从儒家道家等有代表性的文化体系中获得生态滋养。其一,自古以来,中华传统文化便强调人与自然的和谐共生。《道德经》中"人法地,地法天,天法道,道法自然"的哲学思想揭示了人类应当顺应自然规律,与自然和谐相处的智慧。[143]这种顺应自然的理念在闽东乡村生态振兴中同样适用。深入挖掘和传承这些传统文化中的生态智慧,可以为乡村生态文化的培育提供深厚的精神土壤。其二,中华传统文化中的"天人合一"思想也提供了培育生态精神文化的重要养分。"天人合一"的思想强调人类与自然的紧密相连,人类应当尊重自然、爱护自然,与自然和谐共生。闽东乡村生态振兴需要吸收借鉴这一思想的精华,并将其贯穿生态建设始终,引导乡村居民树立正确的生态观念,形成保护生态环境的自觉行动。其三,中华传统文化中的儒家"仁爱"思想、道家"无为而治"的哲学以及佛教"众生平等"的观念,皆能提供丰富的生态伦理资源。这些优秀的思想理念强调了人类对自然的责任和担当,提醒人们在追求经济发展的同时,不能忽视对生态环境的保护。推进闽东乡村生态振兴,应当积极借鉴这些传统文化中的生态伦理思想,推动乡村生态文化的创新发展。

第二,从诗词歌赋、绘画艺术等挖掘生态元素。除哲学思想外,中华传统文化中的诗词歌赋、绘画艺术等也蕴含着丰富的生态元素。[144]这些文化艺术形式具有生动的形象和深刻的内涵,传递着人们对自然的敬畏和热爱之情。在培育乡村生态文化的过程中,应该充分借助这些鲜活的文化素材,活化利用文化资源,通过举办文化节庆、艺术创作等活动,让乡村居民在欣赏文化的同时感受到生态文化的魅力,从而提升其生态思想、生态认知与生态素养。

第三,从中医文化提炼生态思想。中医文化同样蕴含丰富的生态思想,[145]中医强调整体观念和平衡协调,认为人体与自然是一个有机整体,彼此相互影响。开创闽东乡村生态振兴新局面,可以借鉴中医的整体观念,推动乡村生态环境的整体保护和协调发展。中医文化中"预防为主、调理平衡"的理念也可以为生态建设与治理理念的更新提供养分,具体可应用于乡村生态问题的预防和治理中,通过调整生态系统的平衡,预防生态问题的发生。

第四,注重结合传统文化中的生态基质进行传承与创新。传统文化固然蕴含着丰富的生态思想,但也需要结合现代社会的实际情况进行创新发展。要在继承传统文化生态基质的基础上,结合闽东区域特质,不断吸收新的生态理念和技术手段,推动闽东乡村生态文化的现代化转型,促进基于传统文化建构的生态文化能够与时俱进,从而熏陶大众。只有这样,才能更好地发挥传统文化的生态价值,为闽东乡村生态振兴贡献更多的智慧和力量。

(二)从闽东特色文化汲取生态养分与智慧,汇集生态精神文化

闽东地处山海之间,自古以来便孕育了独具特色的地域文化。这些文化承载着深厚的历史底蕴,也蕴含着丰富的生态思想、理念和价值观。从闽东特色文化中汲取生态养分与智慧,培育乡村生态文化,锻造闽东乡村生态振兴的精神内核,是新时代做好乡村生态建设的重要路径。为此需要重点从以下几个方面来发力:

第一,从闽东海洋文化中汲取生态养分。海洋生态思想是传统海洋文化精髓的集中体现,核心内涵是人与海洋的和谐相处、共存共荣,具有广泛的社会基础,[146]海洋文化也是闽东特色文化的重要组成部分。闽东人民世代与海洋为伴,形成了独特的海洋生态观,乡民们敬畏海洋,尊重自然规律,追求人与海洋的和谐共生。闽东海洋文化中的生态智慧,为乡村生态文化

的培育提供了丰富的养分。例如,闽东渔民在长期的生产实践中总结出了许多保护海洋生态的经验和做法,如休渔期安排、海洋垃圾清理等,这些都是对海洋生态环境的有效保护,体现了与海洋命运与共的生态哲学。可见,闽东海洋文化是建构乡村生态文化的宝库,应该不断从中汲取养分。

第二,从闽东农耕文化中提取生态思想。农耕文化的精髓,就是传承至今的"应时、取宜、守则、和谐"的哲学内涵,以及"协调和谐的三才观以及趋时避害的农时观、主观能动的物地观、变废为宝的循环观、御欲尚俭的节用观"。[147]除此之外,闽东农耕文化由于受特殊的地理空间等因素影响,还蕴含着一些特别的生态思想。闽东地区山多地少,农耕活动多以梯田、山地为主,在这样的自然条件下,闽东人民形成了精耕细作、合理利用土地的农耕方式,这体现了一种较为原始的集约节约利用土地的生态理念;闽东乡民尊重自然、顺应自然,通过合理的耕作和轮作制度,保持了土地的肥力和生态平衡,这种农耕文化蕴含的哲理与乡村生态振兴高度契合,[148]农耕文化中的生态智慧对于乡村生态文化培育具有重要意义,需要倍加珍惜并善用这些文化瑰宝。

第三,从闽东民俗文化中提炼生态元素。闽东民俗文化充满了生态元素,如闽东的传统节日、民间信仰、乡规民约等,不少都体现了人们对自然的敬畏和感恩。例如,闽东乡村传统节日中的祭祀山神、海神等仪式,这些仪式蕴含了对自然的敬畏和感恩,具有独特的生态文化价值。从闽东民俗文化中提炼生态元素,有助于丰富乡村生态文化的内涵,需要对此巧妙转化并加以利用。

第四,从闽东少数民族文化体系中获取生态智慧。畲族作为闽东少数民族的主要代表,其传统精神文化、物质文化与行为文化蕴含了畲族传统生态观:闽东地区的畲族人民在长期的生产生活中,形成了独特的生态观。畲族人民视自然为生命之源,强调人与自然和谐相处,尊重自然规律。畲族的传统建筑、歌谣和生活习俗都体现了对生态环境的保护和利用。例如,畲族的传统建筑多采用土木结构,注重与周围环境的协调,[149]体现了生态智慧;闽东畲族一些仪式、山歌与禁忌中传递了畲族人民对自然的崇尚和敬畏;畲族人民"尊山为主我为客"[150]。这些畲族文化体现了畲族人民对自然的敬畏和感恩,蕴含了古朴的生态伦理思想,也传递出深厚的生态智慧。因此,要加大力度整理挖掘提炼相关生态因子,经过锤炼内化为闽东乡村生态文化的有机组成部分,培育独具特色的闽东乡村生态文化。

第五,创造性改造与创新性发展建构闽东特色生态文化。一方面,基于闽东特色文化,通过深入挖掘闽东海洋文化、农耕文化、民俗文化与少数民族特色文化等这些特色文化中的生态思想、理念和价值观,将其融入乡村生态文化的培育中。通过开展文化教育活动等方式,强化村民对生态文化的理解与认同,致力于用生态文化陶冶乡民、引导其行为。另一方面,应将闽东特色文化与现代生态理念相结合,推动乡村生态文化的创新发展。例如,可以将海洋文化中的生态智慧应用于海洋生态环境的保护和修复中,将农耕文化中的精耕细作、合理利用土地的理念应用于现代农业的发展中,将民俗文化中的生态保护意识传承和弘扬到乡村生活的各个方面。总之,需要多管齐下努力推动蕴含闽东特色的生态文化的创新型发展。

二、从闽东乡村生态建设实践中解析生态行为文化

从生态建设实践中解析并打造生态文化是推动闽东乡村生态振兴的内在要求。在闽东乡村发展的历史长河中,生态建设实践丰富多彩,这成为生态行为文化取材的资源宝库。闽东人民有着秉持尊重自然、顺应自然、依靠自然的深厚历史积淀,在人与自然长期互动中,闽东儿女用一个个生动的实践创造了独特的区域生态文明。无论是古代的生产生活的相关实践,还是近现代以来的生态环境保护,都是闽东乡村生态建设的具体行动。尤其是新时代以来,闽东乡村生态振兴走上特色发展之路,将这种伟大实践推向了

新境界。从闽东乡村生态建设的实践中解析生态行为文化,不仅是对生态行为的总结,更是将其升华并内化为行动者的价值指引,对于培育构建更有张力与更具行为导向的乡村生态文化具有重要意义。

(一)从闽东乡村的历史实践中解析生态行为文化

在闽东乡村生态建设的历史长河中,涌现了诸多蕴含了"尊重自然、顺应自然、依靠自然"等深刻生态理念、方法和哲学思想的伟大实践。这些历史事件与实践例子是闽东乡民致力于与自然和谐共生、实现生产生活和谐发展的缩影。这些智慧和实践之于现在仍然具有重要的启示和借鉴意义。

第一,尊重自然的实践。其一,古村落选址与布局。闽东地区的许多古村落,如屏南的漈头村、周宁陈峭村等,在选址和布局上都体现了尊重自然的智慧。这些村落往往依山傍水,利用地形地貌,实现了人与自然的和谐共生。村民们尊重山水林田湖草的自然规律,不随意破坏自然环境,而是与之和谐共处。其二,风水林的保护。闽东许多村落都保留有风水林。这些林木被视为村落的守护神,具有神圣的地位。村民们不仅不会砍伐这些林木,还会定期举行祭祀活动,祈求自然的恩赐和庇护。这种对风水林的保护,体现了村民们对自然的敬畏和尊重。

第二,顺应自然的实践。其一,梯田的修筑。闽东乡村山多田少,为了充分利用土地资源,村民们修筑了梯田。这些梯田顺应地形地貌,层层叠叠,既增加了耕地面积,又防止了水土流失,实现了人与自然的和谐共生。其二,水利设施的建设。闽东地区雨水充沛,但分布不均。为解决这一问题,村民们修建了众多水利设施,如陂、圳、坝、塘等。这些设施不仅满足了农业灌溉的需要,也实现了水资源的合理利用和调配,体现了顺应自然的智慧。

第三,依靠自然的实践。其一,传统农业耕作方式。闽东地区的传统农业耕作方式,如轮耕、间作、套种等,都是依靠自然、利用自然的典型例子。

这些耕作方式不仅提高了土地的利用率和产出率,也保护了土壤的肥力和生态平衡。其二,采集与利用自然资源。闽东地区自然资源丰富,村民们依靠采集和利用这些资源来维持生计。闽东村民采集山珍海味、草药等自然资源,同时也注重保护生态环境,确保了资源的可持续利用。

可见,历史长河中的闽东乡民的生产生活实践蕴含了丰富生态元素,闪烁着朴素的生态理念的光辉,回顾历史,总结挖掘提炼实践中的生态因子,并与时俱进地进行创造性转化和创新性应用,构建更富历史底蕴、区域特色、行为涵养价值的生态文化,是新时代闽东乡村生态振兴培根铸魂的不二选择。

(二)从闽东乡村生态振兴的伟大实践中解析生态行为文化

乡村生态文化建设需要依循"从实践中来,到实践中去",闽东乡村生态振兴本身就是呈现于世人的生动而又伟大的生态建设实践,应及时对这些生态化行为进行总结提升,并将其解析为一种当代的生态文化因子,成就闽东乡村生态文化的鲜明时代特色、地域特色,让滚动提升而又与时俱进的生态文化更好指引闽东乡村生态振兴实践。闽东乡村振兴实践涉及面广,形式多种多样,这些都可以成为解析并形成生态行为文化的途径。推动农业绿色发展与生态旅游发展始终是生态建设的重要方面,从这些方面来探寻并归结出生态行为文化因子,理应成为从具体实践中解析生态行为文化的主要方向。

一是从农业绿色发展实践中析出生态行为文化。推动农业绿色发展是最重要的实践之一,这一实践不仅是对传统农耕方式的革新,也蕴含了深刻的生态文化理念。闽东各地通过推广有机种植、生态养殖等多种模式,推动了闽东乡村农业生产的绿色转型。这种转变不仅提高了农产品的质量和安全,也保护了乡村的生态环境,使人与自然和谐共生的理念在农业生产中得到了充分体现。比如推动屏南熙岭乡的康蔬生态农业种植基地建设,以科技为引擎,巧妙融合休闲、旅游、观光多重功能,大力发展高山生态农业,并在此基础上着力推进多维多业态融合发展,实现了经济效益、生态效益和社会效益的共赢最大化;再比如绿色农业衍生出的农业观光休闲体验,游客置身其中,不仅能亲手采摘、品尝新鲜的瓜果,还能欣赏到迷人的田园风光,感受那份淳朴的乡土情怀,深刻体验劳作的乐趣与魅力。诸如此类的实践是闽东乡村生态建设的最新实践的生动诠释,应该对其进行总结升华,解析出特色的生态行为文化。

二是从生态旅游业发展实践中解析生态行为文化。生态文化与生态旅游本身就有着深刻的逻辑关系,生态旅游不仅是对自然资源的开发利用,也是对文化的传承与弘扬;而文化则是生态旅游的重要内涵,为旅游业注入了丰富的精神元素。在某种意义上,推动闽东生态旅游的发展就是一种文化行为,从此类实践中解析生态行为文化必要且重要。在闽东大地,推动乡村生态旅游的事业遍地开花,生动的实践为生态行为文化积累了丰富的生态行为样本,这也将有助于推动生态行为文化迈向新境界。例如,周宁县鲤鱼溪因鲤鱼闻名,村民们世代传承爱护鲤鱼、保护生态的传统,形成了独特的生态行为文化。村民们举办鲤鱼文化节,展示渔耕文化,倡导生态旅游理念,引导游客尊重自然、保护环境,与游客分享保护经验,让游客感受生态文化魅力,展现出高度生态自觉。周宁鲤鱼溪推动生态旅游发展所具有的生态文化价值具有独特的一面,就是属地乡民传统的生态行为文化与现代生态建设实践交互反馈,二者滚动式前进,既传承发展了生态行为文化,也扩大了生态行为文化的影响力。诸如此类的实践孕育了深刻的闽东乡村生态行为文化,应从中汲取养分,汇聚锤炼成新时代的乡村生态文化。总之,无论是推动生态旅游发展的实践过程,还是生态旅游的发展结果,无不彰显了人们尊重自然、顺应自然、依靠自然与享受自然的多向度生态思想,这些都赋予了生态旅游产业发展更多的生态意涵和文化价值,加强从推动生态旅游发展的闽东实践中解析生态行为文化是锻造高品质生态文化的关键所在。

三、从闽东乡村生态建设成果中提炼生态物质文化

生态物质文化是乡村生态文化的重要组成部分,生态建设产生的某种物质化和象征性的成果就是生态文化的鲜活载体,是窥探生态文化的宝贵窗口。以宽广的视阈、历史的眼光与实事求是的态度更大力度地从闽东乡村生态建设产生的各类成果中提炼生态物质文化,是培育壮大乡村生态文化的内在要求。闽东乡村从古至今,生态建设相关的成果颇为丰富,这为提炼并形成生态物质文化奠定了良好基础。

(一)从历史视阈中的生态建设成果中提炼生态物质文化

闽东区域的乡民依靠其勤劳与智慧,在人与自然和谐互动的实践中产出了特色鲜明、独具意蕴的建设成果。霍童灌溉工程就是一个杰出的代表,这项古老的工程不仅见证了闽东人民与自然和谐共生的智慧,也蕴含着丰富的生态思想和价值观。霍童灌溉工程巧妙地利用地形地势,通过引水、蓄水、分水等系统,实现了水资源的合理利用和农业生产的可持续发展。这种尊重自然、顺应自然的生态理念,正是闽东乡村生态文化的重要组成部分。那些蕴含生态元素和思想的古水利工程、水利灌溉设备、古建筑、传统的农用或生活用器具等犹如散布在闽东大地的瑰宝,既是留给后世的珍贵物质财富,也是传统生态文化的活化石,我们要重视并珍惜其富含的生态文化价值,力求传承与创新,最大限度发挥此类传统生态化物质财富的效能,活化其生态思想与生态元素,活用其生态物质文化,从而壮大乡村生态文化。

(二)从现实视阈中的生态建设成果中提炼生态物质文化

在现代生态建设实践中,闽东大地可谓硕果累累,这些熠熠生辉的生态建设成果既是闽东儿女触手可及的生态福祉,也是孕育并催生现代乡村生态物质文化的瑰宝。

一方面,复合型的生态建设成果是生态物质文化提炼取材的重要场域。

闽东乡村的生态茶园、高山生态蔬菜基地、生态渔场与生态牧场等建设成果,无疑是生态建设成果中的一大亮点。此类复合型的生态建设成果极具生态文化功能和价值,是生态物质文化提炼取材的重要场域。这些聚集生态种植技术的规模化的绿色生产单元本身既是生态建设的成果,更为重要的是其还向社会提供大量生态产品。例如生态茶园建设,既保证了生态产品品质,也在景观设计和文化传承上融入了生态思想,茶园内的植被丰富多样,形成了良好的生态小气候,既保护了生态环境,又提升了茶叶的品质。同时,茶园还是村民休闲、游客观光的好去处,人们通过举办茶文化节等活动,传播了生态理念和茶文化精神。

另一方面,生态产品是提炼生态物质文化的主要素材。闽东乡村的生态农产品种类繁多,生态价值凸显,恰似一个个独具闽东韵味的生态文化的展示品,为提炼闽东乡村生态文化提供了近乎"取之不尽,用之不竭"的题材库。这些产品以绿色、有机、健康为特色,深受消费者喜爱。在生产过程中,农民们遵循生态平衡原则,采用生态农业技术,减少了化肥和农药的使用,保护了土壤和水源。这些生态农产品的畅销在某种意义上也是一种文化的传播与扩散。对于这些生态产品的生态物质文化提炼是丰富生态文化的关键之举,应该"不拘一格"地促成生态物质文化的"百花齐放"。

第四节　强化科技赋能,驱动生态振兴之轮

一、科技赋能乡村人居环境整治,推动生活空间绿色升级

(一)智能科技助力垃圾处理,提升乡村环境品质

智能科技时代,应用先进的智能科技协助处理农村垃圾成为现实。在

闽东乡村生活空间绿色升级的未来场景中,借力智能科技处理农村区域产生的垃圾,将乡村生活环境品质提升到新高度,是乡村生态振兴的应然选择。

对于闽东乡村人居环境整治来说,智能科技应用于乡村垃圾处理领域,颠覆了传统垃圾处理的模式,能为乡村环境品质提升提供强力保障。智能科技在乡村垃圾处理中的应用能够实现垃圾处理的减量化、资源化和无害化;智能科技的应用还能够降低垃圾处理的人力成本,提高处理效率,为创造更加宜居宜业的和美生活空间提供技术支撑。

第一,引入智能垃圾分类系统,实现对垃圾的自动化、精准化分类。利用物联网技术对垃圾投放点进行实时监控和数据采集,通过图像识别和算法分析,准确识别并分类投放各类垃圾。这不仅提高了垃圾分类的效率和准确性,还减轻了乡村居民参与垃圾分类的负担,增强了他们的环保意识和积极性。

第二,智能垃圾收运系统的应用,使垃圾收运过程更加高效、智能。通过GPS定位、无线通信等技术,实时监控垃圾收运车辆的位置和状态,确保垃圾得到及时、有效的处理;还可以根据实时数据优化收运路线,减少空驶和拥堵,提高了垃圾收运的效率。可见,借助技术规制和优化效能,可以大大降低垃圾对乡村环境的潜在影响。

第三,智能垃圾处理设备和技术在闽东乡村的应用,能进一步推动垃圾处理的减量化、资源化和无害化。生物降解技术、热能回收技术等先进技术的应用,可将垃圾转化为生物肥料、能源等有用资源,减少了垃圾对环境的污染,同时也为乡村经济带来了新的增长点。这些技术的应用不仅提升了乡村垃圾处理的水平,更在促进乡村经济可持续发展的同时,提升了乡村的人居环境品质。

诚然,智能科技应用于垃圾处理方面还需要积极创造技术嵌入的支持条件,尤其要在掌控技术的专业人才培育、资金的支持、乡村居民科学认知提升与参与等方面多管齐下,才能创造出智能科技应用的现实场景。

(二)善用科技力量加强污水处理,守护乡村水环境安全

善用技术力量加强污水处理是守护闽东乡村水环境安全的重要途径。技术力量的施展需要通过明确发展理念、加强技术研发与创新、推进设施建设与改造、创新管理与运营模式以及提升公众参与度等来达成。

第一,乡村污水处理困境与"技术性"破解。随着乡村经济的发展和居民生活水平的提高,闽东乡村水环境问题日益凸显,生态污水处理压力增大。应用先进技术来破解污水处理的问题是必由之路:首先,科技力量在生态污水处理中发挥着至关重要的作用。传统的污水处理方法往往存在处理效率低下、能耗高、二次污染等问题。而现代科技的应用使得污水处理过程更加高效、环保和智能化。例如,通过引入生物降解技术、膜分离技术等先进工艺,可以实现对污水的高效处理和资源化利用;同时,结合物联网、大数据等信息技术,可以实现对污水处理过程的实时监测和智能控制,确保处理效果达到最佳状态。其次,科技力量在提升乡村水环境质量方面具有显著优势。借助先进的生态污水处理技术,不仅能够高效地去除污水中的有害物质,还能显著降低污染物的排放量,为乡村水体筑起一道坚实的防线。更为重要的是,这些技术能够激发水体的自然净化潜能,让乡村水体逐渐恢复其生态活力,进而提升整个水环境的品质。此外,科技的力量还能助力乡村地区构建起一套完善的污水处理和管网系统,实现对污水的全面收集与高效处理,从根本上解决乡村水环境所面临的种种问题。再次,科技力量在推动乡村生态振兴中具有重要作用。生态污水处理作为乡村生态振兴的重要组成部分,其有效实施不仅有助于改善乡村人居环境,提升居民生活质量,促进乡村经济的可持续发展,生态污水处理技术的推广和应用又能够带动相关产业的发展,创造就业机会,增加农民收入。

第二,巧用技术力量反向调节发展理念转变。生态污水处理不仅是技

术问题,也涉及发展理念。传统的污水处理方式往往以末端治理为主,忽视了源头控制和过程管理。而现代科技为此提供了更多可能,比如通过精准监测、智能控制等手段,实现污水的源头减量、过程控制和资源化利用。先进技术的应用,提升了污水发生源起、污染流向过程、污水汇集处理等的透明程度,强化了监管,有利于促进发展理念转变,即从单纯的治理转向防治结合,以至构建全方位的污水处理体系。

第三,闽东乡村污水处理应注重与农业、渔业的融合发展。闽东地区农业和渔业资源丰富,污水处理技术的创新与应用要与当地的农业、渔业产业相结合,推动构建循环经济产业链。例如,可以将处理后的污水用于农业灌溉或渔业养殖,实现水资源的循环利用;也可以将污水处理过程中产生的有机物质转化为肥料或饲料,用于农业生产或渔业养殖,提高资源的利用效率。

第四,加强污水处理技术研发与创新。闽东乡村的污水处理研发与创新需要针对闽东乡村的特点和需求,研发适用于当地的生态污水处理技术。一是要紧密结合当地的水文地质条件。闽东地区水系发达,地形多样,这就要求在污水处理技术的选择上,必须充分考虑到地形的起伏、水流的走向以及地下水的分布等因素,研发出能够适应闽东地区复杂地形和水文条件的处理工艺,确保污水处理的高效性和安全性。二是要以需求为导向。"牵牛要牵牛鼻子",闽东乡村污水处理的技术性"刚需"应作为技术突破与技术创新应用的主动方向,技术力量的介入既要解燃眉之急,也要有长远之计,加强适合闽东乡村的污水处理技术研发与创新是守护"生命之源"的良方。

(三)绿色节能技术应用,构建绿色宜居乡村

闽东乡村作为宁德生态屏障,近年来在乡村振兴战略的指引下,正逐步迈向生态宜居、产业兴旺的新征程。在这一过程中,绿色建筑与节能技术的应用显得尤为重要,绿色建筑与节能技术应用是乡村人居环境整治的重要

抓手,也是推动生活空间绿色升级的关键举措。

一是在建筑领域,绿色节能技术为乡村带来显著变革。要积极推广利用节能型建筑材料,如保温隔热材料、节能门窗等,促进乡村建筑保温性能的显著提升,有效减少冬季取暖和夏季制冷的能源消耗;利用可再生能源技术,如太阳能光伏发电、太阳能热水系统等,有助于乡村建筑实现清洁能源利用、降低碳排放,为乡村可持续发展奠定基础。二是在乡村道路和公共设施建设方面,绿色节能技术也发挥了更大作用。要大力推进环保型建筑材料和节能型照明设备等在乡村建设中的采用,使乡村道路和公共设施不仅兼具美观与实用性,也能显著降低能源消耗和环境污染。总之,绿色建筑与节能技术的应用不仅能够提升乡村居民的生活品质,还能够促进乡村经济的可持续发展。可以说,绿色节能技术应用是构建绿色宜居乡村重要帮手。

二、科技赋能乡村产业绿色发展,推进生产空间绿色转型

科技赋能乡村产业绿色发展不仅是一种技术手段的应用,也蕴含了产业要素的优化配置、资源利用水平提升与生产空间的结构性调整等诸多方面。

(一)科技赋能优化乡村产业结构,推动绿色产业发展

科技赋能对于优化乡村产业结构、推动绿色产业的发展具有深远的意义。通过引入现代农业技术、催生新兴绿色产业以及推动产业融合发展等措施,可以推动乡村产业向绿色化、多元化方向发展,为乡村生产空间绿色转型奠定基础。

传统乡村产业结构往往以单一的农业为主导,这种结构不仅效益低下,而且对环境造成的压力较大。然而,随着科技的飞速发展和广泛应用,乡村产业结构正迎来一场深刻的变革。科技赋能使得乡村产业从传统的单一模

式向多元化、绿色化方向转变,为乡村经济的可持续发展提供了技术物质条件。

第一,科技赋能推动乡村绿色农业的发展。通过引入现代农业技术,如精准农业、智能灌溉、生物防治等,乡村农业实现了从粗放型向集约型的转变。这些技术的应用不仅能提高农产品的产量和质量,而且减少了化肥和农药的使用量,降低了对环境的污染;科技还有助于推动农业产业链的延伸和拓展,使得乡村农业向深加工、高附加值方向发展,提升农业的整体效益。

第二,科技赋能催生乡村绿色发展新业态。新科技向乡村相关产业的广泛而深度地渗透,势必孕育催生出适合乡村绿色发展的新业态。比如科技力量汇入乡村生态旅游,借助大数据分析、虚拟现实等先进技术,乡村的旅游资源能得到更充分开发和利用,能更精准高效地为游客提供优质的生态旅游体验。即便是传统的农业领域,科技赋能也能孕育出新生机,在新数字技术等智慧科技支撑下,"私人定制化＋农业可视化"为农业发展开辟了新空间,城市居民可以定制稻田或者生态养殖,借助于可视化等感知技术,可全程实时了解所定制农业项目中标的物的成长情况,形成了极具科技特色的"农业＋科技＋客户"的新形态。因此,要乘科技赋能之势,积极探索培育促进乡村绿色发展的新业态,让科技赋能之花开遍闽东乡村大地。

第三,科技赋能促进乡村产业融合发展。科技是产业融合的有效依靠,科技赋能是促进乡村产业间要素交融整合的重要力量,促进乡村产业融合发展,有必要借助科技赋能。现代科技,尤其是现代信息技术和物联网技术在帮助实现乡村产业之间的信息共享基础上,还能协助实现乡村产业间资源的对接,科技赋能推动闽东乡村产业间发展的深度耦合,推动农业与工业、服务业的深度融合,不仅有助于提升乡村产业的综合竞争力,也能开辟乡村产业发展的广阔前景。

(二)科技赋能提升乡村产业的资源利用效率,降低能耗和排放

科技赋能推进乡村产业清洁生产,有助于提升乡村产业的资源利用效

率,降低能耗和排放。

第一,科技赋能通过引入先进的节能技术和设备,提升乡村产业的能源利用效率。例如,在农业生产中,智能灌溉系统能够根据作物需水情况和土壤湿度自动调节水量,避免了水资源的浪费[151];而在畜牧业中,智能化的饲料投喂系统能够精确控制饲料投喂量,减少饲料浪费和动物排泄物的产生。这些技术的应用不仅提高了生产效率,还降低了能源消耗。

第二,科技赋能推动乡村产业向循环经济转型。循环经济的核心理念是通过资源的循环利用和废弃物的资源化利用,实现经济的可持续发展。在闽东乡村产业中,现代科技应用能使得废弃物的处理和利用变得更加高效和环保。例如,推动应用生物发酵技术,将农作物秸秆和畜禽粪便转化为有机肥料,为农业生产提供养分;综合使用生物质能源技术,实现变废为宝,将废弃物转化为生物质能源,为乡村提供清洁能源。

第三,科技赋能促进乡村产业的清洁生产和绿色制造。传统的乡村产业生产方式往往伴随着高能耗、高排放的问题,而科技的应用则能够改变这一状况。例如,在农产品加工过程中,采用先进的清洁生产技术可以减少废弃物的产生和有害物质的排放;在乡村工业中,推广绿色制造技术和环保材料的使用,可以降低生产过程中的环境污染。比如福鼎对传统渔业进行深刻改造,合作社引进环保型水源热泵,替代了高污染的燃煤锅炉,为水产品提供了恒定的生长环境,降低了能耗,提升了产品质量。这一变革不仅减少了环境污染,还提高了经济效益,为乡村产业的可持续发展树立了典范,福鼎的实践也生动诠释了科技赋能是实现乡村产业绿色转型的关键路径。

(三)科技赋能提升乡村产业的创新能力和竞争力

科技赋能不仅能推动闽东乡村产业的绿色发展,也在提升乡村产业的创新能力和竞争力方面发挥重要作用。

首先,科技赋能为乡村产业提供了源源不断的创新动力。随着科技的日新月异,一系列前沿技术、先进工艺和高效管理模式应运而生,为乡村产业创新提供了丰富的资源宝库。古田县食用菌产业的转型升级便是一个生动的例证。通过引入光伏技术,不仅解决了传统菇棚占用耕地、效率低下等问题,还实现了清洁能源的利用,降低了环境污染。这种绿色、低碳的发展模式不仅提升了乡村产业的可持续发展能力,也为乡村生态环境的改善作出了积极贡献。乡村产业通过积极引进和应用这些新技术,不仅能够实现产品的更新换代,提升产品的品质和科技含量,更能够在激烈的市场竞争中脱颖而出,赢得更多的市场份额。同时,科技的力量还促使乡村产业在组织管理上进行创新,推动产业向更加高效、科学、精细化的方向发展,提升整体运营效率。

其次,科技赋能助力乡村产业构建核心竞争力。在全球化的今天,乡村产业面临着国内外市场的双重竞争压力。要想在竞争中立于不败之地,就必须拥有自身独特的核心竞争力。科技赋能正是乡村产业构建核心竞争力的关键所在。通过科技创新的引领,乡村产业能够打造独特的技术优势,稳固站在行业发展的前沿;也能开发出独具地方特色的新产品,精准满足消费者多元化、个性化的需求;还能优化生产流程,实现成本降低和生产效率的大幅提升。这些优势共同构筑起乡村产业的核心竞争力,使其在市场竞争中脱颖而出,占据有利地位。

再次,科技赋能还有助于乡村产业形成产学研用一体化的创新体系。通过与高校、科研机构等单位的深度合作,乡村产业可以引入更多的科技资源和创新成果,实现科技与产业的深度融合。这种合作为乡村产业提供了强大的技术支持和人才保障,促进了科技成果的转化和应用,进而推动乡村产业的可持续发展。同时,产学研用一体化的创新体系还能够促进乡村产业内部的协同创新,形成创新合力,推动整个产业的转型升级。近年来,宁德相继建设了宁德大黄鱼科技小院、福安红茶科技小院、福鼎鲈鱼科技小院等科技小院,同时将福建农林大学、宁德师范学院与上海海洋大学等省内外院校的研究力量聚合进来,实现将科研做在"生产一线","把论文写在田野大地上",切实有效指导推进乡村产业发展,提升了产学研用一体化水平,这一系列的行动正是这一体系建设的生动实践。闽东乡村生态振兴的提质增效离不开产学研用一体化的创新体系的强力支持。因此,需要统筹使用好政策、技术、资金与人才等各方面配套要素,扎实推进科技赋能下的产学研用一体化的创新体系建设。

(四)科技赋能提升乡村产业的信息化水平,实现智慧化生产和管理

科技赋能对于提升乡村产业的信息化水平、实现智慧化生产和管理具有深远的意义。在信息化浪潮席卷全球的今天,乡村产业不再是孤立的存在,而是与外部环境紧密相连、相互影响的有机体。通过科技赋能,闽东乡村产业能够拥抱信息化,实现智慧化转型,从而在现代农业和乡村经济发展中占据先机。

第一,科技赋能推动乡村产业信息化基础设施建设。随着5G、物联网、大数据等新一代信息技术的快速发展,乡村地区的信息化基础设施不断完善。宽带网络、智能农业装备、数字化管理平台等逐渐成为乡村产业的标配,为智慧化生产和管理提供有力支撑。这些基础设施的建设使得乡村产业能够实时获取生产数据、市场信息等关键信息,为科学决策提供依据。宁德三都澳沿海地区便是生动例证,5G网络覆盖海域,实现海陆同网同速,为智慧渔业开启新篇章。通过信息化基础设施的建设,在宁德三都澳,5G站点密布,渔民通过App即可掌控渔排情况,效率大幅提升。5G不仅助力实时监控,还通过水下机器人展现水下世界,配合AI技术,实现鱼群状态监测、渔网巡检等多项功能。同时,5G与北斗系统融合,还能为渔船提供精准定位与调度。这些实践证明,科技赋能正不断夯实乡村产业信息化基础,引领乡村走向智慧化、高效化的未来;要将闽东乡村生态振兴推向更高境界,必须努力为乡村产业插上"科技的翅膀"。

第二,科技赋能促进乡村产业数据的采集、分析和应用。在信息化时代,数据成为推动产业发展的重要资源。通过引入物联网、传感器等技术,乡村产业可以实现对生产环境的实时监测、对生产过程的精准控制,从而收集到大量有价值的数据。这些数据经过分析处理,能够为乡村产业的决策提供科学依据,帮助产业实现精细化管理。同时,通过对数据的深入挖掘和应用,乡村产业还可以发现新的市场需求,优化产品结构,提高市场竞争力。寿宁县下党乡的"扶贫定制茶园"便是明证,其通过5G网络信息化改造,将传统茶园升级为"智能茶园",实现了茶园生产数据的实时采集与远程监控。此外,智慧葡萄园综合管理平台的建设,也实现了病虫害信息的自动采集与实时监测,为农业决策提供了有力支撑。这些举措不仅提高了生产效率,节约了资源,更推动了乡村产业的创新发展。科技赋能让乡村产业数据变得更有价值,为乡村产业的绿色发展和智慧化转型提供了强大动力。

第三,科技赋能有助于乡村产业实现智能化决策和精准化管理。在提升信息化水平的基础上,要强化乡村产业对人工智能、机器学习等技术手段的应用,以期实现生产数据的智能分析和智能化决策。这不仅可以提高决策的科学性和准确性,还可以降低决策的经济成本和时间成本。同时,也要加快引入智能化管理系统,实现对乡村产业生产过程的精准控制,提高生产效率和质量。柘荣前楼村生态茶叶示范基地的变革是科技赋能的生动体现,过去仅凭经验种植茶树,如今却借助大数据进行精准分析。通过引进水肥一体化和可溯源管理,基地实现了种植、养护、采摘的智能化决策和精准化管理。这一转变不仅提升了茶叶品质,更彰显了科技赋能促进乡村产业实现智能化决策和精准化管理的现实功效。前楼村的成功实践只是科技赋能乡村产业的智能化、精准化发展的一个缩影,在闽东乡村生态振兴的征程中,要着力促进此类实践遍地开花。

三、科技赋能生态环境保护与修复,提升生态空间韧性

(一)科技赋能助力精准识别生态环境问题

科技赋能如同一双明亮的眼睛,助力精准识别生态环境问题,为后续的治理与保护提供有力的支撑。闽东地区,山水相依,生态环境复杂多样,传统的生态环境监测手段往往难以全面、精准地捕捉生态问题的细微变化。而科技赋能的引入则打破了这一局限,为生态问题的精准识别提供了新的路径。

科技赋能助力精准识别生态环境问题。闽东地区拥有丰富的自然资源和独特的生态环境,但也面临着生态环境问题的挑战。科技赋能有助于更加精准地把握生态环境问题的现状和发展趋势,为制定符合地区实际的生态保护和修复措施提供科学依据。同时,科技赋能还有助于提升闽东乡村地区生态环境保护的智能化和精细化水平,推动闽东乡村生态空间韧性提升。

一是科技赋能使得对生态环境问题的识别更加精准。传统的生态环境监测手段往往受限于人力和技术的限制,难以实现对大范围、高频率的生态环境进行实时监测。而现代科技手段,如遥感技术、大数据分析等,为环境问题的识别提供了全新的解决方案。通过遥感技术,可以实现对闽东地区生态环境全面、系统监测,无论是森林覆盖率的变化、水体污染的扩散,还是土壤侵蚀的加剧,都能得到及时、准确的反馈。同时,大数据分析技术则能够帮助深入挖掘生态环境数据背后的规律,从而更加精准地识别生态环境问题的根源和演变趋势。

二是科技赋能使得对生态环境问题的识别更具深度。借助先进的科技手段,不仅可以了解到生态环境问题的表面现象,还能深入剖析其背后的深

层次原因。例如,通过生态系统模型构建和模拟分析,可以更好地理解闽东乡村生态系统的结构和功能,揭示生态环境问题产生的机理。这种深度的认知有助于相关部门更加科学地制定生态环境保护和修复措施,提升保护和修复工作的针对性和有效性。

(二)科技赋能推动生态环境治理的智能化和精细化

科技赋能是推动生态环境治理走向智能化和精细化的关键。智能化的治理手段不仅提升了治理效率,而且使得治理过程更加精准、科学;而精细化的治理方式则进一步确保了生态环境问题的有效解决。闽东乡村地区生态环境问题多样且复杂,传统的治理方式往往难以应对。而科技赋能则能够为乡村地区提供一套更加科学、高效的治理方案,帮助乡村地区更好地解决生态环境问题,实现生态振兴。通过智能化的治理手段,可以更加高效地利用资源,减少浪费和污染;通过精细化的治理方式,可以更加精准地解决生态环境问题,提升乡村地区的生态环境质量,这些都将为闽东乡村的绿色发展提供有力保障。

一是科技赋能推动生态环境治理的智能化。借助物联网、云计算、大数据等现代信息技术,可以实现对生态环境数据的实时采集、传输和处理,从而构建起一个智能化的生态环境监测网络。智能化网络能够实时监测空气质量、水质状况、土壤污染等关键指标,一旦发现异常情况,便能够迅速作出反应,并采取必要的治理措施。此外,智能化的治理手段还能够实现对治理过程的自动化和智能化控制,减少人为干预,提高治理效率。

二是科技赋能推动生态环境治理的精细化。传统的生态环境治理方式往往缺乏针对性,难以实现对不同区域、不同问题的精准治理,而科技赋能则有助于根据生态环境问题的具体情况,制订出更加精细化的治理方案。例如,遥感技术可以帮助精确识别出污染源的位置和范围,从而有针对性地开展治理工作;生态修复技术可以实现针对不同类型的生态环境问题采取不同的修复措施,确保治理效果的最大化。

(三)科技赋能促进生态空间的优化布局和合理利用

科技赋能促进生态空间的优化布局和合理利用是闽东乡村生态振兴的必由之路。科技赋能如同一双巧手,精细地塑造着生态空间的优化布局和合理利用。这一过程的实现不仅彰显了科技的力量,也凸显了科技在生态振兴中的引领与推动作用,有助于推动构建可持续的生态系统。依靠科技力量,可以更加精准地把握闽东生态空间的特征和规律,制订出更加科学合理的规划方案;通过科技的应用,可以实现闽东生态空间的精细化管理和高效利用,推动乡村生态振兴的可持续发展。因此,应该继续加大科技研发投入,推动科技在生态空间利用领域的深度融合与应用,为闽东乡村生态振兴贡献更多能量。

第一,科技赋能的首要任务是深化对生态空间的科学认知。通过高精度遥感、GIS等现代科技手段,能够精确描绘出闽东乡村地区的生态空间蓝图,细致入微地掌握其地形地貌、资源分布、生态功能等关键信息。这些翔实的数据为生态空间的优化布局提供了坚实的科学依据,使得乡村生态建设能够在尊重自然、顺应自然的基础上进行科学合理的规划与设计。

第二,在优化布局方面,科技赋能助力构建生态优先、绿色发展的空间格局。借助生态规划模型和仿真技术,可以模拟不同规划方案对生态空间的影响,从而选出最优方案。这些方案不仅注重生态系统的完整性和连通性,还充分考虑到乡村发展的实际需求,以实现生态保护与经济发展的双赢。

第三,在合理利用方面,科技赋能推动生态空间的精细化管理和高效利用。依托物联网、大数据等技术手段,可以实时监测生态空间的使用状况,及时发现并解决问题,还能实现对生态空间价值和潜力的精准评估,为制定合理的利用策略提供有力支持。要以科技赋能推动生态空间利用方式创新。比如,大力推广智慧农业、生态旅游等新型业态,有助于实现农业生产方式向智能化、绿色化的转变,提升旅游产业的附加值和可持续性。这些创新性科技赋能不仅提高了生态空间的利用效率,也能为闽东乡村经济发展开拓新空间。

(四)科技赋能推动生态文明理念的普及和实践

科技赋能是推动闽东乡村生态文明理念普及和实践的重要途径。科技力量效能的释放能够更加高效、深入地推动生态文明理念深入人心;科技驱动人文升华,会使乡村生态建设的微观肌理更富活力。

第一,科技赋能推动生态文明理念普及多元化、高效化。传统的宣传教育方式往往难以覆盖所有乡村居民,而科技赋能拓宽了教育传播渠道,生态文明理念的普及借由互联网、移动媒体等平台或工具将变得更加高效。科技赋能有助于提升宣传内容的创意性和吸引力,如以动画、短视频等方式呈现,以更直观、生动地展现生态文明的重要性;综合使用线上平台开展互动教育、科普活动等,可以更有效地激发乡村居民对生态文明的兴趣和参与度,使人们在轻松愉快的氛围中接受生态文明理念的熏陶。

第二,科技赋能推动生态文明理念向实践转化。科技赋能促进生态文明理念转化为具体的生产方式和生活方式,推动乡村居民将理念转化为行动。例如,推广智能农业技术,可以实现精准施肥、节水灌溉等目标,减少农业生产对环境的负面影响;智能科技应用于生活领域,诸如智能家庭垃圾分类,实现科技改变生活。现代科技深深嵌入乡村社会生产生活各方面,目标导向下的主体行为会更倾向于参与生态建设实践,科技赋能就是增强了从生态理念向实践转化的能量。

第三,科技赋能推动生态文明理念与实践深度融合。通过大数据、云计算等技术手段,可以实时监测和分析乡村生态环境的变化,为生态文明实践提供科学依据。同时,现代智慧技术应用于生态文明实践效果的评估有助于及时发现问题并进行改进。科技赋能推动生态文明理念与实践深度融合不仅提高了生态文明实践的针对性和有效性,还促进了乡村生态振兴的可持续发展。

总之,科技赋能推动生态文明理念的普及和实践是一个持续不断的过程。随着科技进步和乡村发展需求变化,需要不断探索新的科技应用模式和方法,以适应新的形势和任务。同时,还需要加强乡村居民的科技素养培养,提高其科技应用能力和生态文明意识,使之能够更好地参与到生态文明建设中来。

第五节　汇聚人才智慧力量,稳固生态振兴之本

闽东乡村生态要振兴,人才是根本。人是闽东乡村社会生态系统中最能动、最活跃的因素,人才更是引领乡村生态振兴发展、破解生态振兴困境最应该依靠的力量。汇聚人才智慧力量,稳固生态振兴之本,是推进闽东乡村生态振兴迈上新台阶的关键抉择。

一、引才聚智,打造闽东乡村生态振兴人才高地

(一)推动本土化人才分层分类培育,精准构建乡村生态振兴人才梯队

实施本土化人才分层分类培育计划是精准构建乡村生态振兴人才梯队的关键举措。要加强本土化人才分层分类培育,着力培养出一批具有本土情怀、专业能力强的生态人才,为闽东乡村生态振兴提供有力的人才保障。

第一,分层分类培育需强化本土化特征。闽东乡村承载着丰富的历史

文化与独特的生态环境,这些本土资源是乡村发展的宝贵财富。要依托农民培训学校、农民专业合作社等主体,开办乡村专业技术培训班和企业高技术人才工作站等平台,注重本土情怀和乡村生态知识的培养。通过开设本土文化课程、组织实地考察等方式,让学员深入了解乡村的历史文化、生态环境和发展需求,增强乡土人才的本土认同感和归属感。除此之外,应该结合乡村生态振兴的实际需求,制订个性化的培养方案,确保每位学员都能得到精准的培养和指导。

第二,分层分类培育不仅是本土化人才培育计划的关键环节,也是其精细化、高效化实施的重要保障。针对闽东乡村生态振兴的多元化人才需求,应该精心设计差异化的培育目标和个性化的发展路径。对于基层生态环保工作者,应强化实操训练,提升其解决实际问题的能力,确保他们能够迅速适应并有效推进乡村生态环保工作;对于高层次生态科技人才,则注重培养其创新思维和科研能力,鼓励他们攻克关键技术难题,为乡村生态振兴提供强有力的科技支撑。同时,计划还需充分考虑到人才成长的不同阶段,制订相应的培育方案,确保每个阶段的人才都能得到精准的培育和发展,为乡村生态振兴注入源源不断的活力。

第三,促进人才的流动与共享是本土化人才分层分类培育计划的重要一环。要积极搭建人才交流平台,构建广泛而深入的人才合作网络,推动闽东乡村地区之间的人才资源互通有无。通过建立人才库,实现人才信息的共享与对接,有效弥补不同地区之间的人才差距。同时,鼓励人才在乡村生态振兴实践中进行跨区域流动,以促进知识的广泛传播和先进技术的推广应用。人才流动与共享能够提升整个闽东乡村地区的人才素质和创新能力,为乡村可持续发展奠定坚实基础。

(二)推进"筑巢引凤",广纳乡村生态振兴建设人才

"筑巢引凤"工程不仅为乡村带来了新鲜血液和活力,更为乡村的可持

续发展奠定了坚实的人才基础。通过这一工程的实施,闽东乡村地区将能够汇聚更多的优秀人才,共同推动乡村生态振兴事业的蓬勃发展。

第一,"筑巢引凤"核心在于为人才提供良好的发展环境和平台。闽东乡村地区应致力于营造一个与生态振兴高度契合的发展环境,既要打造优质的软环境,也要完善硬环境建设。在软环境方面,优化政策环境,提升公共服务水平,确保人才在乡村地区能够享受到便捷、高效的服务;在硬环境方面,加大基础设施建设力度,提升乡村地区的交通、通信等条件,为人才提供舒适的工作和生活环境。此外,还应积极搭建创新平台,建立科研基地,推动产学研深度融合,为人才提供广阔的施展才华的空间,让其能够在乡村生态振兴的实践中大展身手,实现自我价值与社会价值的双重提升。

第二,"筑巢引凤"关键在于精准引进与乡村生态振兴需求高度契合的各类人才。闽东乡村生态振兴事业呼唤着多样化的专业人才,如生态环保领域的领军人物、农业科技创新的佼佼者以及具备前瞻视野的乡村规划师等。因此,在人才引进工作中,必须坚持需求导向,精准识别并对接所需人才资源,确保引进的每一位人才都能为乡村生态振兴贡献聪明才智。同时,还需注重人才的层次性和梯队建设,既要积极引进高端人才引领发展潮流,也要注重引进对农业农村一线的技能型人才,为乡村生态振兴事业注入源源不断的内生动力。通过精准引进人才,为闽东乡村生态振兴构筑起坚实的人才支撑体系。

第三,"筑巢引凤"还须注重人才的培育与提升,以增强其服务乡村生态振兴的能力。人才的专业素养和实践能力是推动乡村生态振兴的关键因素,有必要对其进行培育与提升,一是要定期开展内容丰富、形式多样的培训活动,为人才提供学习新知识、掌握新技能的平台。二是要积极组织人才间的交流活动,促进思想碰撞和经验分享,激发创新灵感。三是要通过实践锻炼和项目合作,让人才在乡村生态振兴的实践中不断成长和进步。四是要完善人才评价和激励机制,确保优秀人才得到应有的认可和奖励,激励他们为乡村生态振兴作出更大贡献。

总之,"筑巢引凤"并非一蹴而就的短期行为,而是一项长期的系统工程。在实施过程中,需要注重与本地实际情况相结合,因地制宜地制定具体的人才引进和留任策略。同时,还需要加强与其他地区的交流与合作,学习借鉴先进的经验和做法,不断提升"筑巢引凤"工程的实施效果。

(三)推动校地深度融合育人,提升乡村生态振兴人才储备

人才储备是为闽东乡村生态振兴提供源源不断人才支撑的主要路径,而校地深度融合育人模式又是强化人才储备的关键。校地深度融合育人不仅有助于搭建起高校与地方之间的桥梁,更能够精准对接乡村生态振兴的实际需求,培养出既具备理论知识又拥有实践经验的生态振兴人才。它不仅涉及高校与地方之间的深度合作和资源共享,更关乎闽东乡村生态振兴的人才支持和创新动力。

第一,提升校地深度融合育人能力,畅通乡村生态振兴后备人才输送通道。要强化资源共享和优势互补,提升校地深度融合育人能力,畅通乡村生态振兴后备人才输送通道。高校作为知识和创新的源泉,拥有先进的科研成果和教育理念,能够为乡村生态振兴提供有力的智力支持和技术指导。而闽东地方政府和乡村地区则有着丰富的实践经验和真实需求,为高校提供了宝贵的实践基地、案例研究资源与人才定向输出契机,使得高校人才培养更加贴近乡村实际,更具针对性和实效性。高校与地方政府、乡村地区应建立起更紧密的合作关系,通过校地深度融合,提升育人的效率和效果,为乡村全面振兴形成可持续的人才支撑。

第二,构建校地融合育人模式,培养具备实践能力和创新精神的闽东后备生态人才。不断完善校地融合育人机制,为学生搭建与乡村生态振兴实践紧密对接的桥梁,推动构建校地融合育人模式,是培养实践型、创新型人才的必要行动。构建校地融合育人模式,需要塑造形成以下格局:一是促进

学生将理论知识与实际问题相结合。要创造条件让学生能够亲身参与实地考察、项目合作等实践活动,深入闽东乡村,亲身体验并感受那里的生态环境与文化底蕴;也要培育学生实际操作和问题解决的能力,使其不断积累实践经验,提升实践能力。二是要激发学生投身乡村生态振兴事业的热情和使命感。引导学生们通过实践活动,深刻认识到乡村生态振兴的重要性,自觉肩负起推动乡村可持续发展的责任,使之成为闽东乡村生态振兴的有生力量,为乡村经济的繁荣、生态的改善和文化的传承贡献自己的青春力量。三是要推动科研成果的转化和应用。积极创设条件,应激励高校将最新的科研成果和技术应用于乡村生态振兴实践中,为乡村提供科学的解决方案,让科研价值在乡村生态建设一线实现,让论文真正写在闽东乡村大地上,加速科研成果向现实情景转化,增强技术应用产出效能。

第三,突出深度融合育人的需求导向,确保人才培养与生态振兴同频共振。一是要深入挖掘闽东乡村的生态资源和文化传统,将其融入人才培养过程中,形成具有地方特色的生态教育和培训体系。二是要紧密关注闽东乡村生态振兴的实际需求,结合地方特色和绿色产业发展趋势,制订精准的人才培养计划。通过校企合作、项目驱动等方式,为学生提供实践机会和就业平台,确保他们能够将所学知识和技能转化为推动乡村生态振兴的实际动力。三是要加强与国际先进生态理念的交流与合作,引进国外先进的生态技术和管理经验,提升闽东乡村生态振兴的人才力量层级。

二、完善用人机制,释放"人尽其才"效能

完善用人机制、释放"人尽其才"效能,不仅是推进生态振兴的关键环节,也是实现乡村全面振兴的重要保障。只有通过深化人才评价体系改革、优化人才激励机制与强化留人举措等,才能真正实现人才与乡村生态振兴的良性互动和共同发展,进而最大程度释放"人尽其才"效能。

（一）深化人才评价体系改革

深化人才评价体系改革不仅是为了更精确地识别和选拔人才，也是为了构建一个适应乡村生态振兴需求、激发人才潜能和创造力的新型评价体系。

第一，摒弃传统评价体系的"一刀切"模式，深入考虑闽东乡村生态振兴的实际情况和独特需求。闽东乡村社会生态系统风格迥异，乡村生态振兴需要具有地方特色和专业知识的人才来推动，应摒弃"一刀切"模式来评价人才，且评价指标的设计应紧密结合闽东的生态环境、农业产业、科技水平和旅游资源，确保评价结果与人才的实际贡献紧密相连。在乡村生态规划方面，应评价人才对闽东生态环境的保护和修复能力；在生态农业领域，应关注人才对生态农业技术的掌握和应用情况；在生态科技和生态旅游方面，应评价人才在推动科技创新和提升旅游服务质量方面的贡献。通过构建这样一套具有针对性和实效性的评价指标，可以更准确地评估人才在闽东乡村生态振兴中的实际表现，为乡村生态振兴提供有力的人才支撑。

第二，评价体系的改革应注重人才的长期贡献和潜在价值。乡村生态振兴是一项长期工程，是对人才持续投入和不懈努力的考验。闽东乡村生态振兴既要看到当下取得的成效，也要关照到那些默默耕耘、为乡村生态事业付出长期努力的人才。评价体系不应仅仅局限于短期的成果和效益，而应深入挖掘人才的成长潜力和对乡村生态振兴的深远影响。要关注那些具有创新思维和实践能力的人才，其在生态农业、生态旅游、生态科技等领域的持续探索和尝试将为闽东乡村生态振兴提供新思想、新方案与新动力；要重视人才的团队建设和合作能力，协同作战和资源共享，推动闽东乡村生态振兴事业不断向前发展。要注重人才的长期贡献和潜在价值，构建一个更加健康、可持续的乡村生态振兴人才评价体系。

第三，引入多元化的评价主体和方式。一是评价主体应该多元化。闽东乡村生态振兴是一个综合性、系统性工程,需要多方参与、共同推进。其涉及面广,关乎众人生态福祉,本质上要求多元主体参与全方位的综合价。因此,除了传统的专家评价和组织评价外,也要广泛吸纳乡村社区、村民代表、合作伙伴等利益相关方的意见和建议。乡村社区、村民代表、合作伙伴等作为乡村振兴的直接参与者和受益者,对于人才的需求和评价标准有着更为深刻的理解和感知。更大范围的评价参与可以更加全面、客观地评价人才在乡村生态振兴中的实际贡献。二是评价方式应灵活多样。应结合乡村实际情况,采用实地考察、案例分析、成果展示等多种形式进行评价。实地考察要让评价者深入了解人才在乡村生态振兴中的具体工作和实践成果;案例分析要从具体案例中提炼出人才在推动乡村生态振兴中的经验和教训;成果展示则要聚焦人才在乡村生态振兴中所取得的成效和贡献。通过引入多元化的评价主体和方式,推动构建一个更加开放、包容、公正的人才评价体系,为人尽其才提供支持。

(二)优化人才激励机制

人才激励机制不仅关乎人才积极性和创造力的激发,也是人尽其才的核心议题。优化闽东乡村生态人才激励机制,建构起一个科学有效的人才激励机制,方能够最大限度地发挥人才的潜能,方能为乡村生态振兴提供强力支撑。针对闽东乡村生态振兴的特殊性和复杂性,优化人才激励机制需要做到"精准施策、内外结合、持续激发",促进人尽其才。

第一,聚焦闽东乡村绿色发展进行"靶向"激励。闽东乡村绿色发展是乡村生态振兴的必然要求,在优化人才激励机制时,要聚焦闽东乡村绿色发展进行"靶向"激励。对在绿色农业、生态旅游、生态科技等领域作出突出贡献的人才给予重点激励。例如,可以设立绿色发展奖励基金,给予取得显著成效的人才物质和精神的双重奖励。这种"靶向"激励提升了激励的针对性,也强化了激励的效果。

第二,提升闽东乡村生态振兴的"外在激励"。外在激励主要包括薪酬、福利、职务晋升等物质层面的激励措施。针对闽东乡村生态振兴的实际需求,一是要完善与人才贡献相匹配的薪酬体系,确保人才的付出得到应有的回报。二是要完善福利制度,为人才提供包括住房、医疗、子女教育等在内的全方位保障,让其安心工作、无后顾之忧。三是优化晋升机制,要通过设立明确的晋升通道和晋升标准,让人才在乡村生态振兴事业中看到自己的发展前景和努力方向。除此之外,在优化人才激励机制时,应根据不同领域人才的实际情况,制定多元化、针对性的激励措施,强化激励的时效性,归根到底就是要瞄准各类人才的主导需要,进行精准的激励,例如,对于创业人才,应该提供创业扶持和融资支持、优化创业环境,增强创业前景的确定性,以更好地满足人才的需求,激发其积极性和创造力。

第三,强化闽东乡村生态振兴的"内在激励"。内在激励主要源于人才对工作的热爱、对事业的追求以及对自我价值的实现。在闽东乡村生态振兴中,应注重激发人才的内在动力,让各类人才从内心深处油然而生对生态环保与美丽乡村建设的热情和对该事业的执着。为此,既要努力建立良好的工作氛围和团队文化,让人才在和谐、积极向上的环境中工作,也要让各类人才在尊重自然、顺应自然、依靠自然与享受自然的过程中受到熏陶和洗礼,还要为人才提供更多的学习和发展机会,让其不断提升自己的能力和水平,实现自我价值的同时也为乡村生态振兴贡献更多力量。

第四,探索建立人力激励的长效机制。乡村生态振兴是一场持久战,需要人才持续投入和不懈努力。在优化人才激励机制时,应注重长效机制的建立,确保激励措施能够持续发挥作用。应定期评估和调整激励政策,建立人才激励机制的反馈机制,也应加强对激励政策的宣传和解读,让人才充分了解政策内容和享受条件,确保激励政策的落地生效。

三、强化留住人才举措,构筑乡村生态振兴人才"蓄水池"

闽东乡村生态振兴是一项长期富有挑战的系统工程,人才不但要能引得来、用得好,还要能留得住。如何吸引并留住这些宝贵的生态人才,使其长期为乡村生态振兴奋斗,成为必须面对的重要议题。因此,强化人才留任举措,构筑乡村生态振兴人才"蓄水池",是稳固生态振兴人才之本的重要途径。如何留住闽东乡村生态振兴的人才,这是一个系统性的问题。从被留住人才这个主体面向来看,留得住的能量主要源自其对闽东乡村生态建设事业的相关认知、情感与行为倾向。换句话说,一个具备高生态化认知、强烈生态化情感与明显生态化行为倾向的人才大概率会继续这份生态建设事业。故此,提升生态化认知、增强生态化情感与强化生态化行为倾向成为留住生态人才的重要行动路线。

(一)提升生态化认知,奠定人才留任之基

生态化认知是指个体对生态环境及其与人类社会发展关系的深入理解和认识,不仅包括对自然环境的保护意识,还涉及对可持续发展、生态平衡、资源循环利用等理念的认同。在闽东乡村生态振兴的语境下,提高人才的生态化认知意味着让其更加深入地理解闽东乡村生态环境的价值,认识到自身在推动闽东乡村生态振兴中的责任和使命,从而更加积极地投身于这一事业。通过提高生态化认知来留住人才,实质上是通过增强人才对乡村生态振兴事业的认同感和使命感,以及提升其在生态保护和可持续发展方面的专业素养,来增强他们留任的意愿和动力。这种策略不仅有助于解决人才流失的问题,还能为乡村生态振兴提供更加稳定和高质量的人才支持。因此,通过提升生态化认知,不断筑牢人才留任的深层次基础,是构筑乡村生态振兴人才"蓄水池"的重要行动。

第一,激发生态认知留任人才的深层次动力。生态化认知是人才留任的深层次动力。一是生态化认知提高人才的生态振兴实践与生态理念的契合度。生态化认知不仅是对自然环境的尊重和保护,也是对人与自然和谐共生理念的深刻理解与实践。对致力于乡村生态振兴的人才而言,乡村生态振兴参与者的职业追求往往与这种理念相契合。提高人才的生态化认知能够增强其对乡村生态振兴事业的认同感和使命感,从而更加坚定地选择留任。二是生态认知提升人才能发挥更大作用的体验感。在乡村生态振兴过程中,人才需要具备专业的知识和技能,同时也需要具备对生态环境的敏感性和保护意识。通过提高生态化认知,人才能够更准确地把握乡村生态环境的现状和问题,提出更具针对性和可行性的解决方案,为乡村生态振兴探寻新路径。在这种实践行动中,生态认知在某种程度上增强了人才与乡村生态振兴事业的黏性,让生态建设参与者更强烈地感觉到自身存在及价值,以至于实现继续为止奋斗的动机。故而,提升生态化认知,激发其留任人才的持久动力,必须从其动力的源起来介入。

第二,提升生态化认知促动人才更好地融入乡村社会。闽东乡村社会承载着深厚的生态文化和丰富的传统,其独特的生态景观和人文风情是吸引人才的重要元素。然而,由于文化背景和认知差异,人才在融入乡村社会时可能会遇到文化冲突和认知障碍。通过提高生态化认知,有助于人才更深入地了解闽东乡村社会的生态特点和价值所在,准确把握其独特的生态优势和发展潜力,这将有助于更好地融入当地乡村社会,进而与乡村居民建立起更加紧密的联系和合作。与乡村居民的深入交流和合作,势必进一步促进人才深入了解乡村社会的需求和期望,有利于为乡村生态振兴事业贡献更多的智慧和力量。

第三,要着力推进生态化认知提升。一是要加强生态教育和培训,提高人才对生态振兴理念的认识和理解;二是要推动参与生态实践活动,让人才亲身体验和感受乡村生态环境的魅力;三是注重营造生态化的工作环境和氛围。通过优化工作环境、提供必要的生态设施、推广绿色办公等方式,让人才在工作中尽可能感受到生态化的氛围和理念,从而强化其扎根乡村的动机。

(二)增强生态化情感,编织人才留任之网

增强人才的生态化情感是深化人才与乡村情感纽带的关键,是稳固生态振兴之本的重要一环。生态化情感不仅体现在对自然美景的欣赏与热爱上,也涉及对生态环境保护的责任和使命的深刻体验,生态化情感促使人才从内心深处与乡村生态产生共鸣,从而更加坚定地投身于生态振兴事业。增强生态化情感,把留住闽东乡村生态振兴人才的保障之网编织得更牢固,是强化人才支撑的应有之义。

第一,增强生态化情感,建构人才与乡村的深厚情感纽带。闽东乡村拥有秀美的山水、丰富的生态资源和独特的乡村文化,理应成为生态化情感的萌生地,成为吸引人才的大磁铁。应让人才深入乡村、亲近自然,亲身体验到乡村生态环境的独特魅力,感受到生态保护的重要性与紧迫性。这种亲身体验不仅能让人才对乡村生态有更深刻的认识,更在内心深处激发了其对乡村生态振兴的深厚情感。情感纽带的建立必然驱动人才更加珍惜闽东乡村生态资源,更加热爱闽东乡村社会生态系统,以至于产生深厚的情感联结。因此,增强生态化情感是留住人才、推动闽东乡村生态振兴的重要策略之一,有助于将人才与乡村紧密地联系在一起,形成共同谱写乡村生态振兴的良好局面。

第二,依靠生态化情感催化人才为乡村生态振兴事业持续努力的内在动力。人才是乡村生态振兴的核心力量,其积极性和创造力对于推动事业发展至关重要,而生态化情感对积极性和创造性有着重要影响。当人才对乡村生态环境产生深厚的情感时,会更加珍惜这份资源,更加积极地投身于生态保护和可持续发展的实践中。同时也会主动思考如何更好地利用生态资源、推动产业创新、促进农民增收等问题,为乡村生态振兴贡献自己的智慧和力量,从而将自己更紧密地融入社会生态系统,成为稳定的积极的关键因素。

第三,增强生态化情感以提升人才的归属感和幸福感。各类人才作为闽东乡村生态振兴的重要参与者,通过投身生态保护、推动绿色发展等实践活动,与乡村居民共同分享生态振兴带来的丰硕成果或效益。这种共同参与、共同分享的过程不仅能让人才深刻感受到乡村生态振兴的实际成效,更在心灵深处激发其对乡村的深厚情感。这种情感又会促使其更加珍惜在闽东乡村的工作和生活,更加坚定地留任并投身于乡村生态振兴事业。

第四,基于个性化需求,针对性地满足情感诉求。在增强生态化情感的过程中,应注重人才的个性化和差异化需求。不同的人才对乡村生态有着不同的情感需求和表达方式,需要依据异质化的需求,制定个性化的留任策略。例如,对于热爱自然、关注生态的人才,可以组织其多参与生态保护项目、开展生态研究等活动,在实践中强化对乡村生态的情感体验;对于具有创新精神和创业意愿的人才,则应该提供更多资源和更广阔的舞台,帮助其将生态理念转化为实际成果,实现个人价值和社会价值的双赢,从而收获生态化情感满足。

(三)强化生态化行为倾向,指明人才留任之路

生态化行为倾向蕴意了生态建设参与者的行动路线与行动模式,表征了在日常工作与生活中积极践行生态化理念的意愿。强化生态化行为倾向有助于为留住闽东乡村生态振兴相关人才指明通往未来之路,是构筑人才"蓄水池"不可或缺的一环;强化人才的生态化倾向能稳固生态振兴的根基,有利于汇聚成推动乡村生态振兴的磅礴力量。

第一,强化生态化行为倾向,提高乡村生态振兴建设者的执行力。闽东乡村生态振兴是一项崇高的事业,不仅参与者要有坚定的生态理念,更要有

将这些理念转化为实实在在行动的执行力。具备生态化行为倾向的人才更易在日常生活中积极践行生态保护、绿色发展的理念,从采用环保材料、减少能源消耗,到推动垃圾分类等,每一个细节都会体现出其对生态振兴的执着追求。这些看似微不足道的行动,却是"滴水成河"的重要成分。强化生态化行为倾向,有利于提高乡村生态振兴建设者的执行力,使之成为乡村生态建设的行动派。

第二,强化生态化行为倾向,提升人才个人行动与生态振兴实践的耦合。一是从耦合的逻辑起点来看,人才作为生态振兴的参与主体,其个人的行动与乡村生态振兴实践之间存在着一种相互依存、相互促进的关系。人才的生态化参与行动大都基于一定的生态意识和振兴理念,这些理念和行动在生态振兴实践长河中不断碰撞、融合,进而推动乡村生态的持续改善。同时,乡村生态振兴实践也为参与主体提供行动的平台和反馈机制,使其行动更加有针对性、实效性。二是从过程角度来看,参与主体的个人行动与乡村生态振兴实践的耦合是一个动态发展的过程。一开始,参与主体可能只是出于朴素的生态情感或振兴愿望而采取行动。随着实践的深入,他们的行动将逐渐变得系统化、专业化,与乡村生态振兴实践的契合度也将越来越高。在这个过程中,参与主体不仅积累了丰富的实践经验,也形成了独特的行动模式。三是从耦合的结果来看,强化生态化行为倾向有助于提高人才个人行动与生态振兴实践的耦合。个人行动与生态振兴实践高度耦合能够确保生态建设者的行为能够直接、有效地服务于生态振兴事业,减少行为与目标之间的偏差,更加高效地推动闽东乡村生态振兴的进程,从而获得更显著的行动效果;且高度耦合也能够增强生态建设者对生态振兴事业的认同感和归属感,使优秀的人才构件在乡村区域社会生态系统中嵌入得更牢固。

第三,强化生态化行为倾向,推动形成乡村生态振兴的命运共同体。生态化行为倾向强化意味着人才在乡村生态振兴中扮演着更加积极主动的角色,其不再是简单的执行者,而是成为生态文化的传播者、生态技术的创新者、生态实践的引领者。行动就是力量,行动也会产生感召,生态建设先行者的努力,无形中传递着一种绿色、环保、可持续的生活理念。生态化理念的传播和普及能够逐渐渗透到乡村社会的各个角落,有助于促进乡村社会逐渐形成一种人人崇尚生态、人人参与生态振兴的浓厚氛围。在相同的理念、共同的伟大目标与"同频共振"的行动的综合塑造下,经由生态化行为倾向强化,推动形成乡村生态振兴的命运共同体的诉求势必水到渠成,正如屏南龙潭里片区的新村民与原乡民的相得益彰而又协同迈进,真正让闽东乡村大地成为一块块巨大的人才吸铁石,将各方面乡村生态振兴参与力量聚拢起来,形成一股稳定而又强劲的推动力,促进闽东乡村生态振兴迈向新境界。

参考文献

[1] 张小林.乡村概念辨析[J].地理学报,1998,53(4):365-371.

[2] 张永生.城镇化模式:从工业文明转向生态文明[J].城市与环境研究,2022(1):79-87.

[3] 陆林,任以胜,朱道才,等.乡村旅游引导乡村振兴的研究框架与展望[J].地理研究,2019,38(1):102-118.

[4] 洪惠坤,谢德体,郭莉滨,等.多功能视角下的山区乡村空间功能分异特征及类型划分[J].生态学报,2017,37(7):2415-2427.

[5] 李国祥.新时代国家粮食安全的目标任务及根本要求——学习习近平关于国家粮食安全论述及十九届六中全会相关精神的体会[J].中国农村经济,2022(3):2-11.

[6] 马克思恩格斯文集:第7卷[M].北京:人民出版社,2009:888.

[7] 王成,唐宁.重庆市乡村三生空间功能耦合协调的时空特征与格局演化[J].地理研究,2018,37(6):1100-1114.

[8] 周心琴.西方国家乡村景观研究新进展[J].地域研究与开发,2007(3):85-90.

[9] 龙花楼,屠爽爽.论乡村重构[J].地理学报,2017,72(4):563-576.

[10] 李伯华,曾菊新,胡娟.乡村人居环境研究进展与展望[J].地理与地理信息科学,2008(5):70-74.

[11] 王如松.循环经济建设的生态误区、整合途径和潜势产业辨析[J].应用

生态学报,2005(12):2439-2446.

[12]林祥磊.梭罗、海克尔与"生态学"一词的提出[J].科学文化评论,2013,10(2):18-28.

[13]张迪.道家思想对现代室内设计影响的研究与分析[D].长春:东北师范大学,2014.

[14]薛勇民,马兰.论儒家仁爱思想的生态伦理意蕴及其当代意义[J].学习与探索,2015(3):10-15.

[15]魏后凯,叶兴庆,杜志雄,等.加快构建新发展格局,着力推动农业农村高质量发展——权威专家深度解读党的二十大精神[J].中国农村经济,2022(12):2-34.

[16]决胜全面建成小康社会夺取新时代中国特色社会主义伟大胜利[N].人民日报,2017-10-19(002).

[17]胡长生.习近平生态治理思想的理论内涵与实践逻辑[J].中共云南省委党校学报,2017,18(4):59-64.

[18]黄娟.五大发展理念:美丽乡村建设的根本指导思想[J].求实,2016(12):78-86.

[19]张俊飚,王学婷.乡村生态振兴实现路径的对策思考[J].中国地质大学学报(社会科学版),2021,21(2):152-156.

[20]田祥宇.乡村振兴驱动共同富裕:逻辑、特征与政策保障[J].山西财经大学学报,2023,45(1):1-12.

[21]周波.乡村生态振兴:内生逻辑、现实困境与实践路径[J].湖南行政学院学报,2022(1):101-108.

[22]张远新.推进乡村生态振兴的必然逻辑、现实难题和实践路径[J].甘肃社会科学,2022(2):116-124.

[23]张祝平.以文旅融合理念推动乡村旅游高质量发展:形成逻辑与路径选择[J].南京社会科学,2021(7):157-164.

[24]华启和,张月昕.乡村生态振兴背景下加强农民生态文明教育的战略思考[J].东华理工大学学报(社会科学版),2022,41(6):538-543.

[25]孙成武.试析中国共产党生态文明思想的文化意蕴[J].东北师大学报(哲学社会科学版),2011(3):16-20.

[26]周锦,赵正玉.乡村振兴战略背景下的文化建设路径研究[J].农村经济,2018(9):9-15.

[27]程思静,郎群秀.乡村生态振兴实施困境与对策建议[J].农村经济与科技,2022,33(7):38-41.

[28]郑良,邓倩倩.战贫"先飞",振兴路上更振翅[N].新华每日电讯,2024-01-04(005).

[29]赵佳佳.习近平扶贫开发思想研究综述[J].中共云南省委党校学报,2016,17(5):46-50.

[30]许国庆,阚如良.乡村振兴视阈下旅游业与农村绿色发展的相关性研究[J].三峡大学学报(人文社会科学版),2019,41(5):40-43,75.

[31]唐茂林,李小红,谢花林.乡村生态共生与人地业协调发展[J].开放导报,2022(1):64-73.

[32]傅畅梅.论思维方式生态化[J].求索,2004(9):135-136.

[33]李繁荣.中国乡村振兴与乡村功能优化转型[J].地理科学,2021,41(12):2158-2167.

[34]费孝通.乡土中国[M].北京:北京出版社,2016:5.

[35]李繁荣.中国乡村振兴与乡村功能优化转型[J].地理科学,2021,41(12):2158-2167.

[36]习近平谈治国理政:第3卷[M].北京:外文出版社,2020:137.

[37]王闻萱,王丹.新时代扎实推动乡村生态振兴的三维论析[J].中共山西省委党校学报,2023,46(2):52-58.

[38]陈芳.乡村振兴视域下农民的生态意识研究[D].成都:电子科技大学,

2021.

[39]王代静.习近平关于共同富裕的重要论述研究[D].南昌:东华理工大学,2023.

[40]黄承伟.在共同富裕进程中防止返贫与全面推进乡村振兴:理论逻辑、实践挑战及理念创新[J].西北师大学报(社会科学版),2023,60(1):5-12.

[41]刘碧,王国敏.新时代乡村振兴中的农民主体性研究[J].探索,2019(5):116-123.

[42]孙毅,景普秋.资源型区域绿色转型模式及其路径研究[J].中国软科学,2012(12):152-161.

[43]赵金科,李娜.乡村生态振兴的价值逻辑与践行路径——基于生态安全视角的思考[J].长白学刊,2020(5):117-124.

[44]邓玲,顾金土.后扶贫时代乡村生态振兴的价值逻辑、实践路向及治理机制[J].理论导刊,2021(5):77-84.

[45]徐晓锋.习近平生态文明思想及其践行研究[D].武汉:武汉轻工大学,2020:10-25.

[46]孙文丹.新时代推进乡村绿色发展的问题及路径研究[J].农村经济与科技,2020,31(21):55-56.

[47]张三元.论习近平人与自然生命共同体思想[J].观察与思考,2018(7):5-17.

[48]肖黎明,杨赛楠.生态文明视域下资源型区域技术创新能力评价[J].科技管理研究,2016,36(16):250-255.

[49]宁凯惠.自然权利:宪法学的基石范畴[J].法学论坛,2018,33(2):50-57.

[50]马克思.1844年经济学哲学手稿[M].北京:人民出版社,2000:83.

[51]周晓敏,杨先农.绿色发展理念:习近平对马克思生态思想的丰富与发展[J].理论与改革,2016(5):50-54.

[52]俞吾金.论马克思对德国古典哲学遗产的解读[J].中国社会科学,2006(2):11-22.

[53]王海燕.中国化马克思主义生态文明建设思想研究[D].北京:中国矿业大学,2014.

[54]黄茂兴,叶琪.马克思主义绿色发展观与当代中国的绿色发展——兼评环境与发展不相容论[J].经济研究,2017,52(6):17-30.

[55]方世南.社会主义生态文明是对马克思主义文明系统理论的丰富和发展[J].马克思主义研究,2008(4):17-22.

[56]陈学明.马克思的人的全面发展理论与当代人的生活取向[J].复旦学报(社会科学版),2000(2):17-23.

[57]张富文.马克思主义人本思想中国化研究[D].北京:中共中央党校,2011.

[58]邹诗鹏.马克思的社会存在概念及其基础性意义[J].中国社会科学,2019(7):4-26.

[59]李润洲.完整的人及其教育意蕴[J].教育研究,2020,41(4):26-37.

[60]罗川,倪志安.论马克思生态思想"实践的三重维度"[J].理论月刊,2016(1):11-15.

[61]张秋芝.人与自然和谐共生的中国式现代化哲学意蕴研究[J].安阳工学院学报,2023,22(6):1-4.

[62]郇庆治.习近平生态文明思想视域下的生态文明史观[J].马克思主义与现实,2020(3):62-67.

[63]姚修杰.习近平生态文明思想的理论内涵与时代价值[J].理论探讨,2020(2):33-39.

[64]宋献中,胡珺.理论创新与实践引领:习近平生态文明思想研究[J].暨南学报(哲学社会科学版),2018,40(1):2-17.

[65]张夯.习近平生态文明思想的生成逻辑、科学内涵与原创性贡献[J].邓小平研究,2022(2):82-93.

[66]曹新.论人口增长与自然生态环境的关系[J].甘肃理论学刊,2004(2):5-9.

[67]姚修杰.习近平生态文明思想的理论内涵与时代价值[J].理论探讨,2020(2):33-39.

[68]张林波,虞慧怡,李岱青,等.生态产品内涵与其价值实现途径[J].农业机械学报,2019,50(6):173-183.

[69]王金南,苏洁琼,万军."绿水青山就是金山银山"的理论内涵及其实现机制创新[J].环境保护,2017,45(11):13-17.

[70]洪银兴,刘伟,高培勇,等."习近平新时代中国特色社会主义经济思想"笔谈[J].中国社会科学,2018(9):4-73.

[71]徐雪苗.人与自然和谐共生现代化的生态伦理意蕴[J].宁夏大学学报(人文社会科学版),2023,45(6):1-6.

[72]高帅,孙来斌.习近平生态文明思想的创造性贡献——基于马克思主义生态观基本原理的分析[J].江汉论坛,2021(1):5-12.

[73]赵亮.生命共同体:乡村生态振兴理论与实践的依归[J].中国集体经济,2022(3):1-2.

[74]王曦晨,张平.整体性视域下的习近平关于乡村生态振兴重要论述探析[J].湖南农业大学学报(社会科学版),2022,23(3):1-9.

[75]李春义,马履一,徐昕.抚育间伐对森林生物多样性影响研究进展[J].世界林业研究,2006(6):27-32.

[76]邬建国.生态学范式变迁综论[J].生态学报,1996(5):449-459.

[77]周向阳.畲族传统生态伦理与现代生态文明构建.湖州师范学院学报,2019(11):8-13.

[78]连瑞喜.宁德地区天然草场的植被类型及其开发利用[J].福建农业科技,1984(5):39-41.

[79]李建勇,张建英."空心村"与"老龄化"背景下乡村振兴路径探析——以山东省N村为例[J].华北电力大学学报(社会科学版),2020(4):52-61.

[80]李秀香,汪忠华.习近平生态文明思想的三个理解维度[J].江西财经大

学学报,2019(3):11-18.

[81]潘家华,庄贵阳,郑艳,等.低碳经济的概念辨识及核心要素分析[J].国际经济评论,2010(4):88-101.

[82]陈仕玲.西南地区生态旅游与乡村振兴互动发展研究[D].湘西:吉首大学,2021.

[83]王硕,王丹.少数民族乡村生态振兴的价值意蕴及多维困境[J].边疆经济与文化,2021(12):40-42.

[84]习近平.高举中国特色社会主义伟大旗帜为全面建设社会主义现代化国家而团结奋斗[N].人民日报,2022-10-26(001).

[85].中华人民共和国国民经济和社会发展第十四个五年规划和2035年远景目标纲要[N].人民日报,2021-03-13(001).

[86]寇江泽.《"十四五"乡村绿化美化行动方案》印发[N].人民日报,2022-11-16(013).

[87]金书秦,林煜,栾健.农业绿色发展有规可循——《"十四五"全国农业绿色发展规划》解读[J].中国发展观察,2021(21):47-49.

[88]中共中央国务院关于实施乡村振兴战略的意见[N].人民日报,2018-02-05(001).

[89]中办国办印发《乡村振兴责任制实施办法》[N].人民日报,2022-12-14(001).

[90]中华人民共和国乡村振兴促进法[J].中华人民共和国全国人民代表大会常务委员会公报,2021(4):676-685.

[91]福建省国民经济和社会发展第十四个五年规划和二〇三五年远景目标纲要[N].福建日报,2021-04-06(012).

[92]福建省人民政府关于印发福建省"十四五"推进农业农村现代化实施方案的通知[J].福建省人民政府公报,2022(10):8-47.

[93]福建省乡村振兴促进条例[N].福建日报,2021-11-10(008).

[94]张辉.乡村振兴怎么干？指挥棒来了[N].福建日报,2023-07-25(003).

[95]田健,曾穗平.成"链"补"缺"——乡村研究领域的复杂系统研究动态及发展趋势[J].小城镇建设,2023,41(1):76-85.

[96]岳俞余,高璟.基于社会生态系统视角的乡村聚落韧性评价——以河南省汤阴县为例[J].小城镇建设,2019,37(1):5-14.

[97]孟令冉.江苏省乡村生态系统健康评价与耦合调控研究[D].北京:中国矿业大学,2020.

[98]岳俞余,彭震伟.乡村聚落社会生态系统的韧性发展研究[J].南方建筑,2018(5):4-9.

[99]刘纪蕊."富百姓、穷政府和弱学校"现象及教育治理[J].开放教育研究,2015,21(6):26-38.

[100]栾贻信,洪斌.生态哲学的双重视角及五个层面[J].东岳论丛,2006(2):166-170.

[101]邱耕田.生态危机与思维方式的革命[J].北京大学学报(哲学社会科学版),1996(2):39-43.

[102]张长宽,陈欣迪.海岸带滩涂资源的开发利用与保护研究进展[J].河海大学学报(自然科学版),2016,44(1):25-33.

[103]石汝杰.基于DPSIR模型的重庆市土地资源可持续承载力评价[J].湖南农业科学,2015(10):88-92.

[104]薛雯露,武前波,万为胜."三生"理念下乡村韧性理论框架、过程机制与治理提升路径探讨[C]//中国城市规划学会.人民城市,规划赋能——2022中国城市规划年会论文集(16乡村规划).浙江工业大学城乡规划系,2023:10.

[105]陈琪,金康伟.新农村建设中发展绿色经济的动力源探究[J].生态经济,2007(8):67-70.

[106]梁慧,张立明.国外生态旅游实践对发展我国生态旅游的启示[J].北京

第二外国语学院学报,2004(1):76-82,90.

[107] 冯静蕾.内蒙古发展绿色产业的思路与对策研究[D].呼和浩特:内蒙古农业大学,2004.

[108] 高晓文.绿色营销实践中的若干问题分析[J].经济师,2006(8):218-219.

[109] 中共中央国务院印发《乡村振兴战略规划(2018—2022年)》[N].人民日报,2018-09-27(001).

[110] 蒋成飞,朱德全,王凯.生态振兴:职业教育服务乡村振兴的生态和谐"5G"共生模式[J].民族教育研究,2020,31(3):26-30.

[111] 牛冲槐,田莉,郭丽芳.科技型人才聚集对区域经济增长收敛的影响分析[J].技术经济与管理研究,2010(2):63-66.

[112] 何菊莲,李军,赵丹.高等教育人力资本促进产业结构优化升级的实证研究[J].教育与经济,2013(2):48-55.

[113] LINDMARK M. An EKC-pattern in historical perspective:carbon dioxide emissions,technology,fuel prices and growth in Sweden 1870-1997[J].Ecological economics,2002,42(1):333-347.

[114] MARSDEN T,SONNINO R. Rural development and the regional state:denying multifunctional agriculture in the UK[J]. Journal of rural studies,2008,24(4):422-431.

[115] OGNEVA-HIMMELBERGER Y,HUANG L Y. Spatial distribution of unconventional gas wells and human populations in the Marcellus Shale in the United States:vulnerability analysis[J]. Applied geography,2015,60:165-174.

[116] TOMAŞCIUC AI,IAŢU C. The influence of urban sprawl on the geo-demographic dynamics of periurban rural space. Case study on the post-socialist expansion of Suceava city[C]// International Scientific Conference Geobalcanica,2016:375-382.

[117] KERSELAERS E, ROGGE E, VANEMPTEN E, et al. Changingland use in the countryside: stakeholders' perception of the ongoing rural planning processes in Flanders[J]. Land use policy, 2013, 32: 197-206.

[118] 常小雅.生态灌区建设理论与评价研究[D].郑州:华北水利水电大学,2019.

[119] 马克明,傅伯杰,黎晓亚,等.区域生态安全格局:概念与理论基础[J].生态学报,2004(4):761-768.

[120] 黄心怡.鹰潭市土地利用景观格局与生态网络结构的关联分析[D].江西农业大学,2023.

[121] 王颖,李成梁.审计服务乡村生态振兴的作用机理与实现路径探析[J].农业与技术,2021,41(10):167-170.

[122] 李锐.持续推进乡村生态振兴的实践研究——以通辽市为例[J].环境与发展,2022,34(4):23-31.

[123] 江亚琦,魏世梅.论乡村生态振兴的实现路径[J].洛阳理工学院学报(社会科学版),2023,38(5):39-43.

[124] HOLLING C S. Resilience and stability of ecological systems[J]. Annual review of ecology and systematics, 1973, 4: 1-23.

[125] 付清松.不平衡地理发展的多维透视与空间政治再赋权——以哈维的"统一场论"为参照[J].华中科技大学学报(社会科学版),2015,29(5):6-11.

[126] 刘明.双重异化、新陈代谢断裂与生态冲突求解——马克思生态观之当代意义[J].陕西师范大学学报(哲学社会科学版),2013,42(5):5-12.

[127] 吴宁,杨洁,何佑雯.乡村振兴战略下实现共同富裕的生态发展路径研究[J].中国西部,2022(5):84-92.

[128] 邓玲,顾金土.后扶贫时代乡村生态振兴的价值逻辑、实践路向及治理

机制[J].理论导刊,2021(5):77-84.

[129]华启和,张月昕.乡村生态振兴背景下加强农民生态文明教育的战略思考[J].东华理工大学学报(社会科学版),2022,41(6):538-543.

[130]严碧华.战旗村:走在前列,起好示范[J].民生周刊,2023(13):12-17.

[131]杨世伟.绿色发展引领乡村振兴:内在意蕴、逻辑机理与实现路径[J].华东理工大学学报(社会科学版),2020,35(4):125-135.

[132]孙炜琳,王瑞波,姜茜,等.农业绿色发展的内涵与评价研究[J].中国农业资源与区划,2019,40(4):14-21.

[133]孔月英.我国农业经济可持续发展探讨[J].现代农业科技,2013(14):288.

[134]蒋莉丽.乡村振兴背景下农产品品牌战略探讨[J].中小企业管理与科技(上旬刊),2021(12):136-138.

[135]习近平.习近平谈治国理政:第一卷[M].北京:外文出版社,2018:210.

[136]付秋梅,何玲玲.驱动力与阻滞力:乡贤回归参与乡村治理的作用分析[J].海南师范大学学报(社会科学版),2019,32(6):47-52.

[137]郭紫薇,郭辉.环境教育的缘起、内涵及实践性[J].南京林业大学学报(人文社会科学版),2018,18(1):105-111.

[138]李爱年,刘翱.环境执法生态化:生态文明建设的执法机制创新[J].湖南师范大学社会科学学报,2016,45(3):80-88.

[139]刘伯恩.生态产品价值实现机制的内涵、分类与制度框架[J].环境保护,2020,48(13):49-52.

[140]施洁新,曹茂林,叶振国.通榆河水环境质量区域补偿试点研究[J].北华大学学报(自然科学版),2011,12(3):369-372.

[141]中共中央党史和文献研究院.习近平关于"三农"工作论述摘编[M].中央文献出版社,2019:113.

[142]张秀丽,封学军.当代中国马克思主义生态观的历史文化基奠与发展

[J].毛泽东邓小平理论研究,2011(3):64-69.

[143]袁长津.从中医与中国文化的渊源关系论中医学术的传承与创新[J].中医药导报,2008(1):3-6.

[144]王光东,丁琪.新世纪以来中国生态小说的价值[J].中国社会科学,2020(1):133-152,207.

[145]郑晓红,王雷,李开颜,等.中医文化核心价值观初探[J].中医杂志,2014,55(15):1265-1270.

[146]楼兰.中国传统海洋生态思想探析[J].科教文汇(中旬刊),2016(11):184-186.

[147]疏唐昊,徐宁.基于农耕文化复兴视角下的乡村振兴路径研究——以盐城市射阳县特庸镇王村为例[J].建设科技,2021(10):37-41.

[148]葛宣冲,赵子涵,李忠.欠发达地区乡村生态资本化:认知、模式与推进[J].经济问题,2023(5):95-102.

[149]蒋枫忠.闽东建筑文化的地域性表达研究[D].广州:华南理工大学,2015.

[150]徐永志.福建宁德畲族(聚居区)文化遗产保护与利用的调查报告[J].中央民族大学学报,2005(4):87-92.

[151]孙玉英.农业保护性耕作机械化技术的优势与应用分析[J].河北农机,2023(17):25-27.